Jens Petersen

Die Eule der Minerva in Hegels Rechtsphilosophie

Jens Petersen

Die Eule der Minerva in Hegels Rechtsphilosophie

2. Auflage

DE GRUYTER

Professor Dr. iur. Jens Petersen, Universität Potsdam

ISBN 978-3-11-044116-1
e-ISBN (PDF) 978-3-11-043431-6
e-ISBN (EPUB) 978-3-11-043296-1

Library of Congress Cataloging-in-Publication Data
A CIP catalog record for this book has been applied for at the Library of Congress.

Bibliografische Information der Deutschen Nationalbibliothek
Die Deutsche Nationalbibliothek verzeichnet diese Publikation in der Deutschen Nationalbibliografie; detaillierte bibliografische Daten sind im Internet über http://dnb.dnb.de abrufbar.

Druck und Bindung: CPI books GmbH, Leck
♾ Gedruckt auf säurefreiem Papier
Printed in Germany

www.degruyter.com

Inhalt

Einleitung

Die Vorrede der Hegelschen Rechtsphilosophie endet mit einem denkwürdigen Bild: „Wenn die Philosophie ihr Grau in Grau malt, dann ist eine Gestalt des Lebens alt geworden, und mit Grau in Grau lässt sie sich nicht verjüngen, sondern nur erkennen; die Eule der Minerva beginnt erst mit der einbrechenden Dämmerung ihren Flug."[1] Was ist mit diesem Rätselwort gemeint? Und was bedeutet es für die Rechtsphilosophie? Während über die erste Frage seit jeher nachgedacht wird, ist kaum je thematisiert worden, warum ein Wort dieser Dignität gerade in der Vorrede der *Grundlinien der Philosophie des Rechts* seinen Platz hat. Natürlich gilt es nicht exklusiv für die Rechtsphilosophie,[2] zumal es von der Philosophie selbst und eben nicht nur von der des Rechts spricht. In der Vorrede zur Rechtsphilosophie würde es indes wie ein Fremdkörper anmuten, wenn es nicht zugleich auch auf diese bezogen wäre.[3] Mit seiner fast poetischen Sprache steht es schon äußerlich im scheinbaren Gegensatz zum spröden Paragraphenwerk der *Grundlinien.*

Besteht also ein stillschweigender Konsens in der Hegel-Forschung, dass das berühmte Wort von der Eule der Minerva in der Vorrede der Rechtsphilosophie im Grunde nichts zu suchen hat und nur zufällig dort steht? Oder sollte Hegel hier gleichsam ins allgemeine Räsonieren verfallen sein, wofür der sprachliche Duktus der beiden letzten Absätze der Vorrede spricht: „Um noch über das Belehren, wie die Welt sein soll, ein Wort zu sagen ..." bzw.: „Doch es ist Zeit, dieses Vorwort zu schließen; als Vorwort kam ihm ohnehin nur zu, äußerlich und subjektiv von dem Standpunkt der Schrift, der es vorangeschickt ist, zu sprechen." Gewiss kann man aus den Worten „äußerlich und subjektiv" schließen, dass es eben noch nicht der innere Zusammenhang und die objektive Ausarbeitung sei:[4] „Soll philosophisch

---

1 *G. W. F. Hegel*, Grundlinien der Philosophie des Rechts, 1821, in: Sämtliche Werke (ed. H. Glockner, Band 7), Vorrede, S. 36 f. (im Folgenden nur „Grundlinien der Philosophie des Rechts"). Siehe dazu etwa *R. Pippin*, The Rose and the Owl: Some Remarks on the Theory-Practice Problem in Hegel, Independent Journal of Philosophy 3 (1979) 7. Zur Bestimmung der Eulenart die Glosse von *D. Knowles/M. Carpenter*, Hegel as Ornithologist, The Owl of Minerva 42 (2010 – 11) 225.

2 Zu Hegels „äußerst eigenwillige(r) Begriffsverwendung" der Rechtsphilosophie *A. Honneth*, Leiden an Unbestimmtheit. Eine Reaktualisierung der Hegelschen Rechtsphilosophie, 2001, S. 33; Siehe auch *D. Knowles*, Hegel and the Philosophy of Right, 2002; *M. Tunick*, Hegel's Political Philosophy, 1993.

3 *Sh. Avineri*, Hegel's Theory of the Modern State, 1972, S. 129: „Yet this moving passage is not Hegel's appendix to Plato, but his preface to his own political theory."

4 Zu dieser Stelle auch *G. Shapiro*, The Owl of Minerva and the Colors of the Night, Philosophy and Literature 1 (1977) 276, 278; *E. Rózsa*, in: Hegel-Studien 32 (1997) 137, 147.

von einem Inhalte gesprochen werden, so verträgt er nur eine wissenschaftliche, objektive Behandlung".[5] Aber vielleicht hat Hegel mit dem vorderhand allgemeinen, der Philosophie im Ganzen gewidmeten Bild auch und gerade „von dem Standpunkt der Schrift, der es vorangeschickt ist", gesprochen. Immerhin spricht das zitierte „Belehren, wie die Welt sein soll",[6] welches das Bild einleitet, für einen Zusammenhang mit der Rechtsphilosophie, auch wenn für Hegel die Aufgabe der Philosophie gerade darin besteht, „das *was ist* zu begreifen."[7]

Die Erklärung des Bildes im Zusammenhang des Werkes erfordert zunächst eine nähere Erörterung der im Bild genannten „Gestalt des Lebens". Von daher muss der Bogen zur „philosophischen Rechtswissenschaft" selbst gespannt werden,[8] deren Behandlung zu Hegels Theorie des objektiven Geistes führt, dem das Recht zugehört.[9] Dies weist den Weg zum zentralen Anliegen der Hegelschen Rechtsphilosophie als der Verwirklichung der Freiheit im Staat.[10] Das führt zu einer Beurteilung der Rechtsphilosophie Hegels überhaupt. Immerhin fordert kaum ein Text Hegels in gleicher Weise die Frage heraus, was seine Philosophie heute bedeuten kann.[11] Diese Problematik ist aber auch für die Rechtsphilosophie von besonderer Brisanz.

Ihre Vorrede gilt nicht von ungefähr als Hegels „berühmtester und wohl auch berüchtigster Text".[12] Bestenfalls scheint man ihm einen restaurativen oder zumindest konservativ-quietistischen Zug ablesen zu können,[13] der Habermas zufolge getragen ist von „dieser ganz unpolitischen Absicht einer stoischen Erziehung von Querulanten und Weltverbesserern zum geschichtlich aufgeklärten

5 *G. W. F. Hegel*, Grundlinien der Philosophie des Rechts, Vorrede, S. 36.

6 Siehe auch *O. Marquard*, Hegel und das Sollen, Philosophisches Jahrbuch 72 (1964) 103.

7 *G. W. F. Hegel*, Grundlinien der Philosophie des Rechts, Vorrede, S. 35.

8 *G. W. F. Hegel*, ebenda, § 1.

9 *G. W. F. Hegel*, ebenda, § 21.

10 *G. W. F. Hegel*, ebenda, § 258.

11 *C. F. v. Weizsäcker*, Der Garten des Menschlichen, 4. Auflage 1978, S. 395 ff.

12 *D. Henrich*, Einleitung: Vernunft in Verwirklichung, in: Hegel, Philosophie des Rechts, Die Vorlesung von 1819/1820 in einer Nachschrift (Hg. ders.), 1983, S. 9, 13. Ähnlich *M. Baum*, Gemeinwohl und allgemeiner Wille in Hegels Rechtsphilosophie, Archiv für Geschichte der Philosophie 60 (1978) 175, 194 („berüchtigte Vorrede").

13 Siehe aber auch *R. Pippin*, The Rose and the Owl: Some Remarks on the Theory-Practice Problem in Hegel, Independent Journal of Philosophy 3 (1979) 7 11: „However there is another type of ambiguity suggested by these remarks, one which implies a reconciling but still critical attitude towards practice. That ist, these two passages (sc.: Eule der Minerva und Rose im Kreuz), taken together, also suggest a relationship between philosophy and current shape of life which simply cannot be properly described as 'regined' or 'quietistic'".

Quietismus".[14] Adorno spricht sogar noch weitergehend von „dem um seiner restaurativen Tendenz, um der Apologie des Bestehenden, um des Staatskults willen verrufensten Hegelschen Werk, der Rechtsphilosophie."[15] Heinrich Heine zeigt sich gegenüber Hegels Staatsphilosophie überraschend aufgeschlossen: „Und wenn er auch (...) dem Bestehenden in Staat und Kirche einige allzubedenkliche Rechtfertigungen verlieh, so geschah dieses doch für einen Staat, der dem Prinzip des Fortschritts huldigt."[16]

Allerdings muss man sich vor einer vordergründig euphemistischen Deutung der Vorrede und ihres berühmten Bildes ebenso hüten wie vor einem pauschalen Verdikt. Das gilt zunächst für den darin verwirklichten Systemanspruch. Es wäre eine Trivialität, die man nicht eigens versinnbildlichen müsste, dass die Rechtsphilosophie ein Stützpfeiler des Hegelschen Systems ist und insbesondere die Binnenverweise auf die *Logik* und *Phänomenologie des Geistes* dies äußerlich abbilden, wie Hegel selbst verweisend klärt: „Die Natur des spekulativen Wissens habe ich in meiner *Wissenschaft der Logik* ausführlich entwickelt; in diesem Grundriss ist darum nur hier und da eine Erläuterung über Fortgang und Methode hinzugefügt worden."[17] Eine Deutung des Bildes von der Eule der Minerva, die nur dies affirmativ zur Geltung bringen würde, wäre verzichtbar. Demnach ist zu untersuchen, welchen Stellenwert das Bild im System der Philosophie des Geistes hat und wie es gerade auf die Rechtsphilosophie bezogen ist.[18]

In der *Encyclopädie* hat Hegel das Recht und die Objektivität des Geistes bereits als Definition desjenigen Bereichs des Daseins vorgestellt, innerhalb dessen sich der freie Wille in die Richtung der sittlichen Welt bildet.[19] Neben den

---

14 *J. Habermas*, Zu Hegels Politischen Schriften, in: *ders.*, Theorie und Praxis, 1963, 4. Auflage 1971, S. 148, 159, freilich zur Reinschrift von 1802, aber mit Bezug auf die Vorrede von 1821.

15 *Th. W. Adorno*, Drei Studien zu Hegel, 1963, 4. Auflage 1970, S. 41.

16 *H. Heine*, Zur Geschichte der Religion und Philosophie in Deutschland, in: Der Salon II, 1835, 2. Auflage 1852, Drittes Buch; ähnlich *H. F. Fulda*, Das Recht der Philosophie in Hegels Philosophie des Rechts, 1968, S. 28. Siehe aber auch *V. Hösle*, Is there Progress in the History of Philosophy?, in: Hegel's History of Philosophy (Hg. D. A. Duquette), 2003, S. 185.

17 *G. W. F. Hegel*, Grundlinien der Philosophie des Rechts, Vorrede, S. 20.

18 Auch bezüglich des Bildes gilt die nach wie vor treffende Beobachtung von *M. Theunissen*, Hegels Lehre vom absoluten Geist als theologisch-politischer Traktat, 1970, S. VIII: „Wir besitzen eine Überfülle von Gesamtdarstellungen, aber die Zahl der Untersuchungen, die am Detail die Struktur des Gedankens aufzeigen, ist relativ klein." Siehe auch *Ch. Taylor*, Hegel's Philosophy of Mind, in: Human Agency and Language: Philosophical Papers 1, 1985, S. 77.

19 *G. W. F. Hegel*, Encyclopädie der philosophischen Wissenschaften im Grundrisse, 1830, in: Sämtliche Werke (ed. G. Lasson, Band 5), § 385 (im Folgenden nur „Encyclopädie"); vgl. dazu auch *H. F. Fulda*, Das Recht der Philosophie in Hegels Philosophie des Rechts, 1968, S. 15.

von Hegel benannten Werken hat vor allem die encyclopädische Geistphilosophie Hegels Rechtsphilosophie den Boden bereitet,[20] wie Hans Friedrich Fulda ohne Übertreibung veranschaulicht: „Erst damit wird das Versprechen der (in eine philosophische Wissenschaft vom Geist einleitenden) *Phänomenologie* einigermaßen eingelöst und der *Rechtsphilosophie* ein Fundament gegeben, wie es kein vergleichbar tragfähiges in der ganzen neuzeitlichen Philosophie zu finden ist."[21] Daher soll das Bild der Eule der Minerva gerade auch auf dieses Hauptwerk zurückgeführt werden, das im Übrigen auch wesentliche Weichenstellungen für die Rechtsphilosophie enthält,[22] zumal dort der Übergang von der Sphäre des objektiven Geistes, dem das Recht zugehört, zur Sphäre des absoluten Geistes wissenschaftlich entwickelt wird.[23] Vor diesem Hintergrund könnte sich ergeben, dass auch das bildhaft Ausgesagte zum Fundament der *Grundlinien* beiträgt, indem darin etwas konstitutiv vorgestellt wird, das nicht nur deklaratorisch versinnbildlicht, wie die Philosophie allgemein verfährt.

Gewiss kann man das Bild der Eule der Minerva losgelöst von der Rechtsphilosophie Hegels verwenden,[24] wie dies auch gemeinhin geschieht.[25] Doch erschöpft sich sein Erklärungsgehalt dann im Wesentlichen in der allegorischen Verdeutlichung nachträglicher Erkenntnis.[26] Zudem gilt wohl angesichts der grassierenden Zitate gerade dieses Bildes[27] mitunter das Wort von Heimann: „Hegel zitieren heißt ihn missverstehen und missbrauchen."[28] Umgekehrt ist zweifelhaft, ob man die Rechtsphilosophie unabhängig von dem im Bild Gesagten einordnen kann, weil sich daraus das Verhältnis der Rechtsphilosophie zur Philosophie Hegels, insbesondere die Beziehung der Sphäre des objektiven zu der-

20 *R.-P. Horstmann*, Hegel, Georg Wilhelm Friedrich, in: Routledge Encyclopedia of Philosophy (Hg. E. Craig), 1998, Band 2, S. 259, 273 ff.

21 *H. F. Fulda*, Georg Wilhelm Friedrich Hegel, 2003, S. 256; Hervorhebungen auch dort.

22 *G. W. F. Hegel*, Encyclopädie, §§ 486 ff.; insbesondere § 544.

23 *G. W. F. Hegel*, ebenda, § 552.

24 Man darf freilich die Bilder der Vorrede nicht je einzeln verabsolutieren; *R. Pippin*, The Rose and the Owl: Some Remarks on the Theory-Practice Problem in Hegel, Independent Journal of Philosophy 3 (1979) 7, 13: „It is as if one were to take only the 'rose' or 'the owl' remarks as the metaphorical summation .of Hegel's position. To do justice to him, one needs at least to note that Hegel wants to make both claims".

25 Vgl. nur *P. Unruh*, Der Verfassungsbegriff des Grundgesetzes, 2002, S. 24.

26 *Ch. Taylor*, Hegel, 1978, S. 554; *H. Schnädelbach*, Hegel zur Einführung, 1999, S. 123.

27 *K. Günther*, Eule der Minerva, Rechtshistorisches Journal 20 (2001) 185: „fast schon zu Tode zitiert"; *J. Kuczynski*, Die vertauschte Eule: Der Wissenschaftler in der kapitalistischen Gesellschaft, 1974.

28 *B. Heimann*, System und Methode in Hegels Philosophie, 1927, S. XXI.

jenigen des absoluten Geistes erklären könnte.[29] So hat das rätselhafte Bild womöglich gerade in der Rechtsphilosophie seinen systematischen Standort, obwohl und gerade weil es von der Philosophie überhaupt handelt.

29 Vgl. auch *J. Ritter*, Hegel und die französische Revolution, 1965, S. 86: „Wenn man daher Hegels politische Theorie aus der Philosophie herauslöst und die metaphysische Herkunft und Bedeutung ihrer Grundbegriffe außer Acht lässt, so deutet man seine politische Theorie notwendigerweise um; man verändert sie und zerstört sie, so wie man umgekehrt die Philosophie Hegels entleert und ihrer Substanz beraubt, wenn man sie aus ihrem Verhältnis zur Geschichte und zu den politischen Problemen der Zeit herauslöst und als System versteht, das der Gedanke aus sich im reinen Denken entwirft."

§ 1 Gestalt des Lebens

Eine für die Deutung des Bildes wegweisende Rolle kommt der Frage zu, was unter der genannten „Gestalt des Lebens" zu verstehen ist. Was ist mit dem gemeint, wovon Hegel sagt, dass „eine Gestalt des Lebens alt geworden ist", die sich nicht verjüngen, sondern nur erkennen lässt? So viel über das Bild geschrieben worden ist, so selten ist erörtert worden, was es mit dieser Gestalt des Lebens auf sich hat. Kommentare der *Grundlinien der Philosophie des Rechts* kommen mitunter ohne eine Erklärung des Bildes der Eule der Minerva aus, geschweige denn dessen, was die dort vorausgesetzte Gestalt des Lebens ist.[1] Wenn der Schein nicht trügt, misst vor allem die englischsprachige Literatur dem Bild besondere Bedeutung bei,[2] während es hierzulande vorzugsweise im übertragenden Sinne und in anderem Zusammenhang verdeutlichend zitiert wird.[3] Dabei ist gerade die möglichst genaue Aufschlüsselung des Bildes und seines Sinnzusammenhanges von Bedeutung. Der poetische Glanz entbindet nicht von der Aufgabe der Auslegung der einzelnen Teile des Bildes im Hinblick auf das Ganze, wie auch Shlomo Avineri verdeutlicht hat, wenn er ein besonders vorsichtiges und sorgsames Lesen dieses Bildes für erforderlich hält: „one of the most poetic, and now justly famous, passages ever to have been written by a philosopher. It requires very careful reading".[4]

Dieser Verantwortung kann man auch nur ansatzweise gerecht werden, wenn man sich vergegenwärtigt, was es überhaupt mit der darin angesprochenen Gestalt des Lebens auf sich haben könnte. In seiner Vielschichtigkeit nicht vollständig zu erörtern ist bereits der bei Hegel an entscheidenden Stellen begegnende Begriff der Gestalt,[5] worauf hier nur kursorisch verwiesen werden kann.[6] Beispielhaft für die Komplexität des Gestaltbegriffs ist etwa jener Paragraph der *Encyclopädie*,

---

1 *L. Siep*, Vernunftrecht und Rechtsgeschichte. Kontext und Konzept der *Grundlinien* mit Blick auf die Vorrede, in: Klassiker Auslegen, G. W. F. Hegel, Grundlinien der Philosophie des Rechts (Hg. ders.), 1997, 2. Auflage 2005, S. 5 ff.

2 Vgl. nur *J. Abramson*, Minerva's Owl. The Tradition of Western Political Thought, 2009, S. 304; *The Owl of Minerva* ist übrigens der Name der Zeitschrift der amerikanischen Hegel-Gesellschaft.

3 Paradigmatisch *O. Höffe*, Der Friede – ein vernachlässigtes Ideal, in: Klassiker Auslegen, Immanuel Kant, Zum ewigen Frieden (Hg. ders.), 1995, 2. Auflage 2004, S. 5, 27: „Dem Hegel-Wort, dass die Eule der Minerva ihren Flug nicht vor Einbrechen der Dämmerung beginne, gibt dieser Befund in einem nicht spekulativen, sondern durch und durch trivialen Sinne Recht."

4 *Sh. Avineri*, Hegel's Theory of the Modern State, 1972, Chapter Six („The Owl of Minerva and the Critical Mind"), S. 128.

5 Vgl. nur *G. W. F. Hegel*, Encyclopädie, § 553: „würdige Gestalt".

6 *G. W. F. Hegel*, Wissenschaft der Logik, 1832, in: Sämtliche Werke (ed. H. Glockner, Band 4), Teil I, S. 65 („letzte Gestalt der Ausbildung dieser Wissenschaft").

welcher der „Gestalt der Schönheit" gewidmet ist.[7] Dort begegnet der Begriff der Gestalt mehrfach und mit nicht immer zweifelsfreiem Bezugspunkt, der Michael Theunissen zu der auch für den vorliegenden Zusammenhang weiterführenden These veranlasst hat, dass die Totalität einen gemeinsamen Zug der Gestalt darstellt und so „letztlich alle im Text aufgeführten Gestalten nur Spiegelbilder der ungenannten Gestalt des absoluten Geistes sind."[8] In diesem Sinne könnte auch die Gestalt des Lebens Abbild der Gestalt des absoluten Geistes sein.[9] Bevor dieser Hypothese nachgegangen wird,[10] soll aber zunächst der zweite Teil des Bildes klärend herangezogen werden.

I Die Farbe der Philosophie

Da die Gestalt des Lebens mit dem vorangehenden Bild des „Grau in Grau" im Sinne einer scheinbaren „Wenn-dann-Implikation" verbunden ist („Wenn die Philosophie ihr Grau in Grau malt, dann ..."), die freilich nicht konditionaler, sondern temporaler Natur ist, empfiehlt es sich zunächst, die angesprochene Farbe der Philosophie in den Blick zu nehmen. Denn es ist nicht zuletzt die poetische Umstellung, welche die Deutung erschwert. Immerhin erscheint es zunächst sinnvoll, das Bild aufzuschlüsseln, um das Nacheinander zu betonen, das in der von Hegel gewählten Anordnung eher konditional klingt: ‚Wenn eine Gestalt des Lebens alt geworden ist, dann malt die Philosophie ihr Grau in Grau.' Hegels Verschränkung hebt dieses klare Nacheinander zwar auf, entwickelt dadurch aber zugleich einen neuen Bedeutungszusammenhang, der die Gestalt des Lebens bewusst in den Mittelpunkt rückt.

Trist und lebensfremd erscheint die Farbe, in der die Philosophie malt: grau in grau, und damit einerseits der Dämmerung entsprechend, andererseits nach Goethes Mephisto,[11] den Hegel in seiner Vorrede in anderem Zusammenhang ausdrücklich zitiert,[12] der Inbegriff der Theorie im Gegensatz zum Leben.[13] Wenn

---

7 *G. W. F. Hegel*, Encyclopädie, § 556. Siehe dazu *J. Peters*, Hegel on Beauty, 2014.

8 *M. Theunissen*, Hegels Lehre vom absoluten Geist als theologisch-politischer Traktat, 1970, S. 157.

9 *R. Alewyn*, Probleme und Gestalten, 1974, S. 7, stellt seinen Essays Hofmannsthals prägnantes Wort voran: „In der Gestalt erst ist das Problem erledigt."

10 Dazu im letzten Paragraphen näher.

11 *G. Shapiro*, The Owl of Minerva and the Colors of the Night, Philosophy and Literature 1 (1977) 276, 279, 288, interpretiert dies im Hinblick auf Goethes Ablehnung der Farbenlehre Newtons.

12 *G. W. F. Hegel*, Grundlinien der Philosophie des Rechts, Vorrede, S. 28: „Verachte nur Verstand und Wissenschaft, des Menschen allerhöchste Gaben – so hast dem Teufel dich ergeben und musst zu Grunde gehen."

man das Mephisto-Wort zu Ende denkt („und grün des Lebens goldner Baum"), entsteht ein eigentümliches Spannungsverhältnis, das die Gestalt des Lebens noch rätselhafter erscheinen lässt. Auch die so genannte „Lebensphilosophie" äußert sich zur „Gestalt des Lebens", freilich ohne ausdrücklichen Bezug auf die Hegel-Stelle, eher undeutlich[14] und bestätigt Adornos Skepsis gegenüber „jenem lebensphilosophischen Fließen, zu welchem etwa die Diltheysche Methode ihn (sc. Hegel) aufweicht."[15] Der Bezug zum Bild der Eule der Minerva scheint immerhin dort auf, wo in Anlehnung an den vorgeblich konservativen oder gar reaktionären Grundzug der Vorrede der *Grundlinien* die regressive Tendenz reiner Theorie beschworen wird.[16]

1 Die Eule der Minerva als Bild des „Nach-denkens"

Hegel selbst hat an anderer Stelle diese Farblosigkeit aufgegriffen: „Die Philosophie fängt an mit dem Untergange einer reellen Welt; wenn sie auftritt (...), Grau in Grau malend, so ist die Frische der Jugend, der Lebendigkeit schon fort; und es ist ihre Versöhnung eine Versöhnung nicht in der Wirklichkeit, sondern in der ideellen Welt."[17] Vittorio Hösle versteht „das Grau in Grau der Theorien" als „ein Höheres als die bunte Fülle der Natur, die nicht um sich selbst weiß."[18] Eine andere Deutung meint, dass „sie die Gestalten des Lebens in denselben farblosen Farben des Grau in Grau malt, die die Welt im Prozess ihrer Alterung angenommen hat."[19]

---

13 *J. W. v. Goethe*, Faust I, Vers 1684 f.

14 Siehe nur *G. Simmel*, Philosophische Kultur, 2. Auflage 1919, S. 137.

15 *Th. W. Adorno*, Drei Studien zu Hegel, 1963, 4. Auflage 1970, S. 160 f.

16 *M. Theunissen*, Hegels Lehre vom absoluten Geist als theologisch-politischer Traktat, 1970, S. 343: „Sie (sc.: die reine Theorie) kann mit ihrer Verwissenschaftlichung ausgesprochen ‚reaktionär' werden, weil sie im Festhalten von Gegenwart und im Fernhalten von Zukunft immer schon ‚konservativ' war."

17 *G. W. F. Hegel*, Vorlesungen über die Geschichte der Philosophie, 1805/1806, 1816 – 1831, in: Sämtliche Werke (ed. H. Glockner, Band 17), S. 82 f.; zu dieser Stelle auch *K. Löwith*, Von Hegel zu Nietzsche. Der revolutionäre Bruch im Denken des neunzehnten Jahrhunderts, 1941 (zitiert nach der Meiner-Ausgabe, 1995), S. 53.

18 *V. Hösle*, Hegels System. Der Idealismus der Subjektivität und das Problem der Intersubjektivität, 2. Auflage 1998, S. 435.

19 *I. Mülder-Bach*, Das Grau(en) der Prosa oder: Hoffmanns Aufklärungen zur Chromatik des Sandmanns, in: „Hoffmanneske Geschichte": Zu einer Literaturwissenschaft als Kulturwissenschaft (Hg. G. Neumann), 2005, S. 199.

Entsprechend der weithin anerkannten Deutung des Bildes kann die Geschichte erst im Nachhinein,[20] ausschließlich retrospektiv,[21] also im Wortsinne am Ende des Tages, gleichsam in der Abenddämmerung, begriffen werden.[22] Eine modifizierende Sicht, welche die Selbstbeschränkung des Bildes betont und „den Anteil des Philosophen an der politischen Welt zu einem Post-festum" macht, geht nach Ernst Blochs Oxymoron einher „mit einer Art ruhmrediger Bescheidenheit".[23] Ein Teil der rechtsphilosophischen Forschung[24] gibt unter Hinweis auf eine spätere Stelle der *Grundlinien*[25] zu bedenken, dass „die Philosophie der realen Entwicklung auch einmal *voran*gehen und eine verjüngte Gestalt der Welt verkünden kann."[26]

Es ist interessant, dass ein nicht deutschsprachiger Autor in diesem Zusammenhang darauf aufmerksam gemacht hat, wie die zeitlich nachgeordnete und rückschauende Bestimmung der Philosophie im Deutschen sprachlich zum Ausdruck kommt: „This ist the meaning of philosophy as *Nach-denken*, afterthought."[27] Wenn man dieses Nach-denken mit dem Grau in Grau zusammen bringt, so gelangt man zu einer reflektierenden Abschattierung dessen, was gewesen ist. Das entspricht der an Heidegger erinnernden Interpretation Ernst Blochs, wonach „Wesen Gewesenheit" ist:[28] „Dieser Bann reicht noch bis Hegel, ja kulminiert in ihm, wenigstens in seiner abenddämmerigen Minerva, in der Zuordnung des Wissens einzig zur Gewordenheit des Inhalts." Entsprechend dem

---

20 *S. Smid*, Folgen der Kritik des Geschichtskonzepts in der Hegelschen Rechtsphilosophie durch Schelling für die Staatsphilosophie, ARSP 73 (1987) 338, 346; *E. Rózsa*, in: Hegel-Studien 32 (1997) 137, 157 („Dimension der Vergangenheit").

21 Treffend *W. Schluchter*, Grundlegungen der Soziologie, 2. Auflage 2015, S. 25 („die den antiutopischen Charakter seiner Philosophie bezeichnet und sie auf eine rekonstruktive Aufgabe verpflichtet").

22 *W. Jaeschke*, Hegel Handbuch, 2003, S. 276. Siehe auch *K. Düsing*, Hegel und die Geschichte der Philosophie, 1983.

23 *E. Bloch*, Zur Ontologie des Noch-nicht-Seins, 1961, S. 23.

24 Siehe nur *K.-H. Ilting*, Die Struktur der Hegelschen Rechtsphilosophie in: Materialien zu Hegels Rechtsphilosophie (Hg. M. Riedel), 1975, Band 2, S. 52 ff.

25 *G. W. F. Hegel*, Grundlinien der Philosophie des Rechts, § 138.

26 *J. Braun*, Einführung, in: E. Gans, Naturrecht und Universalgeschichte: Vorlesungen nach G. W. F. Hegel (Hg. J. Braun), 2005, S. LII; Hervorhebung auch dort.

27 *Sh. Avineri*, Hegel's Theory of the Modern State, 1972, S. 129; Hervorhebung auch dort.

28 Ähnlich, wenngleich ohne Bezugnahme auf die Eule der Minerva, *M. Theunissen*, Hegels Lehre vom absoluten Geist als theologisch-politischer Traktat, 1970, S. 342: „Die ontologisch qualifizierte Vergangenheit, die man wegen ihrer Nähe zur Anwesenheit mit Heidegger ‚Gewesenheit' nennen könnte, ist einerseits die älteste, die der *ersten* Gründe, und andererseits die allzeit Gegenwärtige."

Titel seiner Abhandlung erblickt er darin die „Ablehnung des noch offenen Noch-Nicht.“[29]

2 Poetische Kraft des Bildes

Immer wieder ist im Zusammenhang mit dem Bild der Eule der Minerva bemerkt worden, dass es „fast poetisch“ sei,[30] ja dass es – wiederum, wenngleich in anderem Zusammenhang, mit den Worten Ernst Blochs – „eines der ganz großen der Literatur ist, eines, das Shakespeare würdig wäre.“[31] Man deutete es als „Erklärung für den Vorrang der historischen, der aufarbeitenden Literatur.“[32] Im Schrifttum ist es Hölderlins Gedichten an die Seite gestellt worden.[33] In der Tat verwundert es, dass Hegel die Eule als Symbol der Wahrheit und Minerva als Göttin der Weisheit in dieser Weise verbindet und die Philosophie damit metaphorisch umschreibt. In seinen Vorlesungen zur Naturphilosophie verweist Hegel auf den mythischen Ursprung, woran vor allem der Bezug zum Lebendigen aufschlussreich ist, der bereits in der *Critik des Fichteschen Naturrechts* aufleuchtet („Aber die Gerechtigkeit muss selbst ein Lebendiges sein und die Person achten“)[34] und auch in der Gestalt des Lebens Anklang findet:[35] „Wenn man auch geschichtlich sagen will, es ist ein Zustand der Erde gewesen, wo noch kein Lebendiges vorhanden war, so ist doch das Lebendige, wie es hervortritt, unmittelbar ein Bestimmtes; wie die Minerva fertig aus Jupiters Haupt gesprungen ist, so springt das Lebendige in das Dasein als ein Ganzes, Vollständiges, eben weil es Subjekt ist.“[36] Interessanterweise wählt Hegel statt des griechischen Namens Athene den lateinischen Minerva, ebenso wie Hölderlin im *Hyperion:* „Die Dichtung, sagt' ich, meiner Sache gewiss, ist der Anfang und das Ende dieser Wis-

29 *E. Bloch*, Zur Ontologie des Noch-nicht-Seins, 1961, S. 23.
30 *C. F. v. Weizsäcker*, Der Garten des Menschlichen, 4. Auflage 1978, S. 374.
31 *E. Bloch*, Subjekt – Objekt. Erläuterungen zu Hegel, 1952, S. 231 (erweiterte Ausgabe 1962, S. 246). Vgl. dazu auch *J. A. Bates*, Shakespeare and Hegel on Moral Imagination, 2010.
32 *O. Flake*, Die Eule der Minerva, Die neue Rundschau, 1931, 819, 820: „Sie dauert an, nur rückt sie aus dem Stadium der Einzeldarstellungen in das der zusammenfassenden Wertungen“.
33 *G. Shapiro*, The Owl of Minerva and the Colors of the Night, Philosophy and Literature 1 (1977) 276 ff.
34 *G. W. F. Hegel*, System der Sittlichkeit (Critik des Fichteschen Naturrechts), 1802/1803, III B; Ausgabe Meiner (Hg. H. Brandt/K. R. Meist), S. 82.
35 Dazu noch am Ende der Abhandlung.
36 *G. W. F. Hegel*, Vorlesungen über die Philosophie der Natur, 1821/22; Nachschrift von B. F. v. Uexküll, S. 292 f.; dazu *W. Bonsiepen*, Die Begründung einer Naturphilosophie bei Kant, Schelling, Fries und Hegel, 1997, S. 537 f.

senschaft (sc. der Philosophie). Wie Minerva aus Jupiters Haupt, entspringt sie aus der Dichtung eines unendlichen göttlichen Seyns."[37]

a) Flug der Eule und „Eulenflucht"

Einiges spricht dafür, dass Hegels Bild seinerseits auch die Dichtung beeinflusst hat.[38] In Paul Celans Gedicht „Engführung" heißt es:[39] „In der Eulenflucht, beim versteinerten Aussatz". Das eigentümliche Wort „Eulenflucht" wird in der Celan-Forschung mit Hegels Wort von der Eule der Minerva in Verbindung gebracht, die ihren Flug in der Dämmerung beginnt. „Eulenflucht" zieht demnach „Eule" und „Flug" poetisch verfremdend zusammen.[40] Sogar das folgende „Ho, ho-/sianna" wird als Anspielung auf den Laut der Eule verstanden und für diese Deutung fruchtbar gemacht.[41] Im Sinne dieser Interpretation lässt sich noch ein weiteres wichtiges Wort des Gedichts ins Feld führen, in dem es sogar in auffallendem Zusammenhang mit der eben behandelten Wortschöpfung Celans heißt:[42] „In der Eulenflucht, hier die Gespräche, *taggrau*, der Grundwasserspuren."[43] In einem anderen Gedicht („auch keinerlei/Freude"), das mit dem Wort „Graunächte" beginnt, ist sogar noch deutlicher vom „Grau-in-Grau der Substanz" die Rede, worin gleichfalls eine Anspielung auf Hegels Bild liegt.[44]

---

37 *F. Hölderlin*, Hyperion, Erstes Buch, 1796; dazu noch unten § 4 V 2 b.

38 Vgl. auch *P. Garloff*, Philologie der Geschichte. Literaturkritik und Historiographie nach Walter Benjamin, 1999, S. 203 mit Fußnote 88.

39 Siehe zum Folgenden auch von dem Hegel-Spezialisten und Celan-Kenner *O. Pöggeler*, Spur des Worts. Zur Lyrik Paul Celans, 1986; *ders.*, Der Stein hinterm Aug. Studien zu Celans Gedichten, 2000.

40 *R. André*, Gespräche von Text zu Text. Celan – Heidegger – Hölderlin, 2001, S. 61.

41 *A. Fioretos*, Nothing. History and Materiality in Celan, in: Wordtraces. Reading of Paul Celan (Hg. ders.), 1994, S. 295, 331. Zum Vorwurf des Pathos vgl. *I. Bachmann/P. Celan*, Herzzeit. Der Briefwechsel, 2009, Nr. 112/1.

42 Zur Sprache Celans auch *Ch. Taylor*, Celan and the Recovery of Language, in: Dilemmas and Connections, 2010, S. 56.

43 *P. Celan*, Engführung, in: Sprachgitter, 1959.

44 *U. Baer*, Remnants of Song. Trauma and the Experience of Modernity in Charles Baudelaire and Paul Celan, 2000, S. 275; *M. J. Schäfer*, Schmerz zum Mitsein. Zur Relektüre Celans und Heideggers durch Philippe Lacoue-Labarthe und Jean-Luc Nancy, 2003, S. 309.

b) Paul Celans Abwendung von Hegel

Es ist wohl mehr als zufällig, dass diese Farbgebung just derjenigen entspricht, die Hegel im anderen Teil des Doppelbildes gewählt hat.[45] Allerdings fällt auf, dass Celan sie auf den Tag und noch nicht die einbrechende Dämmerung bezieht. Das entspricht der im literaturwissenschaftlichen Schrifttum vorgetragenen Interpretation, dass Celan mit der „Eulenflucht", die bereits begrifflich eine sich vom Ursprung entfernende Bewegung erkennen lässt, eine Abwendung von Hegels Bild vollzogen hat,[46] wie Robert André eindrücklich beschrieben hat: „Celan zeigt durch die feine Modifikation vom *Flug* zur *Flucht* der *Eulen* an, dass sich eine solche Vollendung der Geschichte nicht einstellen will. Denn es gibt keine entsprechende Distanz zur Wirklichkeit, so dass es möglich wäre, aus der Vogelperspektive über die vergangene Epoche zu räsonnieren."[47]

Das Unbehagen des Dichters gegenüber Hegels Geschichtsphilosophie und seiner Gleichsetzung von Vernünftigkeit und Wirklichkeit ist greifbar. Der in der Abenddämmerung beginnende Flug der Eule wird zum Fluchtpunkt, dessen Ausweglosigkeit vorgezeichnet ist; die Wirklichkeit wird nachgerade zur Falle („in der Eulenflucht"). Die nachfolgende Präzisierung Andrés greift dann interessanterweise unwillkürlich den soeben behandelten Gedanken Avineris auf:[48] „Wenn es aber kein Danach gibt, dann muss auch das Nach-denken und die philosophische Reflexion eine andere werden."[49] So lässt sich über das Gedicht Celans und seine mögliche Deutung etwas über Hegels Bild erfahren, das darüber hinaus weist und davon abstößt,[50] indem es nicht nur die Geschichtsphilosophie Hegels, sondern die Wirklichkeit selbst zum Problem macht, die zugleich der Schlüssel

---

45 *Th. Schröder*, Undeutbarkeit. Annäherung an Peter Szondi anlässlich seiner Fragment gebliebenen Celan-Interpretation ‚Eden, Berlin', in: Das Feld der Frankfurter Kultur- und Sozialwissenschaften nach 1945 (Hg. R. Faber/E.-M. Ziege), 2008, S. 123, 127: „taggrau – in dem der Hegel-Adornosche Eulenflug in der Dämmerung und die Hölderlinisch-Celansche Eulenflucht Aug' in Aug' steht."

46 Siehe auch *P. Vollbrecht*, Das Diskursive und das Poetische. Untersuchungen über den Unterschied literarischer und philosophischer Sprache am Beispiel von Celan und Hegel, 1989; vgl. auch *M. J. Schäfer*, „Weg des Unmöglichen" – Celans Gespräch mit Heidegger im Meridian, in: Die Zeitlichkeit des Ethos. Poetologische Aspekte im Schreiben Paul Celans (Hg. U. Wegin/ders.), 2003, S. 113, 147 Fußnote 106.

47 *R. André*, Gespräche von Text zu Text. Celan – Heidegger – Hölderlin, 2001, S. 61; Hervorhebungen auch dort.

48 *Sh. Avineri*, Hegel's Theory of the Modern State, 1972, S. 129; dazu oben 1.

49 *R. André*, Gespräche von Text zu Text. Celan – Heidegger – Hölderlin, 2001, S. 61.

50 Ähnlich verfährt – mutatis mutandis – *D. Henrich*, Der Gang des Andenkens: Beobachtungen und Gedanken zu Hölderlins Gedicht, 1986, in seiner wegweisenden Deutung von Hölderlins Gedicht „Andenken", indem es als „Heran-denken" verstanden wird.

zum Verständnis der Vorrede der Rechtsphilosophie ist, in der das Bild von der Eule der Minerva ihren Platz hat.

c) Adornos Verweis auf die Möglichkeit des Wirklichen im Spiegel der Rechtsphilosophie

In diesen Zusammenhang gehört auch die im Mittelteil nicht von ungefähr geradezu poetisch anmutende und unausgesprochen auf die Kunst verweisende Überlegung Adornos, der in Anlehnung an die von Hegel in der Vorrede behauptete Identität von Vernunft und Wirklichkeit buchstäblich eine neue Möglichkeit der Deutung vorstellt: „Auch der Gedanke, der die stets wieder besiegte Möglichkeit gegen die Wirklichkeit festhält, hält sie bloß, indem er die Möglichkeit als eine der Wirklichkeit fasst unter dem Blickpunkt ihrer Verwirklichung; als das, wonach die Wirklichkeit selbst, wie immer auch schwach, ihre Fühler ausstreckt, nicht als ein Es wär so schön gewesen, dessen Klang vorweg damit sich abfindet, dass es missriet.“[51]

Die Akzentuierung des Möglichen und seine partielle Überlagerung des Wirklichen[52] führt freilich folgerichtig auch zu einem anderen, durch die Kunst mitbestimmten Blick auf das Bild der Eule der Minerva.[53] Aufschlussreich ist aber auch die Folgerung, die Adorno daraus im Hinblick auf die Rechtsphilosophie Hegels zieht: „Das ist der Wahrheitsgehalt selbst der Schichten der Hegelschen Rechtsphilosophie, wo er, wie in der Geschichtsphilosophie und besonders der Vorrede der Rechtsphilosophie, der Realität resigniert oder hämisch Recht zu geben scheint und über die Weltverbesserer spottet.“[54] Daraus lässt sich ersehen, dass es durchaus einen Zusammenhang zwischen der zentralen Aussage der

51 *Th. W. Adorno*, Drei Studien zu Hegel, 1963, 4. Auflage 1970, S. 101.

52 Ein ähnlicher Gedanke liegt wohl der Theorie von *D. Lewis*, Philosophical Papers, Band I, 1983, S. 10 f., 24 f., 261 ff. zugrunde, der den Sinn des Wirklichen jeweils auf eine als solche mögliche Welt bezieht; dazu *D. Henrich*, Konzepte, 1987, S. 71.

53 *Th. W. Adorno*, Ästhetische Theorie, in: Gesammelte Schriften (Hg. R. Tiedemann), Band 7, 1972, S. 439; dazu *S. Schaap*, Die Verwirklichung der Philosophie. Der metaphysische Anspruch im Denken Theodor W. Adornos, 2000, S. 213: „Bei Hegel ist Philosophie gleichbedeutend mit ‚Nach-Denken‘, das heißt sie folgt auf etwas. Adorno weist der Philosophie die Position des ‚Vor-Denkens‘ zu.“

54 *Th. W. Adorno*, Drei Studien zu Hegel, 1963, 4. Auflage 1970, S. 101. Siehe aus dem italienischsprachigen Schrifttum vor allem *P. Becchi*, Contributi ad uno studio delle filosofie del diritto di Hegel, 1984; *ders.*, Le filosofie del diritto di Hegel, 1990; *ders.*, Da Pufendorf a Hegel. Introduzione alla storia moderna della filosofia del diritto, 2007; *ders.*, Il tutto e le parti. Organicismo e liberalismo in Hegel, 1994.

Vorrede, ihrer bildhaften Verdeutlichung und den *Grundlinien der Philosophie des Rechts* selbst gibt.

d) Folgerung

Offenbar hat das erhabene Bild die Dichter und die an der Kunst interessierten Philosophen stärker inspiriert als die Rechtsphilosophen.[55] Mit seinem poetischen Ausdruck weist es gleichsam selbst in den Bereich der Kunst, die nach Hegel der Sphäre des absoluten Geistes zuzuordnen ist.[56] So übersteigt das Bild den Bereich des Rechts, der zum objektiven Geist gehört, und wird damit selbst zum Sinnbild für Hegels Geistesphilosophie. Der Blick auf die poetische Suggestionskraft des Bildes ist daher auch für die vorliegende Deutung relevant. Denn wie am Ende der Abhandlung noch näher gezeigt wird,[57] ist die Verortung der Gestalt des Lebens in der Sphäre des absoluten Geistes hier in gewisser Weise schon vorweggenommen, wenngleich einstweilen nur in einer assoziativen, eben über die Kunst vermittelten Weise.[58]

3 Grau als Grundfarbe der Geschichte

Thomas Nipperdey hat die im Bild angesprochene Farbe sehr anschaulich zum gerade für die Hegel-Deutung wesentlichen Geschichtsverständnis in Beziehung gesetzt:[59] „Die Grundfarbe der Geschichte ist nicht Schwarz und Weiß, ihr Grundmuster nicht der Kontrast eines Schachbretts; die Grundfarbe der Geschichte ist Grau; in unendlichen Schattierungen.“[60] Auch wenn dieses Wort nicht unmittelbar auf das hier behandelte Bild bezogen ist, stellt es die Farbgebung immerhin in einen Zusammenhang mit der auch für Hegels Rechtsphilosophie

---

55 Siehe auch noch unten § 4 III 2 zu *F. Nietzsche*, Also sprach Zarathustra, erster bis vierter Teil, 1883–1885, Kritische Studienausgabe Band 4 (Hg. G. Colli/M. Montinari).

56 *G. W. F. Hegel*, Encyclopädie, §§ 554 ff.

57 Unter § 5.

58 Siehe auch *C. Zittel*, Das ästhetische Kalkül von Friedrich Nietzsches ‚Also sprach Zarathustra‘, 2000, S. 180: „An Stelle der Eule der Minerva lässt Nietzsche den Adler der Kunst in der Dämmerung seinen Flug beginnen.“ Zu Nietzsches Entgegensetzung näher unter § 4.

59 Ähnlich *H. Perkin*, The Rise of Professional Society: England since 1880, 1990, S. XII.

60 *Th. Nipperdey*, Deutsche Geschichte, 1866–1918, Band 2, 1990, S. 905; siehe auch *A. Demandt*, Metaphern für Geschichte. Sprachbilder und Gleichnisse im historisch-politischen Denken, 1978, S. 159.

zentralen Philosophie der Geschichte, deren Berücksichtigung unerlässlich für das Verständnis der *Grundlinien* ist.[61]

Das führt in Verbindung mit dem soeben Bedachten zu der Hypothese, dass sich gerade in diesem Bild auch der Zusammenhang zwischen Rechts- und Geschichtsphilosophie spiegelt.[62] So lässt sich auch der Nachsatz erklären: „und mit Grau in Grau lässt sie sich nicht verjüngen". In einer solchermaßen poetischen und sprachmächtigen Bilderfolge wirkt diese wiederholende Präzisierung merkwürdig hölzern und scheint Nietzsches später noch zu behandelndes Bonmot über ‚Hegel als Stilist' zu bestätigen,[63] wonach „bei Hegel alles nichtswürdiges Grau ist."[64] Zudem greift die Wiederholung etwas scheinbar Selbstverständliches auf, nämlich dass sich das alt Gewordene nicht verjüngen lässt. Sinnvoll ist diese erneute Erwähnung also vor allem dann, wenn man hierin die Betonung des Befundes sieht, dass die Gestalt des Lebens („sie") sich mit Grau in Grau erkennen lässt. Auch diese Bezugnahme lässt die Frage hervortreten, was es mit der Gestalt des Lebens auf sich hat. Bevor dem nachgegangen wird, soll aber noch kurz dem metaphorischen Zusammenhang selbst nachgegangen werden.

4 Zeitliches Nacheinander

In diesem Sinne erweist sich die Formulierung „*mit* Grau in Grau" als bedeutsam. Wäre es Hegel dagegen nur um eine poetische Ausdrucksweise gegangen, so wäre beispielsweise das eher modale „grau in grau malend" naheliegend gewesen. Das wiederkehrende ‚Grau in Grau' verfolgt wohl auch einen darüber hinausgehenden Zweck, indem es die beiden hintereinander geschalteten Bilder wenigstens äußerlich miteinander verbindet, denn grau ist zugleich die Farbe der Dämmerung. Mittelbar bestätigt wird dies durch eine zeitgeschichtliche Einschätzung Hegels, in der er – mit den Worten Karl Löwiths – „die Stimmung der Folgezeit ahnend vorwegnahm, nachdem er schon selber in der Rechtsphilosophie ‚Grau in Grau'

---

61 *R.-P. Horstmann*, Der geheime Kantianismus in Hegels Geschichtsphilosophie, in: Hegels Philosophie des Rechts. Die Theorie der Rechtsformen und ihre Logik (Hg. D. Henrich/ders.), 1982, S. 56 f. mit weiteren Nachweisen.

62 Vgl. auch *A. Borst*, Meine Geschichte (Hg. G. Seibt), 2009, S. 101: „Erst nachträglich kann ja der Dichter oder Historiker die Ereignisse seiner Epoche halbwegs sicher gewichten." – Diese Feststellung ist für Hegels später (unter II 5) zu behandelnde Würdigung der französischen Revolution interessant.

63 Dazu noch am Ende von § 4.

64 *F. Nietzsche*, Nachgelassene Fragmente, 1875–1879, Kritische Studienausgabe Band 8 (Hg. G. Colli/M. Montinari), Frühling 1876, 15 [10], S. 281.

gemalt hatte.“[65] In dieser zeitgeschichtlichen Äußerung Hegels ging es um die europäische Politik seiner Epoche,[66] in der er es angesichts der bewegenden historischen Ereignisse nicht nur für geboten, sondern auch für wirksamer hielt, die Geschehnisse als Privatperson zurückgezogen zu betrachten.[67]
Hier kommt das konservativ-quietistische Moment zum Vorschein,[68] das Hegel so oft gerade im Hinblick auf die Vorrede der Rechtsphilosophie zum Vorwurf gemacht wurde und von dem noch die Rede sein wird. Doch war Hegel insoweit nur konsequent, hat er doch gerade in der Vorrede über das Individuum gesagt, dass „ohnehin jedes ein Sohn seiner Zeit“ sei und es „ebenso töricht ist zu wähnen, irgendeine Philosophie gehe über ihre gegenwärtige Welt hinaus, als, ein Individuum überspringe seine Zeit.“[69] Von dieser Stelle wird noch am Ende der Abhandlung die Rede sein. Sie erklärt immerhin in ihrem zeitlichen Nacheinander und der betrachtenden Rückschau des Abgeschlossenen die demzufolge temporale und nicht konditionale Aussage:[70] „*Wenn* die Philosophie ihr Grau in Grau *malt,* dann *ist* eine Gestalt des Lebens alt *geworden.*“[71]

II Mögliche Gestalten des Lebens

Damit bleibt die Frage, von welcher Gestalt des Lebens im Bild die Rede ist. Es wäre an dieser Stelle zu einfach, die Gestalt des Lebens ohne weiteres, das heißt ohne eine nähere Behandlung der Philosophie des Geistes und ohne ihre Einordnung in die Rechtsphilosophie,[72] mit der Gestalt des Geistes gleichzusetzen, zumal das den unbestimmten Artikel („*eine* Gestalt des Lebens“) noch nicht erklären würde.[73]

---

65 *K. Löwith*, Von Hegel zu Nietzsche. Der revolutionäre Bruch im Denken des neunzehnten Jahrhunderts, 1941 (zitiert nach der Meiner-Ausgabe, 1995), S. 55.

66 Ähnlich in heutiger Zeit *J. Abramson*, Minerva's Owl. The Tradition of Western Political Thought, 2009.

67 *K. Rosenkranz*, Hegels Leben, Berlin, 1844, S. 304, über Hegels Brief an den Baron Boris von Uexküll.

68 Zutreffend demgegenüber *H. F. Fulda*, Das Recht der Philosophie in Hegels Philosophie des Rechts, 1968, S. 38: „Seine Philosophie bewirkt keinen Quietismus, sondern sichert die Bedingungen, unter denen sich Moralität innerhalb der Sittlichkeit angemessen realisieren kann.“ Zu der zitierten Abhandlung *R.-P. Horstmann*, Philosophische Rundschau 17 (1970) 45.

69 *G. W. F. Hegel*, Grundlinien der Philosophie des Rechts, Vorrede, S. 35.

70 Siehe auch *P. Stekeler-Weithofer*, Die Eule der Minerva oder: Die Macht der Reflexion, Allgemeine Zeitschrift für Philosophie 25 (2000) 63, der auf die „besondere Fähigkeit (sc. der Eule) zum Rückblick“ aufmerksam macht.

71 *G. W. F. Hegel*, Grundlinien der Philosophie des Rechts, Vorrede, S. 36 f. Hervorhebungen nur hier.

72 Dazu näher unter § 2 und § 3.

1 Rückverweisung auf die Philosophie

Eine naheliegende Deutung könnte in diesem Sinne versucht sein, es dabei bewenden zu lassen, dass die Philosophie selbst die Gestalt des Lebens ist, die alt geworden ist und sich nicht verjüngen, sondern nur erkennen lässt. Dann wäre die Gestalt des Lebens nur eine Wendung, die zurückverweist auf die Philosophie, um sich nicht wiederholen zu müssen.[74] Allerdings ist gegenüber einer derartigen Gleichsetzung Vorsicht geboten. Denn ein solchermaßen formales und äußeres Verständnis könnte Gefahr laufen, inhaltlich auf eine schlichte Tautologie hinaus zu führen und damit nichts über sich selbst Hinausgehendes auszusagen und dem Wort damit zugleich sein Gewicht zu nehmen. In sprachlicher Hinsicht lässt sich das damit bezweifeln, dass das „Grau in Grau" erneut aufgegriffen wird: „Wenn die Philosophie ihr Grau in Grau malt, dann ist eine Gestalt des Lebens alt geworden, und mit Grau in Grau lässt *sie* sich nicht verjüngen, sondern nur erkennen."[75] Bezugspunkt ist sonach die Gestalt des Lebens und nicht mehr die Philosophie selbst und daher etwas von ihr Verschiedenes, wenngleich natürlich systematisch mit ihr Zusammenhängendes.

a) Herbert Marcuses Rekurs auf den ‚Tenor' der Hegelschen Rechtsphilosophie

Dieser Zusammenhang ist daher auch für das Verständnis des Bildes im Blick zu halten. Daher konnte Herbert Marcuse sagen: „Hegel wusste, dass eine ‚Gestalt des Lebens' alt geworden war und dass sie *durch die Philosophie* niemals verjüngt werden konnte. Die letzten Abschnitte der Vorrede kennzeichnen den Tenor der gesamten *Philosophie des Rechts*. Sie markieren die Resignation eines Mannes der weiß, dass das Ende der von ihm dargestellten Wahrheit sich abzeichnet und dass sie die Welt nicht länger beleben kann."[76] Auch wenn diese Sichtweise den verschiedentlich hervorgehobenen resignativen Zug der *Grundlinien* womöglich etwas zu einseitig zuspitzt, gebührt ihr das Verdienst, dass sie das Bild der Eule der

---

73 Vgl. *C. F. v. Weizsäcker*, Der Garten des Menschlichen, 4. Auflage 1978, S. 400; dazu unten § 6.

74 In diese Richtung wohl zumindest teilweise *M. Gans*, Das Subjekt der Geschichte – Studien zu Vico, Hegel und Foucault, 1993, S. 272 f.: „Alt geworden ist aber für Hegel sowohl die Philosophie in ihrer Geschichte wie die Geschichte selbst nur in der Hinsicht, dass sich in der Kantischen Wende wie in der Französischen Revolution, wenn auch auf abstrakte Weise, das Prinzip artikuliert, welches als die Subjektivität oder der Gedanke allein frühere Formen der Darstellung des Absoluten, in der unmittelbaren Form der Anschauung und wie in der entäußerten Form der Vorstellung, zugrunde lag."

75 *G. W. F. Hegel*, Grundlinien der Philosophie des Rechts, Vorrede, S. 36 f. Hervorhebung nur hier.

76 *H. Marcuse*, Vernunft und Revolution. Hegel und die Entstehung der Gesellschaftstheorie, 1941, (Schriften Band IV, 1989), S. 165 f.; Hervorhebung nur hier.

Minerva und der darin enthaltenen zentralen Gestalt des Lebens mit der Rechtsphilosophie in Verbindung bringt und damit an die Stelle des geläufigen Nebeneinander von bildhafter Verdeutlichung der Vorrede und dem eigentlichen Text der *Grundlinien* den Gegenentwurf eines inhaltlichen ineinander Greifens stellt.

b) „Weltweisheit" und Welt als Gestalt des Lebens?

In dieselbe Richtung geht letztlich eine zwar nicht explizit, aber immerhin implizit vertretene Vorstellung von der Gestalt des Lebens, die letztlich die Welt selbst ist. Sie findet sich bei Karl Löwith: „Auch Hegels Staatsphilosophie malt Grau in Grau und will die ‚fertig' gewordene Welt nicht verjüngen, sondern nur erkennen."[77] Die Gestalt des Lebens wäre demnach die Welt selbst, so dass die Gestalt des Lebens gleichsam jede mögliche Erscheinung der Welt im Wandel der Zeiten wäre, an deren Ende die Erkenntnis der Welt selbst stünde.[78] Das wiederum entspricht der Philosophie als „Weltweisheit",[79] einen – mit Hegels Worten – „Spitznamen", den sie zu recht trägt,[80] so dass es letztlich auf dasselbe hinausläuft, ob die Philosophie selbst oder die Welt überhaupt die Gestalt des Lebens ist. Diese Frage wird weiter unten nochmals unter Rekurs auf Löwith angesprochen, wo es auch auf die Bedeutung der Worte „nur erkennen" ankommen wird.[81] Einstweilen sei lediglich festgestellt, dass eine formelhafte Gleichsetzung der Gestalt des Lebens mit der Philosophie zu kurz greifen würde.

---

77 *K. Löwith*, Von Hegel zu Nietzsche. Der revolutionäre Bruch im Denken des neunzehnten Jahrhunderts, 1941 (zitiert nach der Meiner-Ausgabe, 1995), S. 53 f.

78 *O. Pöggeler*, in: Hegel. Einführung in seine Philosophie (Hg. ders.), 1977, S. 23, spricht von der „Weltphilosophie", die das „Selbstverständnis einer abgeschlossenen Epoche" darstellt.

79 *G. W. F. Hegel*, Encyclopädie, § 552; vgl. auch *K. Löwith*, Von Hegel zu Nietzsche. Der revolutionäre Bruch im Denken des neunzehnten Jahrhunderts, 1941 (zitiert nach der Meiner-Ausgabe, 1995), S. 60.

80 *G. W. F. Hegel*, Vorlesungen über die Geschichte der Philosophie, 1805/1806, 1816–1831, in: Sämtliche Werke (ed. H. Glockner, Band 17), S. 92: „Man hat so recht, die Philosophie Weltweisheit zu nennen."

81 Unten § 3 II 1.

c) Gestaltbegriff in der Vorlesungsnachschrift von 1819/1820

Ein gewisses Indiz, mehr aber wohl auch nicht,[82] bildet eine Stelle der unlängst entdeckten und edierten Vorlesungsmitschrift von Hegels Rechtsphilosophie.[83] In einer möglichen Vorwegnahme des Eulenbildes soll Hegel gesagt haben: „Nicht überfliegen soll die Philosophie ihre Zeit; sie steht in ihr, sie erkennt das Gegenwärtige." Das entspricht mutatis mutandis der Aussage, dass die Philosophie „ihre Zeit in Gedanken erfasst."[84] Dementsprechend heißt es: „Das ewig Wahre ist kein Vergangenes und kein Zukünftiges. Dieses an und für sich Wahre ist nicht form- und gestaltlos, sondern *eine Gestalt, eine bestimmte Weise des Geistes*."[85]

aa) Gestalt und Weise des Geistes

Diese Wendung ist doppeldeutig: Sie kann einerseits so verstanden werden, dass die Gestalt eine „bestimmte Weise des Geistes" ist, was freilich wenig sinnvoll anmutet. Andererseits kann die „bestimmte Weise" präzisierend gemeint sein, so dass hier in einer erklärenden Sperrung bereits die ‚Gestalt (...) des Geistes' begegnet. Dieses modale Verständnis erscheint näherliegend, wobei freilich die Verbindung der „bestimmten" Weise mit dem bereits erwähnten unbestimmten Artikel („*eine* Gestalt des Lebens") eine eigentümliche Spannung erzeugt.[86] Damit könnte zumindest ein Fingerzeig gefunden sein, der die Richtung weist, auch wenn die Präzisierung kryptisch anmutet: „diese Weise des gegenwärtigen Geistes, der sich von anderen Gestalten unterscheidet, ist die höchste Weise des Begriffs, den er von sich selbst gefasst hat." Klarer wird die mögliche Ambivalenz des Gestaltbegriffs aber im Folgenden: „Diese Gestalt ist doppelt, teils der Philosophie angehörig, teils der äußerlichen Gestalt der vorhandenen Wirklichkeit."

---

82 Vgl. auch *O. Pöggeler*, Hegel. Einführung in seine Philosophie (Hg. ders.), 1977, S. 7: „beschäftigt man sich mit der Rechtsphilosophie, wird man auf wichtige Jenaer Entwürfe und zugehörige Berliner Vorlesungen verwiesen."

83 *G. W. F. Hegel*, in: Hegel, Philosophie des Rechts, Die Vorlesung von 1819/1820 in einer Nachschrift (Hg. D. Henrich), 1983, S. 43, 48.

84 *G. W. F. Hegel*, Grundlinien der Philosophie des Rechts, Vorrede, S. 35; Hervorhebung auch dort.

85 *G. W. F. Hegel*, in: Hegel, Philosophie des Rechts, Die Vorlesung von 1819/1820 in einer Nachschrift (Hg. D. Henrich), 1983, S. 43, 48; Hervorhebung nur hier.

86 Soeben II vor 1 unter Verweis auf *C. F. v. Weizsäcker*, Der Garten des Menschlichen, 4. Auflage 1978, S. 400; dazu unten § 6.

bb) Der Geist als Grundlage der in der Rechtswelt ringenden Interessen

Die partielle Zugehörigkeit zur Philosophie könnte den Weg zur Sphäre des absoluten Geistes weisen,[87] während die teilweise Partizipation an der vorhandenen Wirklichkeit das Leben selbst meinen könnte:[88] „Dieser Geist im wirklichen Dasein ist der bunte Teppich, wo eine Menge Interessen und Zwecke sich kreuzen, gegeneinander kämpfen." Der absolute Geist webt also gleichsam die Grundlage für die in der Rechtswelt konfligierenden Interessen. Gleichwohl fasst Hegel kategorisch zusammen: „Diese (sc. doppelte) Gestalt betrachtet die Philosophie nicht."[89] Die regelrechte Beliebigkeit des sich in der Rechtswelt darbietenden Materials bedarf vielmehr der gedanklichen Rückführung, um Gegenstand der Philosophie sein zu können: „Dieses Geröll, zurückgeführt auf den Gedanken, ist Gegenstand der Betrachtung der Philosophie, der Geist ein System seines einfachen Lebens."[90]

Rechtsphilosophie ist mithin mehr als die stückweise philosophische Würdigung beliebiger Erscheinungen der Rechtswelt. Das entspricht der Wendung in der Vorrede der *Grundlinien* von „unserer Wissenschaft, im Gegensatz der positiven Jurisprudenz, die es oft nur mit Widersprüchen zu tun hat."[91] Von dieser Stelle wird noch die Rede sein, wenn es um das Verhältnis der Rechtsphilosophie zur Dogmatik der Jurisprudenz geht. Bedeutungsvoll ist jedoch auch der unscheinbar anmutende Nachsatz, wonach der Geist ein System seines einfachen Lebens ist. Gewiss ist dies zunächst wenig mehr als ein deskriptives und daher nicht hinreichend aussagekräftiges Kompositum. Doch nicht von ungefähr steht am Ende dieses Absatzes über die Gestalt ihre Zugehörigkeit zum Leben, womit sie in der Zusammensetzung nichts anderes ist als die Gestalt des Lebens.

2 Staat und „Gestalt des Lebens"?

Einiges scheint auf den ersten Blick dafür zu sprechen, den Staat als die gealterte Gestalt des Lebens anzusehen.[92] Hier ist zunächst der systematische Zusam-

---

87 *G. W. F. Hegel*, Encyclopädie, §§ 572 ff.

88 Zum Folgenden wichtig *M. Quante*, Die Wirklichkeit des Geistes, 2011; ferner bereits *ders.*, Hegels Begriff der Handlung, 1993.

89 *G. W. F. Hegel*, in: Hegel, Philosophie des Rechts, Die Vorlesung von 1819/1820 in einer Nachschrift (Hg. D. Henrich), 1983, S. 43, 49.

90 *G. W. F. Hegel*, ebenda.

91 *G. W. F. Hegel*, Grundlinien der Philosophie des Rechts, Vorrede, Fußnote 1.

92 Weiterführend dazu *D. Henrich*, Logische Form und reale Totalität. Über die Begriffsform von Hegels eigentlichem Staatsbegriff, in: Hegels Philosophie des Rechts. Die Theorie der Rechts-

menhang der Vorrede zu nennen, und zwar der äußere wie – wichtiger noch – der innere. Immerhin hat gerade die Staatslehre Hegels innerhalb seines Systems die größte Nachwirkung erfahren.[93] Dem äußeren systematischen Zusammenhang nach bildet nämlich das Umfeld und die Einleitung des Bildes von der Eule der Minerva der Blick auf den Staat:[94] „So soll denn diese Abhandlung, insofern sie die Staatswissenschaft enthält, nichts anderes sein als der Versuch, den *Staat als ein in sich Vernünftiges zu begreifen* und *darzustellen*."[95] Das scheint unmittelbar zu der alt gewordenen Gestalt des Lebens zu passen, die sich nicht verjüngen, sondern nur erkennen lässt.

Dabei darf freilich, wie an späterer Stelle noch präzisiert wird,[96] das Begreifen nicht ohne weiteres dem Erkennen gleichgesetzt werden. Außerdem ist der Vorbehalt („insofern sie die Staatswissenschaft enthält") zu beachten, der als Beschränkung dagegen spricht, dass allein der Staat mit der Gestalt des Lebens gemeint ist, „wenn *die Philosophie* ihr Grau in Grau malt."[97] Gewiss bildet der Staat dasjenige exemplarisch ab, was Hegel der Philosophie überhaupt zuweist, wenn es auf ihn bezogen heißt: „Als philosophische Schrift muss sie am entferntesten davon sein, einen *Staat, wie er sein soll*, konstruieren zu wollen; die Belehrung die in ihr liegen kann, kann nicht darauf gehen, den Staat zu belehren, wie er sein soll, sondern vielmehr, wie er, das sittliche Universum, erkannt werden soll."[98] Dementsprechend begreift Hegel den Staat als „Objektivität des Vernunftbegriffs".[99]

---

formen und ihre Logik (Hg. D. Henrich/R.-P. Horstmann), 1982, S. 428; *B. Bourgeois*, Der Begriff des Staates, in: Klassiker Auslegen, G. W. F. Hegel, Grundlinien der Philosophie des Rechts (Hg. L. Siep), 1997, 2. Auflage 2005, S. 217, 229; *G. Giese*, Hegels Staatsidee und der Begriff der Staatserziehung, 1926.

93 So schon *F. Rosenzweig*, Hegel und der Staat, 1920, Band II, S. 118.

94 Aus dem neueren Schrifttum *P. Radt*, Hegels Staatsphilosophie im Spannungsverhältnis zwischen Ideal- und Realpolitik. Die Rechtsphilosophie Hegels und das „Älteste Systemprogramm", 2003; kritisch dazu *T. Liesegang*, Hegel-Studien 39/40 (2004/2005) 253.

95 *G. W. F. Hegel*, Grundlinien der Philosophie des Rechts, Vorrede, S. 34; Hervorhebungen auch dort.

96 Unten § 2 IV 2. Vgl. auch *E. Rózsa*, in: Hegel-Studien 32 (1997) 137, 157: die gereifte, vollendete Wirklichkeit als Gestalt des Lebens.

97 Hervorhebung nur hier.

98 *G. W. F. Hegel*, Grundlinien der Philosophie des Rechts, Vorrede, S. 34 f.

99 *G. W. F. Hegel*, ebenda, § 132. Siehe auch *K. Brinkmann*, Idealism Without Limits: Hegel and the Problem of Objectivity, 2013.

3 Vernunft als „Gestalt des Lebens"?

Vor dem Hintergrund dieser vergleichsweise wenig gewürdigten, nichtsdestoweniger aber zentralen Bestimmung des Staates als „Objektivität des Vernunftbegriffs" kann man sich ebenso gut fragen, ob nicht die Vernunft die Gestalt des Lebens ist, von der im Bild die Rede ist. So hat Herbert Marcuse in nur vordergründig anderem Zusammenhang unter dem Blickwinkel von Hegels Ontologie und seiner Theorie der Geschichtlichkeit die Vernunft als eine Gestalt des Lebens begriffen:[100] „Damit ist zunächst ganz allgemein vorgezeichnet, auf welchem Wege die ‚Vernunft' als eine Gestalt des Lebens auftritt."[101] Dahinter steht letztlich die in der Vorrede zum Ausdruck kommende, an späterer Stelle noch ausführlich zu behandelnde Gleichsetzung des Vernünftigen mit dem Wirklichen,[102] wonach die Vernunft die Wirklichkeit nicht begründet, sondern selbst real ist; eine Grundeinsicht Hegels, zu deren systematischer und wissenschaftlicher Darlegung in den *Grundlinien* die Rechtsphilosophie auf der Ebene des objektiven Geistes ihren Beitrag leistet.

Da aber die so verstandene Vernunft kein nur individuelles Vermögen, sondern eine gleichsam objektive Gegebenheit ist,[103] kommt es darauf an, wie und worin sie wirkt, womit die Geschichte in den Blick gerät, die schließlich auch in der zeitlichen Dimension des Bildes („alt geworden") zum Ausdruck kommt. So wäre die Vernunft in der Geschichte die alt gewordene Gestalt des Lebens. Fasst man die soeben angestellten Überlegungen zusammen, so wäre eine mögliche Gestalt des Lebens im Sinne der Vorrede die Geschichte als Selbstentfaltung des objektiven Geistes und damit letztlich die Vernunft als Selbstdarstellung der Wirklichkeit: Sie lässt sich zugleich nur erkennen, aber nicht verjüngen. Das entspricht zugleich dem herkömmlichen Verständnis des Bildes der Dämmerung, die am Ende des Tages erst sinnvoll mit der Deutung des Geschehenen beginnen kann, was nicht notwendigerweise nur Hegels philosophische Durchdringung seiner Zeit ist.[104]

---

100 Interessant insoweit auch *D. Kangas*, Kierkegaards Instant, 2007, S. 104: „The owl of Minerva, Hegel says, flies only at dusk. Recollection is therefore less an act of knowledge than the ontological condition of any knowledge".

101 *H. Marcuse*, Hegels Ontologie und die Grundlegung einer Theorie der Geschichtlichkeit, 1932, 2. Auflage 1968, S. 302. Demgegenüber kritisch *M. Theunissen*, Hegels Lehre vom absoluten Geist als theologisch-politischer Traktat, 1970, S. 421 mit Fußnote 2.

102 Dazu unten § 5 III 2. Eingehend dazu *M. Pawlik*, Der Staat 41 (2002) 183.

103 *D. Emundts/R.-P. Horstmann*, G. W. F. Hegel. Eine Einführung, 2002, S. 10 f., 32, 98.

104 *Sh. Avineri*, Hegel's Theory of the Modern State, 1972, S. 129 f.: „Yet despite this strong tendency to view his own historical epoch and his own philosophy as absolutes, there is nothing in Hegel's closing remarkes in the preface to the *Philosophy of Right* to suggest that what he thinks

4 Folgerung für die Deutung des Bildes

Mit dem soeben Erörterten ist noch nicht abschließend gesagt, dass die Vernunft die im Bild vorausgesetzte Gestalt des Lebens ist, sondern nur, dass die Deutung die in der Geschichte waltende Vernunft nicht außer Betracht lassen kann. Das entspricht dem, was in allgemeiner Form das Bild von der Eule der Minerva aussagt, nämlich, dass die Philosophie erst am Ende des Tages, also einem zeitlichen Prozess, erkennt, was ist und nicht, was sein soll:[105] „Als der Gedanke der Welt erscheint sie erst in der Zeit, nachdem die Wirklichkeit ihren Bildungsprozess vollendet und sich fertig gemacht hat."[106]

a) Deutung in Umkehrung zu Marx?

So bildet insbesondere das von Hegel so genannte „sittliche Universum" den inneren Zusammenhang ab, womit der Staat letztlich die „Wirklichkeit der sittlichen Idee ist."[107] Nicht zuletzt in der Gleichsetzung des Wirklichen mit dem Vernünftigen ist mitunter eine quietistisch-resignative[108] Grundhaltung Hegels voller Zweifel gegenüber der Philosophie gesehen worden.[109] Teilweise ist das Wort von der Eule der Minerva von dieser quietistisch anmutenden Resignation in marxistischer Umkehrung dahingehend weiter entwickelt worden, dass die Philosophie, welche die Welt nur interpretieren und nicht ändern könne, sie gerade dadurch ändere.[110] Diese eigenwillige Sicht mit ihrer intrikaten Umdeutung Hegels

true of all philosophy – namely, that it sums up to his age – is not true of his own philosophy as well. And all philosophy, by summing up its age, in some way announces the demise of his age."

105 *Sh. Avineri*, ebenda, S. 129: „that though Hegel is not announcing the advent of a new world or preaching it, his very ability to comprehend his own world may already point to its possible demise."

106 *G. W. F. Hegel*, Grundlinien der Philosophie des Rechts, Vorrede, S. 36.

107 *G. W. F. Hegel*, ebenda, § 257.

108 *F. Nyízsnyánszki*, Der resignierte Hegel, Hegel-Jahrbuch 1995, S. 292, erhebt das Bild zum Ausgangspunkt seiner These.

109 *R. Haym*, Vorlesungen über Hegel und seine Zeit, 1857 (2. Auflage 1927), S. 365 („die absolute Formel des politischen Conservativismus, Quietismus und Optimismus"); dazu auch *H. Ottmann*, Individuum und Gemeinschaft bei Hegel, 1974, S. 256 mit weiteren Nachweisen. Skeptisch ferner *V. Hösle*, Hegels System. Der Idealismus der Subjektivität und das Problem der Intersubjektivität, 2. Auflage 1998, S. 436. Zu Rudolf Hayms Ablehnung auch *J. Ritter*, Hegel und die französische Revolution, 1965, S. 7 f., 10: „das Anstößige liegt für Haym vielmehr darin, dass Hegel die metaphysische Theorie auf die gegenwärtige Gesellschaft und ihren Staat anwendet." (im Original hervorgehoben).

110 *Sh. Avineri*, Hegel's Theory of the Modern State, 1972, S. 130: „‚The owl of Minerva spreads its wings only with the falling of the dusk': in this seemingly quietistic sentence, full of resignation

durch Marx schießt aber wohl über das Ziel hinaus.[111] Der Flug in der Dämmerung ermöglicht die Erkenntnis des Wirklichen, ohne dieses dadurch notwendigerweise zu verändern. Andernfalls gelangte man gerade zu dem, was nach Hegel versperrt ist, nämlich dem „Belehren, wie die Welt sein soll", zu dem „die Philosophie immer zu spät kommt."[112]

b) Todesverkündigung des Staates?

Wenn am Ende der Staat bei Hegel als Wirklichkeit der sittlichen Idee erscheint,[113] so spricht nach dem Bedachten einiges dafür, dass auch die Vorrede der *Grundlinien der Philosophie des Rechts* von daher zu verstehen ist.

aa) Hösles Parallelismusthese aus der Religionsphilosophie

So nimmt es nicht wunder, dass der Staat selbst in Frage gestellt worden ist. Einen das gesamte System in den Blick nehmenden Deutungsversuch in diese Richtung unternimmt Hösle: „Das Ende der ‚Religionsphilosophie' zwingt vielmehr dazu, im Schluss der ‚Vorrede' der ‚Grundlinien' eine erstaunliche Ambivalenz zu erkennen: Hegel lehnt zwar ein praktisches Engagement der Philosophen ab, weil die Wirklichkeit des modernen Staates als vernünftig erkannt worden sei; aber mit dieser Erkenntnis und Apotheose ist zugleich das Todesurteil über den modernen Staat gesprochen. Denn so wie die Philosophie der Religion, indem sie die Vernunft im Christentum herausstellt, dessen Ende geistesgeschichtlich besiegelt, so ist die Eule der Minerva die Botin des Untergangs des modernen Staates."[114] In diese Richtung weist – jedenfalls wenn man es auf den Staat im Sinne Hegels anwendet – auch die Deutung, welche die Vorrede dahingehend auslegt, dass die

---

and apparent conservatism, there lies hidden a critical message about the role of philosophy. True, to borrow and invert a phrase from Marx, philosophy cannot chance the world, only interprete it; but by its very act of interpretation it changes it, it tells the world that its time is up." Zustimmend *V. Hösle*, Hegels System. Der Idealismus der Subjektivität und das Problem der Intersubjektivität, 2. Auflage 1998, S. 437.

111 Zum Ganzen auch, wenngleich ohne Rekurs auf das Bild, *W. Euchner*, Hegel und die Umwälzung der bürgerlichen Gesellschaft, in: Egoismus und Gemeinwohl, 1973, S. 174.

112 *G. W. F. Hegel*, Grundlinien der Philosophie des Rechts, Vorrede, S. 36.

113 *G. W. F. Hegel*, ebenda, § 257.

114 *V. Hösle*, Hegels System. Der Idealismus der Subjektivität und das Problem der Intersubjektivität, 2. Auflage 1998, S. 436; unter Berufung auf *E. Weil*, Hegel et l'Etat, 1950, S. 103 f. Ähnlich die hellsichtige Verknüpfung von *M. Pawlik*, Der Staat 41 (2002) 183, 211, wonach „die betreffende ‚Gestalt des Lebens alt geworden' und folglich dem Tode nahe sei".

zu erkennende Wirklichkeit etwas Vorhergehendes ist, das womöglich schon vergangen ist.[115]

Der erste Teil dieser Annahme ist durchaus im Sinne des Bildes der Eule der Minerva, während die Möglichkeit des Vergangenen dahinstehen kann, weil die Bedeutung des Bildes nicht zuletzt darin besteht, dass das Vergangene als notwendig begriffen wird. In diese Richtung geht auch die Deutung Theunissens, nach der „die im begreifenden Denken aufzuklärende Gegenwart ihre Zukunftsträchtigkeit verliert, weil die Rechtsphilosophie die Umsetzung des evangelischen Wortes in die politische Tat, die nach dem religionsphilosophischen Schema des Kultus immer noch aussteht, einem vergangenen Geschehen nachsagt, welches im Gegenwärtigen vermeintlich zum Abschluss gekommen ist."[116]

Die Parallele zur Religionsphilosophie unterstreicht die merkwürdige Stelle der Rechtsphilosophie,[117] in der Hegel das Recht als „etwas *Heiliges überhaupt*" bezeichnet, „allein weil es das Dasein des absoluten Begriffes, der absoluten Freiheit ist." Die Parallelismusthese wird zudem durch ein anderes Wort aus der Vorrede gestützt, das gleichsam den Aufstieg markiert, während Hösle sozusagen den Abstieg anspricht: „Wie es ein berühmtes Wort geworden ist, dass eine halbe Philosophie von Gott abführe – und es ist dieselbe Halbheit, die das Erkennen in eine *Annäherung* zur Wahrheit setzt, – die wahre Philosophie aber zu Gott führe, so ist es dasselbe mit dem Staate."[118] Der in der Parenthese vorgestellte Gedanke wird uns bei dem Merkmal „nur erkennen" noch beschäftigen;[119] das Erkennen führt unmittelbar und nicht nur approximativ zur Wahrheit: „es ist ein wärmerer Friede mit ihr, den die Erkenntnis verschafft".[120]

---

115 In diese Richtung *H. Schnädelbach*, Hegels praktische Philosophie. Ein Kommentar der Texte in der Reihenfolge ihrer Entstehung, 2000, S. 171, 332: „So spricht Hegel von der Wirklichkeit, um deren vernünftige Erkenntnis es den GPR geht, in Wirklichkeit von einem Vorhergehenden, ja vielleicht bereits Vergangenen." Siehe aber auch *J. Habermas*, Hegels Kritik der Französischen Revolution, in: *ders.*, Theorie und Praxis, 1963, 4. Auflage 1971, S. 128.

116 *M. Theunissen*, Hegels Lehre vom absoluten Geist als theologisch-politischer Traktat, 1970, S. 440.

117 *G. W. F. Hegel*, Grundlinien der Philosophie des Rechts, § 30.

118 *G. W. F. Hegel*, ebenda, Vorrede, S. 36.

119 Dazu unter § 3 II 1. Siehe aus dem Schrifttum auch *W. Jaeschke*, Staat aus christlichem Prinzip und christlicher Staat. Zur Ambivalenz der Berufung auf das Christentum in der Rechtsphilosophie Hegels und der Restauration, Der Staat 18 (1979).

120 *G. W. F. Hegel*, Grundlinien der Philosophie des Rechts, § 30.

bb) „Reif auch zum Untergang“ (Löwith)

Die oben wiedergegebene Interpretation der Todesverkündigung des Staates ist nicht ganz neu. Sie findet sich in einer wenig beachteten Andeutung bereits bei Karl Löwith, der die im Staat erreichte „Reife der Wirklichkeit“ mit der prägnanten Parenthese „reif also auch zum Untergang“ eintrübte.[121] Zudem evoziert Hösles Deutung eine grundsätzliche Frage: Warum sollte Hegel selbst am Ende der Vorrede die Ergebnisse in Frage stellen, zu denen sein Werk schließlich gelangt, indem er die Todesverkündigung desjenigen Staates zu bedenken gibt, dessen Vernünftigkeit er postuliert? Die Metapher der Eule der Minerva wäre dann zugleich ein metaphorisch gestreuter Zweifel am eigenen Werk.

(1) Verwirklichung der Freiheit in der Religionsphilosophie

Doch so einfach liegen die Dinge nicht. Was diese Sichtweise nämlich so bedeutsam macht, ist die Rückbesinnung auf einen anderen tragenden Pfeiler des Gesamtwerks in Gestalt der Religionsphilosophie Hegels.[122] Hösles Gedanke ist daher eher eine werkimmanente Bestätigung des Systems. Dieser das innere System berührende Grundgedanke ist gleichfalls bei Löwith schon angelegt: „Hegels Rechtsphilosophie, welche gleichzeitig mit der ersten Vorlesung über die Religionsphilosophie erschien, ist die konkrete Ausführung der prinzipiellen Tendenz zur Versöhnung der Philosophie mit der Wirklichkeit überhaupt: als Staatsphilosophie mit der politischen, als Religionsphilosophie mit der christlichen.“[123]

---

121 *K. Löwith*, Von Hegel zu Nietzsche. Der revolutionäre Bruch im Denken des neunzehnten Jahrhunderts, 1941 (zitiert nach der Meiner-Ausgabe, 1995), S. 59; dort (ebenda, S. 61) wird auch die Konformität zwischen Religion und Staat bereits vorausgesetzt; ferner ebenda S. 351 zu Hegels Aufhebung der Religion in der Philosophie.

122 Zu ihr *J. Splett*, Die Trinitätslehre G. W. F. Hegels, 1965; *H. Küng*, Menschwerdung Gottes. Eine Einführung in Hegels theologisches Denken als Prolegomena zu einer künftigen Christologie, 1970; dazu im Hinblick auf die heutige Bedeutung der politischen Philosophie Hegels *J. Habermas*, Zu Hegels Politischen Schriften, in: *ders.*, Theorie und Praxis, 1963, 4. Auflage 1971, S. 148, 171 Anmerkung 35. Zur theologischen Komponente seines Denkens ferner *J. Flügge*, Die sittlichen Grundlagen des Denkens. Hegels existenzielle Erkenntnisgesinnung, 1953; *W. Albrecht*, Hegels Gottesbeweis. Eine Studie zur „Wissenschaft der Logik“, 1958; *R. M. Wallace*, Hegel's Philosophy of Reality, Freedom and God, 2005.

123 *K. Löwith*, Von Hegel zu Nietzsche. Der revolutionäre Bruch im Denken des neunzehnten Jahrhunderts, 1941 (zitiert nach der Meiner-Ausgabe, 1995), S. 59. Siehe zur dort genannten politischen Philosophie *T. Brooks*, Hegel's Political Philosophy: A Systematic Reading of the Philosophy of Right, 2013.

Inhaltlich erfolgt die systematische Verklammerung durch das übergreifende Thema und Postulat der Freiheitsverwirklichung. Deutlich zeigt sich das etwa an folgender Stelle der Religionsphilosophie: „In der Negation des unendlichen Schmerzes der Liebe liegt auch erst die Möglichkeit und Wurzel des wahrhaft allgemeinen Rechts, der *Verwirklichung der Freiheit.*"[124] Von der Verwirklichung der Freiheit wird weiter unten noch ausführlich die Rede sein.[125] Hier kann es mit dem Hinweis bewenden, dass sie als oberste Zwecksetzung des „wahrhaft allgemeinen Rechts" die Religionsphilosophie mit der Rechtsphilosophie teleologisch verbindet.

Diese teleologische Verbindung der Philosophie des Rechts mit derjenigen der Religion ist nicht zuletzt im Hinblick auf das Verhältnis und den Übergang des objektiven Geistes, dem das Recht zugehört, zum absoluten Geist, welcher der systematische Ort der Religion ist, von Interesse. In diesem Sinne ist wohl auch zu verstehen, was Hans Friedrich Fulda zum absoluten Geist bemerkt, dass „zu dessen innerer Teleologie als etwas zweckmäßiges das gehört, was bisher in der Natur und in der Geschichte des objektiven Geistes nur als notwendig bestimmt worden war."[126] Darauf wird am Ende der Abhandlung zurückzukommen sein, wenn die Gestalt des Lebens erneut und diesmal unter dem Blickwinkel der Theorie des absoluten Geistes erörtert wird.

(2) Der „laute Lärm des Tages" in der Logik

Die allfällige Rückbindung erfolgt daher unter Berücksichtigung der anderen Eckpfeiler des Hegelschen Werkes neben der Rechtsphilosophie, also der *Phänomenologie des Geistes* und der *Wissenschaft der Logik.*[127] Interessanterweise hat

---

124 *G. W. F. Hegel*, Vorlesungen über die Philosophie der Religion, in: Sämtliche Werke (ed. Glockner, Band 16), S. 313; Hervorhebung auch dort.

125 Unter § 3.

126 *H. F. Fulda*, Georg Wilhelm Friedrich Hegel, 2003, S. 246; weiterführend auch die übergreifende Erklärung von *M. Theunissen*, Hegels Lehre vom absoluten Geist als theologisch-politischer Traktat, 1970, S. 141: „Ihr (sc. der Reflexion auf Weltgeschichte) zufolge ist die Befreiung, die im sittlichen Staatsleben bisheriger Weltgeschichte erst nur begonnen hat, der *durchgehende Zug in der zeitlichen Geschichte des absoluten Geistes*, derart, dass sie sich in einer und mit Hilfe einer Philosophie vollendet, welche selber nur das durch die christliche Religion erweckte Freiheitsbewusstsein erhellt." (Hervorhebung nur hier).

127 Zum Zusammenhang beider *R. Kroner*, Von Kant bis Hegel, Band II, 1924, 4. Auflage 2007, S. 415 ff. Siehe auch *R. Pippin*, You Can't Get There From Here: Transition Problems in Hegel's Phenomenology of Spirit, in: The Cambridge Companion to Hegel (Hg. F. Beiser), 1993, S. 58; *T. Pinkard*, Hegel's Phenomenology: The Sociality of Reason, 1994; *Ch. Taylor*, Hegel's Philosophy of Mind, in: Human Agency and Language: Philosophical Papers 1, 1985, S. 77.

Hegel selbst in der Vorrede zur zweiten Ausgabe seiner *Wissenschaft der Logik* in Frage gestellt, ob der „laute Lärm des Tages" überhaupt „noch Raum für die Teilnahme an der leidenschaftslosen Stille der nur denkenden Erkenntnis offen lasse".[128] Die Assoziation des Bildes der einbrechenden Dämmerung, während derer der Erkenntnis stiftende Flug der Eule beginnt, liegt überaus nahe.[129] Zugleich muss jedoch gerade bei einer weit ausholenden, auf das Gesamtwerk ausgreifenden Interpretation wie der soeben besprochenen in besonderer Weise der eingangs hervorgehobene Rekurs auf das Werk, dem die Einleitung vorgestellt ist, unternommen werden.

Wenn in der Religionsphilosophie vom „wahrhaft allgemeinen Recht, der *Verwirklichung der Freiheit*" die Rede ist, so werden damit Freiheit und Gerechtigkeit zusammengeführt.[130] In der Vorrede der Rechtsphilosophie steht darüber hinaus und damit zusammenhängend die Vernunft im Mittelpunkt, die an einer entscheidenden, wenngleich etwas entlegenen Stelle der *Grundlinien* wieder begegnet, die im bisherigen Schrifttum wohl noch nicht hinreichend gewürdigt wurde: „Es ist um Gerechtigkeit zu tun, d. i. um Vernunft – d. i., dass die *Freiheit* ihr Dasein erhalte."[131] Hier werden Vernunft, Gerechtigkeit und Verwirklichung der Freiheit zusammengedacht und einander gleichgeordnet. Diese Stelle wird uns noch verschiedentlich beschäftigen.

5 Hegel und die Französische Revolution

Im Zusammenhang mit der Gerechtigkeit und der verwirklichten Freiheit ist das epochale Ereignis der Französischen Revolution mit zu berücksichtigen, über die

---

128 *G. W. F. Hegel*, Wissenschaft der Logik, 1832, in: Sämtliche Werke (ed. H. Glockner, Band 4), Teil I, S. 35. Dazu *M. Gessmann*, Hegel, 1999, S. 139.

129 Siehe nur *R. Pippin*, The Rose and the Owl: Some Remarks on the Theory-Practice Problem in Hegel, Independent Journal of Philosophy 3 (1979) 7, 15: "Instead of the overcoming 'alienation', we must end up with Hegel's own attitude in the *Preface* to the second edition of the *Logic*. As an 'owl of Minerva', he is far from finding satisfaction or pleasure in the present. It is instead 'an external necessity', and 'unavoidable distraction', a 'loud noise', and 'defeating chatter'. Said one final way, such remarks by Hegel simply indicate a truth about the actualization process of history which even his mighty Concept is powerless to oppose: that the rose in the cross of the present is, like everything else, always dying". – Man könnte auf das andere Bild bezogen hinzufügen, dass diese Sicht der im ersten Paragraphen behandelten These von der Todesverkündigung des Staates durch das Bild der Eule der Minerva strukturell entspricht.

130 *G. W. F. Hegel*, Vorlesungen über die Philosophie der Religion, in: Sämtliche Werke (ed. H. Glockner, Band 16), S. 313; Hervorhebung auch dort.

131 *G. W. F. Hegel*, Grundlinien der Philosophie des Rechts, § 99 a. E.

sich Hegel übrigens mit einer Zeitschrift namens ‚Minerva' informierte.[132] Gerade im Hinblick auf die zuletzt in Erinnerung gerufene Gleichsetzung von Vernunft, Gerechtigkeit und Freiheit erweist sich die Deutung von Joachim Ritter als weiterführend, der Hegels Lehre vom Staat als ‚Wirklichkeit der sittlichen Idee' und als ‚Geist, der sich in der Welt realisiert' die methodische Aufgabe zuweist, „die geschichtliche Substanz der modernen Gesellschaft geltend zu machen".[133]

a) Abenddämmerung und „herrlicher Sonnenaufgang"

Diese Interpretation kann sich auch auf Hegels bekanntes Wort über die Französische Revolution berufen, die er in seiner Vorlesung über die Geschichte der Philosophie als „herrlichen Sonnenaufgang" preist.[134] Nicht von ungefähr ist es gleichsam die tageszeitliche Entgegensetzung der Abenddämmerung. Der „herrliche Sonnenaufgang" versinnbildlicht etwas, das Hegel selbst in seiner Berliner Antrittsvorlesung noch als „Morgenröte eines gediegeneren Geistes" hervorheben wird.[135] Zu Recht macht Ritter darauf aufmerksam, dass Hegel auf die französische Revolution nicht in der Weise zurückblicken konnte, wie wenn es sich um ein vollendetes Geschehen gehandelt hätte.[136]

Das ist deswegen aufschlussreich, weil damit die im Bild von der Eule der Minerva ausgedrückte nachträgliche Erkenntnis gerade nicht für die gerechte Beurteilung der französischen Revolution zu gelten scheint,[137] zeigt aber zugleich,

---

132 *H. Ottmann*, Individuum und Gemeinschaft bei Hegel, 1974, Band I, S. 271; *J. D'Hondt*, Hegel in seiner Zeit. Berlin 1818–1831, 1973, S. 7 ff.

133 *J. Ritter*, Hegel und die französische Revolution, 1965. Siehe auch *R. Pippin*, Idealism as Modernism: Hegelian Variations, 1997; *Th. Petersen*, Subjektivität und Politik. Hegels „Grundlinien der Philosophie des Rechts" als Reformulierung des „Contrat Social" Rousseaus, 1992; *A. Somek*, The Cosmopolitan Constitution, 2014, S. 168: „The model of society tied in with constitutionalism 1.0 cannot pass the test of moral universasalisation".

134 *G. W. F. Hegel*, Vorlesungen über die Philosophie der Geschichte, 1822–1831, in: Sämtliche Werke (ed. H. Glockner, Band 11), 4. Teil, 3. Abschnitt, 3. Kapitel, S. 557. Dazu auch *H. A. Winkler*, Geschichte des Westens, 2009, S. 316.

135 *G. W. F. Hegel*, Konzept der Rede beim Antritt des philosophischen Lehramts an der Universität Berlin vom 22. Oktober 1818; dazu unten § 5 II 2.

136 *J. Ritter*, Hegel und die französische Revolution, 1965, S. 18.

137 *R. Pippin*, The Rose and the Owl: Some Remarks on the Theory-Practice Problem in Hegel, Independent Journal of Philosophy 3 (1979) 7, 11, warnt angesichts der historischen Gegebenheiten vor übersteigerten Deutungen des Bildes von der Eule der Minerva: "Moreover, the Problem of the status of the *Preface* (Hegel's relation to the Prussian censors, the importance of the Carlsbad decrees etc.) make it unwise to focus exclusively on this passage. But the problem suggested above about the relationship between philosophy and some historical community can be put more straightforwardly, and in a way which touches on the same ambiguity, with respect to an historical

was weiter oben schon angedeutet wurde, dass gerade das unmittelbare zeitgenössische Erleben zu einer verklärenden Sicht führt, der gegenüber jene nachträgliche des Bildes angemessener wäre.[138] Der gegenteilige Standpunkt zu Ritter findet sich bei Ernst Bloch: „Die postume Minerva reimt sich nicht mit der tätigfrischen, die die Ägis, ihren Schild, ergreift, mit der wachen Taggöttin. Die Entstehung von Hegels eigener Philosophie widerspricht der Spät-Eule, um vom prozesslustigen Inhalt zu schweigen. Ihre Anfänge fallen in die Stürme der Französischen Revolution, die *Phänomenologie* wurde kurz vor den Donnern der Schlacht bei Jena beendet,[139] die Lehre selbst macht den Thermidor (das heißt den elften Monat des französischen Revolutionskalenders) mit, der die frische Bourgeoisie einsetzte, und mit Napoleon, der ‚Weltidee zu Pferde', fühlte sie sich, in eminentem Sinne, gleichzeitig."[140]

Demnach hätte es eine innere Wandlung Hegels vom Verfasser der *Phänomenologie* zum späten und mitunter für reaktionär gehaltenen der Rechtsphilosophie gegeben. Doch ist dies unplausibel, weil die Gleichzeitigkeit den im Bild der Eule vorausgesetzten zeitlichen Abstand vermissen lässt, der die Erkenntnis und gerechte Würdigung des Vorangehenden erst ermöglicht. Es ist daher systematisch konsequent, wenn Hegel die französische Revolution einstweilen nur als „herrlichen Sonnenaufgang" beschreibt und damit unausgesprochen betont wird, dass ihre philosophische Würdigung noch aussteht.[141]

b) Geltendmachung der geschichtlichen Substanz

Auch die von Ritter so genannte ‚geschichtliche Substanz' wird uns weiter unten noch beschäftigen,[142] wenn im Hinblick auf Nietzsche in Anlehnung an ein Wort

---

event notoriously important in Hegel's thought – the French Revolution". Dazu *R. Comay*, Mourning Sickness: Hegel and the French Revolution. Cultural Memory in the Present, 2011 (dazu *S. Rand*, The Owl of Minerva 45, 2013–14, 103); *A. Norris*, The Disappearance of the French Revolution in Hegel's Phenomenology of Spirit, The Owl of Minerva, 44 (2012–13) 37.

138 Vgl. auch insoweit *A. Borst*, Meine Geschichte (Hg. G. Seibt), 2009, S. 101.

139 Näher *E. Förster*, Hegel in Jena: Das Interesse des Denkens. Hegel aus heutiger Sicht (Hg. W. Welsch/K. Vieweg), 2004, S. 109.

140 *E. Bloch*, Subjekt – Objekt. Erläuterungen zu Hegel, 1952, S. 246.

141 Einschränkend allerdings im Hinblick auf die Akteure selbst *R. Pippin*, The Rose and the Owl: Some Remarks on the Theory-Practice Problem in Hegel, Independent Journal of Philosophy 3 (1979) 7, 11: "However, on the other hand, apparently criticizing the revolutionaries for not understanding the proper status o the 'Owl of Minerva' Hegel reserves some of his most directly polemical criticisms for such revolutionaries".

142 Unter § 5 V 3 a.

Eric Voegelins von der „Substanz der Zukunft“ die Rede sein wird.[143] Bereits an dieser Stelle deutet sich mit Ritters Worten bereits der insoweit bestehende Kontrast an, den er offenbar im Sinn hat, wenn es des Weiteren heißt: „Wenn aber der subjektive Sinn das Göttliche vor ihr zu retten sucht, wird mit diesem Retten der Gesellschaft die Substanz entzogen, die sie geschichtlich trägt.“ Dieser Befund ruft dasjenige in Erinnerung, was soeben im Hinblick auf die mögliche Todesverkündigung des Staates erwogen wurde,[144] nur dass in Ritters Deutung Hegel selbst der drohenden Gefahr entgegengetreten ist:[145] „Die haltenden Kräfte werden zerstört; das Retten ruft selber den Untergang herbei, den es verhindern will. Dieser tödlichen Gefahr ist Hegel entgegengetreten. Er hat sie darin bestanden, dass er die gegenwärtige Vernunft nicht nur im eigenen Innern und jenseits der Zeit, sondern in der geschichtlichen Bewegung und ihrem Bildungsprozess, in der politischen und sozialen Revolution und ihrer widersprüchlichen Erscheinung suchte und fand, die zum Schicksal der modernen Epoche überhaupt geworden ist.“[146] Nicht zuletzt der Blick auf den Bildungsprozess ist aufschlussreich, der an das Wort der Vorrede anknüpft, wonach und wenn „die Wirklichkeit ihren Bildungsprozess vollendet hat“,[147] zumal von dort aus auch der „Flug der Eule“ nachgezeichnet wurde.[148]

6 Gestalt des Lebens und subjektiver Geist

Ein wichtiger Fingerzeig zur Beantwortung der Frage nach der Gestalt des Lebens kommt aus der Theologie: Nach Eugen Biser ist „dieser Sicht zufolge vor allem der zur Konstituierung des Personbewusstsein führende Impuls ‚gealtert‘, der noch in dem Freudschen Motto ‚Wo Es war, soll Ich werden‘ nachklingt. ‚Gealtert‘ war er

---

143 *E. Voegelin*, Nietzsche und Pascal, in: Das jüngste Gericht: Friedrich Nietzsche (Hg. P. Opitz), 2007, S. 61, 83.

144 *V. Hösle*, Hegels System. Der Idealismus der Subjektivität und das Problem der Intersubjektivität, 2. Auflage 1998, S. 436; *K. Löwith*, Von Hegel zu Nietzsche. Der revolutionäre Bruch im Denken des neunzehnten Jahrhunderts, 1941 (zitiert nach der Meiner-Ausgabe, 1995), S. 59. Dazu oben 4 b.

145 Unter 4.

146 *J. Ritter*, Hegel und die französische Revolution, 1965, S. 69 ff.

147 *G. W. F. Hegel*, Grundlinien der Philosophie des Rechts, Vorrede, S. 36.

148 Vgl. *J. Mittelstraß*, Der Flug der Eule, Von der Vernunft der Wissenschaft und der Aufgabe der Philosophie, 2. Auflage 1976, S. 43, 48: „Auch trifft immer noch zu, dass Wissenschaft neben Familie, bürgerlicher Gesellschaft und Staat Teil jenes konkreten Systems der Sittlichkeit ist, in dem Hegel und der deutsche Idealismus die Realisierung der Idee des Menschen als eines Vernunftwesens unter sich entwickelnden historischen Bedingungen zu begreifen suchten.“

aber auch insofern, als er jetzt seiner selbst und seiner fortschreitenden Auflösung bewusst war. Auf der gegensinnigen Verfallsperspektive besteht demgegenüber die Geschichtsdeutung der Kunst."[149]

Ein interessantes Verbindungsglied dieser Assoziation könnte Celans Gedicht „auch keinerlei/Freude" bilden, in dem sich die bereits behandelten Begriffe „Graunächte" bzw. „Grau-in-Grau der Substanz" finden,[150] und das „von Freudschem Vokabular geprägt" ist.[151] Dementsprechend wird auch in der ästhetischen Betrachtung der Frühphase des deutschen Idealismus der Begriff der Gestalt des Lebens im Zusammenhang mit der Kunst gebraucht, [152] wie im Schrifttum zu bedenken gegeben wird: „In seinen Empedokles-Studien nennt Hölderlin die Trennungen, unter denen wir uns dieses Alleine zu vergegenwärtigen haben, die Extreme von Natur und Kunst. Er begreift Empedokles als eine *Gestalt des Lebens*, in der sich diese Extreme individualisieren."[153] Dies ist zwar nicht unmittelbar unser Thema, mittelbar aber deshalb von Bedeutung,[154] weil für Hegel zumindest die Kunst[155] ebenso wie die Religion und Philosophie[156] überhaupt der Sphäre des absoluten Geistes zugehören.[157] Darum wird es am Ende der Abhandlung noch näher gehen.

Hier interessiert vielmehr die erste wichtige Aussage der zitierten Einschätzung Eugen Bisers, wonach auch der zur Konstituierung des Personbewusstsein führende Impuls die Gestalt des Lebens im Sinne Hegels darstellen könnte. Diese Interpretation verlegt die Gestalt des Lebens scheinbar auf die Ebene des subjektiven Geistes.[158] Möglicherweise kann man diese Sicht aber auch mit dem Wort aus der *Phänomenologie* in Einklang bringen, wonach „das Selbst das Leben des

---

149 *E. Biser*, Der Mensch – das uneingelöste Versprechen, 2. Auflage 1996, S. 88; siehe auch *dens.*, Das Antlitz. Christologie von innen, 1999, S. 131, 329.

150 Dazu oben I 2.

151 *R. Nägele*, Paul Celan: Konfigurationen Freuds, in: Argumentum e Silentio. Internationales Paul Celan Symposium (Hg. A. D. Colin), 1987, S. 255.

152 Allgemein zu Hegels Philosophie der Kunst *R. Pippin*, After the Beautiful: Hegel and the Philosophy of Pictorial Modernism, 2013; *B. Rutter*, Hegel on the Modern Arts, 2010; dazu *L. Moland*, The Owl of Minerva 43 (2011–12) 202.

153 Vgl. *B. Lypp*, Poetische Religion, in: Früher Idealismus und Frühromantik: der Streit um die Grundlage der Ästhetik (1795–1805) (Hg. W. Jaeschke/H. Holzhey), 1990, S. 80, 94; Hervorhebung nur hier. Siehe auch *A. Somek*, Individualism, 2008, S. 273 ff.

154 Zumal da Adorno, wie bereits oben (II) angedeutet, das Bild von der Eule der Minerva im Zusammenhang mit der Kunst in Verbindung bringt; näher *S. Schaap*, Die Verwirklichung der Philosophie. Der metaphysische Anspruch im Denken Theodor W. Adornos, 2000, S. 211.

155 Siehe dazu auch *O. Pöggeler*, Die Frage nach der Kunst. Von Hegel zu Heidegger, 1984.

156 *G. W. F. Hegel*, Encyclopädie, §§ 572 ff.

157 *H. F. Fulda*, Georg Wilhelm Friedrich Hegel, 2003, S. 242 f.

158 Zu ihm *D. S. Stern*, Essays on Hegel's Philosophy of Subjective Spirit, 2014.

absoluten Geistes durchführt."[159] Dann wäre zugleich die Beziehung zur Sphäre des absoluten Geistes hergestellt und in der Gestalt des Lebens gegenwärtig. Doch sind alle diese Deutungsversuche einstweilen noch vorläufiger Natur, indem sie den Weg der Untersuchung ebnen. So hat sich insbesondere herausgestellt, dass sich in der gealterten Gestalt des Lebens die Frage nach der Entfaltung des Geistes in der Geschichte spiegelt. Allerdings steht gleichsam zwischen der Sphäre des subjektiven und des absoluten Geistes diejenige des objektiven Geistes, der das Recht zugehört und die deshalb im Folgenden betrachtet werden soll, damit auf dieser Grundlage der Bezug zur Sphäre des absoluten Geistes und womöglich der Gestalt des Lebens aufgezeigt werden kann.

---

159 *G. W. F. Hegel*, Phänomenologie des Geistes, 1807 in: Sämtliche Werke (ed. H. Glockner, Band 2), S. 606. Insbesondere zum Selbst *D. Emundts*, Self, World, and Art: Metaphysical Topics in Kant and Hegel, 2013.

§ 2 Objektiver Geist und philosophische Rechtswissenschaft

Die bisherigen Überlegungen haben gezeigt, wie sehr sich die vielschichtige und wohl auch mit Bedacht offene Wendung der Gestalt des Lebens einer eindeutigen Bezeichnung entzieht. Auch beim Bedenken der zuletzt aufgestellten Hypothese sollte man sich daher vor einer begrifflich-eindimensionalen Sicht hüten, die letztlich lediglich einen Begriff in das Rätselwort der Eule der Minerva einsetzt und damit nur vordergründig passt. Daher würde es auch nicht entscheidend weiter führen, die Gestalt des Lebens einfach durch die Gestalt des Geistes zu ersetzen. Es bedarf darüber hinaus vielmehr eines Bezugs der Vorrede der *Grundlinien* zur Einleitung in die Rechtsphilosophie selbst, weil die gealterte Gestalt des Lebens andernfalls unverbunden mit dem Inhalt der Rechtsphilosophie wäre. Dann aber stünde das berühmte Bild nicht mehr gleichsam vor der Klammer, sondern lediglich additiv daneben.

I Das Selbstbewusstsein als Prinzip des Rechts

Einen Anknüpfungspunkt weist Hegels Wort: „Dies Selbstbewusstsein, das durch das Denken sich als Wesen erfasst und damit eben nicht von dem Zufälligen und Unwahren abtut, macht das Prinzip des Rechts, der Moralität und der Sittlichkeit aus.“[1] Mit dieser buchstäblich prinzipiellen Verankerung ist zugleich etwas angesprochen, das auch für den vorliegenden Zusammenhang klärungsbedürftig ist, nämlich der Begriff der Sittlichkeit und seine systematische Stellung innerhalb der Rechtsphilosophie Hegels.[2] Darüber hinaus muss der Bezug der Sittlichkeit zu Hegels Theorie des Geistes berücksichtigt werden, ist doch für ihn „die sittliche Substanz (...) der *wirkliche Geist* einer Familie und eines Volkes.“[3] Schließlich muss

1 *G. W. F. Hegel*, Grundlinien der Philosophie des Rechts, § 21. Wichtig dazu *R. Pippin*, Hegel's Idealism: The Satisfactions of Self-Consciousness, 1989; vgl. auch *M. B. Okrent*, Consciousness and Objective Spirit in Hegel's Phenomenology, Journal of the History of Philosophy 18 (1980) 39; *Ch. Schmidt*, Autonomie und Freiheit. Politische Aspekte des Selbstbewußtseins bei Hegel, Hegel-Studien 47 (2103) 75.

2 Siehe hierzu auch *V. Hösle*, Eine unsittliche Sittlichkeit. Hegels Kritik an der indischen Kultur, in: Moralität und Sittlichkeit (Hg. W. Kuhlmann), 1986, S. 136; *Ch. Taylor*, Hegel's *Sittlichkeit* and the Crisis of Representative Institutions, in: Philosophy of History and Action (Hg. Y. Yovel), 1978, S. 133.

3 *G. W. F. Hegel*, ebenda, § 156; Hervorhebung auch dort. Wichtig für den weiteren Verlauf ist die Folgerung, die *D. Emundts/R.-P. Horstmann*, G. W. F. Hegel. Eine Einführung, 2002, S. 105, aus dieser Stelle ziehen: „Diese Interpretation (sc. der Sittlichkeit als Geist) gibt ihm die Gelegenheit,

diese Stelle auf die *Encyclopädie* bezogen werden, in der es heißt: „Aber es ist der in der Sittlichkeit denkende Geist, welcher die Endlichkeit, die er als Volksgeist in seinem Staate und dessen zeitlichen Interessen, dem System der Gesetze und Sitten hat, in sich aufhebt und sich zum Wissen seiner in seiner Wesentlichkeit erhebt, ein Wissen, das jedoch selbst die immanente Beschränktheit des Volksgeistes ist."[4] Hiermit ist bereits kursorisch dasjenige vorweggenommen, was am Ende näher behandelt wird, nämlich der Übergang der Sphäre des objektiven Geistes zur Sphäre des absoluten Geistes. Bevor dies näher ausgearbeitet werden kann, muss hier zunächst die in der Rechtsphilosophie behandelte Theorie des objektiven Geistes und ihr Verhältnis zur Sittlichkeit erörtert werden.[5]

1 Verhältnis von Moralität und Sittlichkeit

Bereits die zitierte Aussage Hegels über das Selbstbewusstsein als Prinzip des Rechts verdeutlicht, dass Recht, Moralität und Sittlichkeit in einem bestimmten Verhältnis zueinander stehen.[6] Vereinfachend wird mitunter gesagt, dass die Sittlichkeit Recht und Moral vereint, doch handelt es sich eher um eine wechselseitige Durchdringung.[7] Welcher Art aber gerade das Verhältnis von Moralität

einerseits seine Auffassung von Geschichte auszubreiten und andererseits zu seiner Theorie des absoluten Geistes überzuleiten." Zum Geschichtsverständnis in diesem Abschnitt; zur Theorie des absoluten Geistes unter § 6.

4 *G. W. F. Hegel*, Encyclopädie, § 552; zu dem auf Herder zurückgehenden Begriff des Volksgeistes, der auch in der Historischen Rechtsschule bei Puchta und Savigny mit teils entgegen gesetzter Bedeutung begegnet, *Sh. Avineri*, Hegel and Nationalism, 1962, in: Hegel's Political Philosophy (Hg. W. Kaufmann), 1970, S. 126 ff.; dazu *R.-P. Horstmann*, Hegel-Studien 7 (1972) 237, 243 f.; *L. Moland*, Hegel on Political Identity: Patriotism, Nationality, Cosmopolitanism, 2011 (dazu *M. Baur*, The Owl of Minerva 45, 2013–14, 112). Das Verhältnis Hegels zur Historischen Rechtsschule beleuchtet *H. Klenner*, Anmerkungen zu „Savigny", in: J. Kuczynski, Studien zu einer Geschichte der Gesellschaften, Band 6, 1977, S. 158 ff.

5 Dazu *V. Hösle*, Die Stellung von Hegels Philosophie des objektiven Geistes in seinem System und ihre Aporie, in: Anspruch und Leistung von Hegels Rechtsphilosophie (Hg. Ch. Jermann), 1987, S. 11.

6 Siehe dazu *L. Siep*, Was heißt ‚Aufhebung der Moralität in Sittlichkeit' in Hegels Rechtsphilosophie?, in: Hegel-Studien 17 (1982) 75 ff. Zur Aufhebung der Moralität in Sittlichkeit (dort begriffen als „pragmatistische Begründungsstrategie") auch *M. Quante*, Die Wirklichkeit des Geistes, 2011, S. 293 ff.

7 *H. Hofmann*, Einführung in die Rechts- und Staatsphilosophie, 4. Auflage 2008, S. 183; näher *L. Siep*, Was heißt: ‚Aufhebung der Moralität in Sittlichkeit' in Hegels Philosophie?, Hegel-Studien 17 (1982) 75; *D. Moyar*, How the Good Obligates in Hegel's Conception of „Sittlichkeit": A Response to Robert Stern's "Understanding Moral Obligation", in: Inquiry: An Interdisciplinary Journal of

und Sittlichkeit im Einzelnen ist,[8] kann nicht allein aus den *Grundlinien* entwickelt werden, weil insoweit auch die anderen Werke, insbesondere die *Phänomenologie des Geistes*, mit berücksichtigt werden müssen.[9] Das ist für den vorliegenden Zusammenhang umso wichtiger, als ihm die Überlegung zugrunde liegt, dass gerade die Vorrede mit ihrem prominenten Bild der Eule der Minerva die Rechtsphilosophie Hegels mit seinen übrigen Werken, insbesondere der *Phänomenologie des Geistes*, aber auch der *Encyclopädie* verklammert.

2 Sittlichkeit in der *Phänomenologie* und Rechtsphilosophie

Gerade deswegen ist es aber von besonderer Bedeutung, dass im Verhältnis zwischen Moralität und Sittlichkeit eine Bedeutungsverschiebung innerhalb des Gesamtwerkes eingetreten sein könnte.[10] Auf diesen Zusammenhang hat Ernst Tugendhat aufmerksam gemacht und zu diesem Zweck die systematische Stellung der Sittlichkeit in der *Phänomenologie*, *Encyclopädie* und Rechtsphilosophie beleuchtet.[11] Einen weitgehenden Gleichklang von Moralität und Sittlichkeit hat er in der *Phänomenologie des Geistes* ausgemacht. Demgegenüber stehe die Sittlichkeit in den *Grundlinien der Philosophie des Rechts* und der *Encyclopädie* „systematisch hinter der Moralität".[12]

Für diese Sichtweise spricht das eingangs zitierte Wort, indem die Sittlichkeit sogar buchstäblich hinter der Moralität steht: „Dies Selbstbewusstsein, das durch

Philosophy 55 (2012) 584; *R. Stern*, Understanding Moral Obligation: Kant, Hegel, Kierkegaard, 2012.

8 *P. Schaber*, Recht als Sittlichkeit. Eine Untersuchung zu den Grundbegriffen der Hegelschen Rechtsphilosophie, 1989, S. 18 f.

9 Zu ihr grundlegend *L. Siep*, Hegel's Phenomenology of Spirit, 2014; siehe ferner *M. Forster*, Hegel's Idea of a Phenomenology of Spirit, 1998; *R. D. Winfield*, Hegel's Phenomenology of Spirit: A Critical Rethinking in Seventeen Lectures, 2013 (dazu *E. Sembou*, The Owl of Minerva 45, 2013–14, 138).

10 Zur Ethik aus dem früheren Schrifttum *B. Spaventa*, Studi sull'etica di Hegel, 1868.

11 Hier und im Folgenden *E. Tugendhat*, Vorlesungen über Ethik, 1993, S. 204. Zur damit einhergehenden „Aufhebung der Moralität in Sittlichkeit" *L. Siep*, Hegel-Studien 17 (1982) 75, 80; *D. Horster*, Die staatliche Gemeinschaft angesichts der zunehmenden Individualisierung in der Moderne. Eine Besinnung auf Hegels „Rechtsphilosophie", in: Der Staat 31 (1992) 481, 485; *A. Peperzak*, Hegels Pflichten und Tugendlehre, in: Hegel-Studien 17 (1982) 97. Ablehnend *E. Tugendhat*, Selbstbewusstsein und Selbstbestimmung, 1979, S. 349; dagegen *Ch. Taylor*, Hegel, 1978, S. 494 f.

12 *E. Tugendhat*, Vorlesungen über Ethik, 1993, S. 204; siehe zum Ganzen auch *A. W. Wood*, Hegel's Ethical Thought, 1990; dazu *R. Pippin*, Zeitschrift für Philosophische Forschung 47 (1993) 489.

das Denken sich als Wesen erfasst und damit eben nicht von dem Zufälligen und Unwahren abtut, macht das Prinzip des Rechts, der Moralität und der Sittlichkeit aus."[13] Sittlichkeit ist demnach jedoch nicht einfach hintangestellt, sondern wenigstens potentiell die höchste Stufe, so dass die Aufzählung auch eine Steigerung enthält. Einem erklärenden Zusatz zu Folge steht die Sittlichkeit in einem untrennbaren Zusammenhang mit der Gerechtigkeit: „Die Sittlichkeit ist daher den Völkern als die ewige Gerechtigkeit, als an und für sich seiende Götter vorgestellt worden, gegen die das eitle Treiben der Individuen nur ein anwogendes Spiel bleibt."[14] Sittlichkeit bedeutet sonach nicht nur, dass die Sitten im Staat objektiv vorgegeben sind,[15] sondern zugleich die Verbindung dessen mit der Subjektivität der Freiheit.[16] Auf die Einzelheiten dieses Zusammenhangs ist im nächsten Abschnitt einzugehen.

II Einbindung der *Phänomenologie* und Geschichtsphilosophie

Die angestellten Überlegungen haben gezeigt, dass das bedeutungsschwere Wort von der Eule der Minerva nur begriffen werden kann, wenn man neben der Rechtsphilosophie die weiteren Hauptwerke in Betracht zieht, dabei aber zugleich den möglichen Bedeutungswandel einzelner Begriffe in Rechnung stellt. Um diesen Gedanken in einen größeren Zusammenhang zu stellen, bedarf es jedoch noch eines Rekurses auf die Geschichtsphilosophie Hegels und vor allem seine *Phänomenologie des Geistes.*[17]

13 *G. W. F. Hegel*, Grundlinien der Philosophie des Rechts, § 21.

14 *G. W. F. Hegel*, ebenda, § 145 Zusatz. Siehe auch *R. Pippin*, Hegel on Self-Consciousness: Desire and Death in the Phenomenology of Spirit, 2011.

15 *G. W. F. Hegel*, ebenda, §§ 257 ff.

16 Hier und im Folgenden *E. Tugendhat*, Vorlesungen über Ethik, 1993, S. 204.

17 Dazu vergleichend *F. Lassale*, Die Hegel'sche und die Rosenkranzische Logik und die Grundlage der Hegel'schen Geschichtsphilosophie im Hegel'schen System, in: Der Gedanke II (1861), S. 123.

1 Die Geschichte als Selbstentfaltung des objektiven Geistes

Ausgangspunkt ist Hegels Theorie des objektiven Geistes,[18] die als zweiter Schritt zwischen der Entfaltung des subjektiven Geistes[19] und dem absoluten Geist letztlich die Ethik darstellt[20] und in den *Grundlinien* so von Hegel beschrieben wird:[21] „Die ethische Pflichtenlehre, d. i. wie sie *objektiv* ist, nicht in dem leeren Prinzip der moralischen Subjektivität befasst sein soll, als welches vielmehr nichts bestimmt (...), – ist daher die in diesem dritten Teile folgende systematische Entwicklung des Kreises der sittlichen Notwendigkeit."[22]

a) Theorie des objektiven Geistes

Dementsprechend lässt sich sagen, dass die praktische und politische Philosophie die Geschichte seiner Philosophie des objektiven Geistes abbildet.[23] Das Reich des objektiven Geistes ist demnach insbesondere die Familie,[24] die Gesellschaft[25] und

---

18 Im Systementwurf von 1805/06 nannte Hegel den objektiven Geist noch „wirklicher Geist"; vgl. *M. Baum/K. R. Meist*, Recht-Politik-Geschichte, in: Hegel. Einführung in seine Philosophie (Hg. O. Pöggeler), 1977, S. 114. Siehe auch *M. Riedel*, Objektiver Geist und praktische Philosophie, in: Studien zu Hegels Rechtsphilosophie, 1969, S. 11 ff.

19 Zu ihm *R.-P. Horstmann*, Subjektiver Geist und Moralität. Zur systematischen Stellung der Philosophie des subjektiven Geistes, in: Hegels philosophische Psychologie (Hg. D. Henrich), Hegel-Studien, Beiheft 19 (1979) 191, wonach die Freiheit des erkennenden Subjekts seine Unfreiheit als handelndes nicht ausschließt, sondern beinhaltet. Ferner *K. Löwith*, Die Ausführung von Hegels Lehre vom subjektiven Geist durch Karl Rosenkranz, in: Hegels philosophische Psychologie (Hg. D. Henrich), Hegel-Studien, Beiheft 19 (1979) 227.

20 Eingehend *W. H. Walsh*, Hegelian Ethics, 1969; *R. Pippin/O. Höffe* (Hg.), Hegel on Ethics and Politics, 2004; *R. Williams*, Hegel's Ethics of Recognition, 1997; *A. W. Wood*, Hegel's Ethical Thought, 1990; *M. Alznauer*, Ethics and History in Hegel's Practical Philosophy, The Review of Metaphysics 65 (2012) 581; *D. Moyar*, Hegel's Conscience, 2011; *ders.*, Summary of Hegel's Conscience, The Owl of Minerva 43 (2011–12) 101 (zu seiner wirkungsmächtigen Theorie auch die dortigen Aufsätze von *J. J. Howard* (S. 107), *A. Speight* (S. 125), *M. J. De Nys* (S. 139), sowie die Replik von *D. Moyar* (S. 149).

21 Siehe auch *G. Lukács*, Der junge Hegel, 1948; *H. Krumpel*, Zur Moralphilosophie Hegels, 1972.

22 *G. W. F. Hegel*, Grundlinien der Philosophie des Rechts, § 148 Anmerkung. Siehe dazu *D. Moyar*, Consequentilism and Deontology in the Philosophy of Right, in: Hegel's Philosophy of Right: Essays on Ethics, Politics and Law (Hg. T. Brooks), 2012, S. 9.

23 *M. Baum/K. R. Meist*, Recht-Politik-Geschichte, in: Hegel. Einführung in seine Philosophie (Hg. O. Pöggeler), 1977, S. 121. Siehe auch *J. Strangas*, Über das Verhältnis von Rechtsphilosophie und Rechtswissenschaft, 1985, S. 34.

24 Zu ihr *E. Bockenheimer*, Hegels Familien- und Geschlechtertheorie, 2013; *dies.*, Das Geschlechterverhältnis in Hegels Rechtsphilosophie, Hegel-Jahrbuch 2008, S. 310; *S. Brauer*, Natur und Sittlichkeit. Die Familie in Hegels Rechtsphilosophie, 2007 (dazu *E. Bockenheimer*, Hegel-

der Staat, der letztlich auf dem Boden der Gesellschaft gründet.[26] Gerade an das Verhältnis von der bürgerlichen Gesellschaft zum Staat haben sich in der Hegel-Rezeption folgenreiche Fragen geknüpft, wie diejenige, ob und inwieweit bürgerliche Gesellschaft und Staat unterscheidbar sind.[27] Familie, bürgerliche Gesellschaft und Staat machen nicht von ungefähr die drei Abschnitte in dem der Sittlichkeit als „Idee der Freiheit"[28] vorbehaltenen dritten Teil der *Grundlinien der Philosophie des Rechts* aus.[29] Sie sind bereits angedeutet in der Stufenlehre, wonach die sittliche Substanz „a. natürlicher Geist; – die Familie, b. in ihrer Entzweiung und Erscheinung; – die bürgerliche Gesellschaft, c. der Staat als die in der freien Selbständigkeit des besonderen Willens ebenso allgemeine und objektive Freiheit ist."[30]

b) Funktionsbestimmung des Bildes

Das Individuum als subjektiver Geist gelangt demnach – stark vereinfacht gesagt[31] – in eine höhere Ordnung mit überindividuellen Gesetzen,[32] deren Inbegriff die Sittlichkeit ist, d. h. in die Sphäre des objektiven Geistes.[33] Das Bild der Eule der Minerva ist gerade für den Übergang der bürgerlichen Gesellschaft zum Staat

---

Studien 43, 2009, 168); *D. Ciavatta*, Spirit, the Family and the Unconscious in Hegel's Philosophy, 2009 (dazu *A. R. German*, The Owl of Minerva 44, 2012–13, 145).

25 Näher *M. Riedel*, Bürgerliche Gesellschaft und Staat bei Hegel. Grundprobleme und Struktur der Hegelschen Rechtsphilosophie, 1970 (dazu *M. Baum*, Hegel-Studien 9 (1974) 253); *G. Ahrweiler*, Hegels Gesellschaftslehre, 1976.

26 Zu ihr *J. Ritter*, Hegel und die französische Revolution, 1965, S. 69 f.

27 Vgl. *H. Ottmann*, Bürgerliche Gesellschaft und Staat: Überlegungen zur Logik ihrer Vermittlung, Hegel-Jahrbuch 1986, 339; *Z. A. Pelczynski*, The State and Civil Society: Studies in Hegel's Political Philosophy, 1984; *M. Baum*, Gemeinwohl und allgemeiner Wille in Hegels Rechtsphilosophie, Archiv für Geschichte der Philosophie 60 (1978) 175; näher *H.-P. Horstmann*, Über die Rolle der bürgerlichen Gesellschaft in Hegels politischer Philosophie, in: Hegel-Studien 9 (1974) 209.

28 *G. W. F. Hegel*, Grundlinien der Philosophie des Rechts, § 142.

29 *G. W. F. Hegel*, ebenda, Dritter Teil, §§ 158–181 (Familie), §§ 182–256 (bürgerliche Gesellschaft), §§ 257–360 (Staat).

30 *G. W. F. Hegel*, ebenda, § 33.

31 Näher *R.-P. Horstmann*, Subjektiver Geist und Moralität. Zur systematischen Stellung der Philosophie des subjektiven Geistes, in: Hegels philosophische Psychologie (Hg. D. Henrich), Hegel-Studien Beiheft 19 (1979) 191 ff. Zu möglichen Brüchen zwischen Hegels Theorie des subjektiven Geistes und der Rechtsphilosophie *Ch. Menke*, Tragödie im Sittlichen. Gerechtigkeit und Freiheit nach Hegel, 1996, S. 154 ff.

32 *G. W. F. Hegel*, Phänomenologie des Geistes, 1807, in: Sämtliche Werke (ed. H. Glockner, Band 2), VI A a, S. 340. Siehe auch *A. v. Bogdandy*, Hegels Theorie des Gesetzes, 1989.

33 Näher *D. Moyar*, Naturalism in Ethics and Hegel's Distinction Between Subjective and Objective Spirit, Bulletin of the Hegel Society of Great Britain 61 (2010) 1.

treffend herangezogen worden, indem geltend gemacht wurde, dass Hegel damit „den prekären Kompromiss auf den philosophischen Begriff gebracht hatte, den die bürgerliche Gesellschaft nach Abschluss ihrer Formationsperiode mit dem monarchischen Prinzip exemplarisch im preußischen Staat eingegangen war.“[34] Diese Funktionsbestimmung macht deutlich, wie die Lehre vom objektiven Geist und ihre Ausprägungen in den *Grundlinien* hinsichtlich eines besonders heiklen Punktes mit dem Bild der Vorrede in Verbindung steht,[35] weil die Philosophie des objektiven Geistes in Geschichte und Staat Wirklichkeit wird: [36] „Die Idee erscheint so nur im Willen, der ein endlicher, aber die *Tätigkeit* ist, sie zu entwickeln und ihren sich entfaltenden Inhalt als Dasein, welches als Dasein der Idee *Wirklichkeit* ist, zu setzen – *objektiver Geist*“.[37]

Bereits an dieser Stelle lässt sich ersehen, was am Ende der Abhandlung noch zum Tragen kommen wird, nämlich, dass die bildliche Veranschaulichung des vollendeten Bildungsprozesses der Wirklichkeit, die „sich fertig gemacht hat“,[38] einen Erklärungsgehalt besitzt, der den systematischen Zusammenhang der *Grundlinien* selbst ergänzend zu erklären hilft. Allerdings muss, da die zitierte Stelle zur Entfaltung der Theorie des objektiven Geistes der *Encyclopädie* entnommen ist, einschränkend berücksichtigt werden, dass diese zwar auch einen Abschnitt über Staat und Recht enthält,[39] an dessen Beispiel die Rechtsphilosophie veranschaulicht werden kann.[40] Jedoch ist der objektive Geist im Sinne der *Encyclopädie* nicht zwangsläufig und in allen Punkten gleichbedeutend mit dem der *Grundlinien der Philosophie des Rechts*.[41]

---

34 *K. Günther*, Eule der Minerva, Rechtshistorisches Journal 20 (2001) 185.

35 Vgl. auch die Deutung des Bildes bei *J. Abramson*, Minerva's Owl. The Tradition of Western Political Thought, 2009, S. 304: „Only when a given period of history is about to pass is its spirit finally comprehensible in thought, thrown into relief by the challenge to an old ethic from a new one.“

36 Grundlegend *M. Quante*, Die Wirklichkeit des Geistes, 2011.

37 *G. W. F. Hegel*, Encyclopädie, § 482; Hervorhebungen auch dort. Siehe dazu auch *M. Quante*, Die Wrklichkeit des Geistes, 2011.

38 *G. W. F. Hegel*, Grundlinien der Philosophie des Rechts, Vorrede, S. 36.

39 *G. W. F. Hegel*, Encyclopädie, §§ 486–552.

40 So verfährt etwa *H. F. Fulda*, Georg Wilhelm Friedrich Hegel, 2003, S. 196 ff.

41 *D. Emundts/R.-P. Horstmann*, G. W. F. Hegel. Eine Einführung, 2002, S. 100: „In der Enzyklopädie tendiert Hegel insgesamt stärker als in den Grundlinien der Philosophie des Rechts (vgl. Rph. § 258) dazu, die abschließende Bestimmung des subjektiven Geistes als freier Geist, der sich in dem politischen und welthistorischen Geschehen entfalten soll und daher die Betrachtung des objektiven Geistes erforderlich macht, in seine Abhandlung über den objektiven Geist einzubeziehen und in diesem Sinne das Verhältnis von Staat und Gesellschaft, vereinfacht gesagt, so zu verstehen, dass das Individuum sich in der Sphäre des Staates verwirklicht, dieser aber umgekehrt

2 Geschichte als Entfaltung der Vernunft im staatlichen Leben

Wenn die Geschichtsphilosophie Hegels nun Teil des objektiven Geistes ist, so ist die Geschichte letztlich die Entfaltung der Vernunft im staatlichen Leben.[42]

a) Erklären und Begreifen

Allerdings bedeutet diese zentrale Rolle der Geschichtsphilosophie und des Geschichtlichen noch nicht, dass die Kenntnis der geschichtlichen Ursachen selbst schon ausreichen, um das Recht wahrhaft zu begreifen, wie Hegel selbst bei aller Betonung des Geschichtlichen einschränkt: „Ein solches Aufzeigen und (pragmatisches) Erkennen aus den näheren oder entfernteren geschichtlichen Ursachen heißt man häufig: *Erklären* oder noch lieber *Begreifen*, in der Meinung, als ob durch dieses Aufzeigen des Geschichtlichen Alles oder vielmehr das Wesentliche, worauf es allein ankomme, geschehe, um das Gesetz oder die Rechts-Institution zu *begreifen*; während vielmehr das wahrhaft Wesentliche, der Begriff der Sache, dabei gar nicht zur Sprache gekommen ist."[43]

Insbesondere die Subordination der Geschichte unter das Staatsrecht besagt nicht, dass Hegel abgekehrt ist von dem der *Phänomenologie des Geistes* zugrunde liegenden Prinzip, wonach die Geschichte „wesentlich Geschichte des Geistes ist".[44] Die reine Rückbesinnung auf das Geschichtliche ist also zu unterscheiden vom Begriff,[45] den Hegel nicht von ungefähr nur im Singular verwendet.[46] Allerdings ist weiter unten noch zu erörtern,[47] ob diese Trennung zwischen System und Geschichte konsequent durchgeführt wurde oder diese Unterscheidung von Hegel

---

sich durch die Tätigkeiten des Individuums konstituiert." Unter Verweis auf *G. W. F. Hegel*, Encyclopädie, § 514.

42 Vgl. nur *R.-P. Horstmann*, Selbsterkenntnis der Vernunft. Zu Hegels Verständnis von Philosophiegeschichte, in: Hegel-Jahrbuch 1997 (Hg. A. Arndt/K. Bal/H. Ottmann), S. 46.

43 *G. W. F. Hegel*, Grundlinien der Philosophie des Rechts, Einleitung, § 3; auf diese Stelle ist weiter unten noch zurückzukommen.

44 Vgl. *M. Baum/K. R. Meist*, Recht-Politik-Geschichte, Hegel. Einführung in seine Philosophie (Hg. O. Pöggeler), 1977, S. 122 f. Siehe auch *D. Moyar*, Pluralism: History, Self-Conscious Action, and the Reasonable, in: History of Philosophy Quaterly 2007, 189.

45 Zu ihm *V. Hösle*, Was kann man von Hegels objektiv-idealistischer Theorie des Begriffs noch lernen, das über Sellars', Mac Dowells und Brandoms Anknüpfungen hinausgeht?, Allgemeine Zeitschrift für Philosophie 30.2 (2005) 139.

46 Nach *H. F. Fulda*, Hegels Dialektik als Begriffsbewegung und Darstellungsweise, in: Seminar: Dialektik in der Philosophie Hegels (Hg. R.-P. Horstmann), 1978, S. 129, handelt es sich bei dem ‚Begriff' ohnehin um ein singulare tantum; differenzierend *R.-P. Horstmann*, Wahrheit aus dem Begriff. Eine Einführung in Hegel, 1990, S. 45.

47 § 3 IV 2.

nicht vielmehr entgegen den Beteuerungen in der Rechtsphilosophie letztlich überschritten wurde.[48]

b) Institutionstheoretische Formulierung des Staates

Bezieht man Hegels Theorie des objektiven Geistes auf die Vorrede der Rechtsphilosophie, so gerät zwangsläufig das berühmte Wort in den Blick: „Was vernünftig ist, das ist wirklich; und was wirklich ist, das ist vernünftig."[49] Diese Entsprechung liegt wohl auch der weiterführenden Interpretation Dieter Henrichs zugrunde: „Diese Wirklichkeit ist aber die des objektiven Geistes (...). So versteht man, dass Hegels Entwicklung der Theorie dieses Geistes ganz auf die Begründung eines Begriffes vom Staat orientiert ist, der den subjektiven Rechtsansprüchen keinen eigenständigen und vom Recht des Staates selbst abhebbaren Rechtsanspruch lassen konnte."[50]

Henrich hebt mit Recht hervor, dass der Staat „institutionstheoretisch formuliert" ist, so dass sich aus der Wirklichkeit der sittlichen Idee keine konkrete Verfassungswirklichkeit ableiten lässt:[51] „Und er macht keinen Unterschied zwischen der Wirklichkeit des Vernünftigen im Bewusstsein als solchem und in der aus diesem Bewusstsein dann hervorgehenden Institutionsform des Staates."[52] Nicht zuletzt wegen der diesem Verständnis zugrunde liegenden Identität von Wirklichkeit und Vernunft im Hinblick auf den Staat wurde weiter oben die Frage gestellt, ob der Staat bzw. die Vernunft als Gestalt des Lebens im Sinne des Bildes der Eule der Minerva in Betracht kommen.

III Rechtsdogmatik und objektiver Geist

Zu klären bleibt, wie sich diese vergleichsweise abstrakte Funktionsbestimmung des Bildes in die Rechtswirklichkeit einfügt. Das kann zugleich zur Klärung der

48 *Th. W. Adorno*, Drei Studien zu Hegel, 1963, 4. Auflage 1970, S. 159.

49 *G. W. F. Hegel*, Grundlinien der Philosophie des Rechts, Vorrede, S. 33; siehe auch *H. Ch. Lucas/ O. Pöggeler* (Hg.), Hegels Rechtsphilosophie im Zusammenhang der europäischen Verfassungsgeschichte, 1986; *M. Pawlik*, Der Staat 41 (2002) 183.

50 *D. Henrich*, Einleitung: Vernunft in Verwirklichung, in: Hegel, Philosophie des Rechts, Die Vorlesung von 1819/1820 in einer Nachschrift (Hg. ders.), 1983, S. 9, 35. Zur darin vorausgesetzten Wirklichkeit des (objektiven) Geistes *M. Quante*, Die Wirklichkeit des Geistes, 2011.

51 Zur Überinstitutionalisierung der Sittlichkeit bei Hegel *A. Honneth*, Leiden an Unbestimmtheit. Eine Reaktualisierung der Hegelschen Rechtsphilosophie, 2001, S. 102 ff.

52 *D. Henrich*, Einleitung: Vernunft in Verwirklichung, in: Hegel, Philosophie des Rechts, Die Vorlesung von 1819/1820 in einer Nachschrift (Hg. ders.), 1983, S. 9, 14.

Ausgangsfrage beitragen, warum das Bild gerade in der Rechtsphilosophie seinen Platz hat.

1 Begründung des Schuldverhältnisses

Karl Larenz hat am Anfang seines Schuldrechtslehrbuchs das Schuldverhältnis nicht von ungefähr mit Hegels Lehre vom objektiven Geist in Zusammenhang gebracht.[53] In seiner Entstehung und Entwicklung in der Zeit sei das Schuldverhältnis zugleich Ausprägung des geschichtlichen Werdens im Recht.[54] Diese Sichtweise, die sich zugleich auf Nicolai Hartmann beruft und im Schrifttum mit Karl Popper in Verbindung gebracht wurde,[55] weist einen interessanten und in dieser Form wohl noch nicht gewürdigten gemeinsamen Nenner mit der hier behandelten Frage auf. Sie lässt sich nämlich mit ihrer Akzentuierung des Geschichtlichen und Prozesshaften ohne weiteres mit dem Bild der Eule der Minerva in Verbindung bringen.

So wie Thomas Nipperdey bemerkt hat, dass die Grundfarbe der Geschichte weder Schwarz noch Weiß, sondern Grau mit vielen Zwischentönen und Abschattierungen ist,[56] lässt sich Entsprechendes auch von der Rechtsdogmatik mit ihrer fallgruppenweisen Abstufung und ihren unterschiedlichen Ausprägungen in der Kasuistik sagen.[57] Darüber hinaus kann die Rechtsdogmatik von der Rechtsphilosophie Hegels aber auch etwas über die notwendige Geschichtlichkeit des Rechts lernen, und zwar nicht nur im Hinblick auf die Rechtsgeschichte, die gleichsam vergangene Rechtsdogmatik darstellt, sondern durchaus auch bezüglich der gegenwärtigen Rechtsdogmatik.[58]

---

53 Es ist einer der vergleichsweise wenigen Versuche, Hegels Philosophie in das Privatrecht zu übersetzen; vgl. *R. Marcic*, Hegel und das Rechtsdenken im deutschen Sprachraum, 1970, S. 81; *P. Landau*, Hegels Begründung des Vertragsrechts, ARSP 59 (1973) 117. Siehe ferner *K. Hartmann*, Moralität und ‚konkretes Allgemeines', Archiv für Geschichte der Philosophie 60 (1978) 314.

54 *K. Larenz*, Lehrbuch des Schuldrechts, Band I, 1952, S. 3 ff.; 14. Auflage 1987, S. 5.

55 *C.-W. Canaris*, Larenz/Canaris, Lehrbuch des Schuldrechts, in: Rechtswissenschaft und Rechtsliteratur im 20. Jahrhundert (Hg. D. Willoweit), 2007, S. 422 unter Verweis auf die „Welt 3" im Sinne von *K. Popper*, Auf der Suche nach einer besseren Welt, 1987, S. 30 ff.; siehe auch *K. Popper/J. C. Eccles*, The Self and Its Brain, 1977 (deutsch: Das Ich und sein Gehirn, 1982).

56 *Th. Nipperdey*, Deutsche Geschichte, 1866–1918, Band 2, 1990, S. 905.

57 *M. Weber*, Wirtschaft und Gesellschaft, 5. Auflage 1990, S. 394 ff.

58 In dem berühmten Streit zwischen Savigny und Thibaut stand Hegel auf Seiten seines Heidelberger Freundes Thibaut; vgl. *H. F. Fulda*, Georg Wilhelm Friedrich Hegel, 2003, S. 270 ff. Siehe aus dem älteren Schrifttum auch *S. Brie*, Der Volksgeist bei Hegel und in der historischen Rechtsschule, 1909.

Schließlich kann Hegels Rechtsphilosophie für die Rechtsdogmatik auch dann, wenn man berücksichtigt, dass sein Systemanspruch seit Mitte des 18. Jahrhunderts als weithin überwunden gilt,[59] im Hinblick auf das Systemdenken prägend sein,[60] das mit dem Wissenschaftsanspruch der Jurisprudenz aufs engste verbunden ist.[61] So gilt für die Bedeutung Hegels für die Rechtsdogmatik mutatis mutandis das, was Hermann Klenner treffend über das Recht gesagt hat: „Ohne System würde Jurisprudenz zum verantwortungslosen Glasperlenspiel, ohne Geschichte zum zukunfts-, weil vergangenheitslosen Armenhaus."[62]

2 Hegels Rechtsphilosophie als Fundierung der Rechtsdogmatik

Wenn das Recht der Sphäre des objektiven Geistes zugehört, so kann auch die Rechtsphilosophie Hegels als Veranschaulichung seiner Philosophie des objektiven Geistes verstanden werden, indem die *Grundlinien* dasjenige der *Encyclopädie* verdeutlichen und vergegenständlichen, was dort nicht so eingehend auf das Recht bezogen gesagt werden konnte.[63] Darüber hinaus, aber mit dem Gesagten zusammenhängend, belegt der zitierte Gedanke,[64] wie die *Grundlinien* gerade im Bild der Eule der Minerva mit Hegels Lehre vom objektiven Geist verklammert sind, indem ein möglicher Anwendungsfall, das Vertragsrecht,[65] als Ausprägung dieser Lehre interpretiert werden kann.

Es geht also darum zu zeigen, wie mit Hilfe der Hegelschen Philosophie und dem Bild von der Eule der Minerva als Kristallisationspunkt[66] die Rechtsphilosophie zu einer ideologisch unverfänglichen Fundierung der Rechtsdogmatik

---

59 *C. F. v. Weizsäcker*, Der Mensch in seiner Geschichte, 1991, S. 91, wonach im Übrigen „die Pointe des Hegelschen Denkens in seinem Systemgedanken lag."

60 Grundlegend *C.-W. Canaris*, Systemdenken und Systembegriff in der Jurisprudenz, 2. Auflage 1983.

61 *J. Petersen*, Max Webers Rechtssoziologie und die juristische Methodenlehre, 2. Auflage 2014, S. 136 ff.

62 *H. Klenner*, Kirchmanns Wertlosigkeitserklärung der Jurisprudenz und die Juristenwelt von heute, Staat und Recht 39 (1990) 616, 624.

63 *H. F. Fulda*, Georg Wilhelm Friedrich Hegel, 2003, S. 258 f.

64 *K. Larenz*, Lehrbuch des Schuldrechts, Band I, 1952, S. 3 ff.; 14. Auflage 1987, S. 5.

65 Siehe vor allem *P. Landau*, Hegels Begründung des Vertragsrechts, in: Materialien zu Hegels Rechtsphilosophie (Hg. M. Riedel),1975, Band 2, S. 176 ff.

66 Dazu noch näher unter IV 2 c.

beitragen kann,[67] indem – gleichsam ebenfalls am Ende des Tages – das Verständnis gesetzlicher Basiswertungen geistesgeschichtlich hergeleitet und von daher vertiefend für andere Fragestellungen fruchtbar gemacht werden kann. Damit freilich die Heranziehung der Rechtsphilosophie Hegels nicht zu einem bloß schmückenden Beiwerk verkommt, wie dies gerade beim Zitat der Eule der Minerva mitunter der Fall ist, muss zugleich daran erinnert werden, dass auch und gerade unter Zugrundelegung seiner Prinzipien der Sittlichkeit die Rechtsphilosophie Garantien für die Freiheit der Einzelnen entwickelt,[68] denen nur dann entsprochen werden kann, wenn etwa die von Hegel durchaus anerkannte universelle Rechtsfähigkeit,[69] die jedem Menschen als solchem zukommt,[70] zum Leitprinzip gegenüber einer gleichwie gearteten Verwirklichung der Freiheit im Staat erhoben wird.[71]

3 Anwendung des Bildes auf die Jurisprudenz

Man kann das Bild der Eule der Minerva allerdings auch noch in anderer Weise auf die Rechtsdogmatik beziehen, indem man daraus die Frage nach ihrem hauptsächlichen Anwendungsfeld und der Sinnhaftigkeit ihres wissenschaftlichen Vorgehens ableitet.

a) De lege lata versus de lege ferenda

Es ginge dann um die Aufgabe der Jurisprudenz selbst:[72] Versteht sie sich vordringlich als wissenschaftliche Auslegung des gesetzten Rechts mit seinen systematischen Verschränkungen oder richtet sie ihren Blick vor allem auf das de lege ferenda zu Verwirklichende, indem sie den Gesetzgeber selbst berät? Der erstge-

---

67 Siehe aber auch *B. Rüthers*, Wissenschaft und Weltanschauung am Beispiel der Jurisprudenz, 1995; *ders.*, Rechtsordnung und Wertordnung, 1986; *ders.*, Methodenrealismus in Jurisprudenz und Justiz, JZ 2006, 53.

68 *H. F. Fulda*, Georg Wilhelm Friedrich Hegel, 2003, S. 259.

69 *G. W. F. Hegel*, Grundlinien der Philosophie des Rechts, § 36.

70 *A. Honneth*, Leiden an Unbestimmtheit. Eine Reaktualisierung der Hegelschen Rechtsphilosophie, 2001, S. 56.

71 Hinsichtlich der universellen Rechtsfähigkeit gilt die von *O. Marquard*, Hegel und das Sollen, Philosophisches Jahrbuch 72 (1964) 103, 118, hervorgehobene „philosophische Bildung des Sinns für das schon Erreichte als Empfindlichkeit gegen jede Form von Unterbietung des erreichten Stands."

72 Vgl. auch *J. Petersen*, Max Webers Rechtssoziologie und die juristische Methodenlehre, 2. Auflage 2014, S. 137 ff.

nannte Weg wäre ersichtlich im Sinne des Bildes, weil er im Sinne nachträglicher Reflexion das System erklärt. Der zweite hingegen liefe mutatis mutandis darauf hinaus, zu „Belehren, wie die Welt sein soll".[73] Es geht gewiss nicht um ein Entweder-Oder, das keinen dritten Weg zulässt. Die Schuldrechtsreform etwa hat gezeigt, dass diejenigen, welche die lex lata mit am gründlichsten systematisch durchdrungen hatten, auf dieser Grundlage de lege ferenda das neue Recht bereicherten,[74] sei es auch durch kritische Einwände.[75] Auf der anderen Seite spricht für die vordringliche Konzentration auf die lex lata, dass diese den demokratischen Legitimationsprozess bereits durchlaufen hat.

b) Hegels mutmaßlicher Standpunkt

Hegel selbst jedenfalls hat in den *Grundlinien* – durchaus im Einklang mit dem von ihm entworfenen Bild, einen Anklang an diesen Gesichtspunkt erkennen lassen, indem er Rousseaus besondere Leistung würdigt: „In Ansehen des Aussuchens diesen (sc. gedachten) Begriffes hat Rousseau das Verdienst gehabt, ein Prinzip, das nicht nur seiner Form nach (wie etwa der Sozialitätstrieb,[76] die göttliche Autorität), sondern dem Inhalte nach Gedanke ist, und zwar das Denken selbst ist, nämlich den Willen als Prinzip des Staates aufgestellt zu haben. Allein, indem er den Willen nur in bestimmter Form des einzelnen Willens (wie nachher auch Fichte) und den allgemeinen Willen, nicht als das an und für sich Vernünftige des Willens, sondern nur als das Gemeinschaftliche, das aus diesem Willen als bewusstem hervorgehe, fasste: so wird die Vereinigung der Einzelnen im Staat zu einem Vertrag, der somit ihre Willkür, Meinung und beliebige, ausdrückliche Einwilligung zur Grundlage hat, und es folgen die weiteren bloß verständigen, das an und für sich seiende Göttliche und dessen absolute Autorität und Majestät zerstörende Konsequenzen."[77]

---

73 *G. W. F. Hegel*, Grundlinien der Philosophie des Rechts, Vorrede, S. 36.

74 Vgl. nur *C.-W. Canaris*, Ansprüche wegen positiver Vertragsverletzung und Schutzwirkung für Dritte bei nichtigen Verträgen, JZ 1965, 475; *ders.*, Haftung Dritter aus positiver Vertragsverletzung, VersR 1965, 114; *ders.*, Sondertagung Schuldrechtsmodernisierung – Die Reform des Rechts der Leistungsstörungen, JZ 2001, 499 ff.

75 *U. Huber*, Leistungsstörungen, 2 Bände, 1999; *ders.*, Die Pflichtverletzung als Grundtatbestand der Leistungsstörung im Diskussionsentwurf eines Schuldrechtsmodernisierungsgesetzes, ZIP 2000, 2273.

76 Hierzu *E. Goodfield*, Hegel and the Frontiers of Political Thought: Towards A Metaphysics of the Social, 2013.

77 *G. W. F. Hegel*, Grundlinien der Philosophie des Rechts, § 258. Siehe auch *M. de Angelis*, Die Rolle des Einflusses von J. J. Rousseau auf die Herausbildung von Hegels Jugendideal, 1995;

Vor allem aber hat Hegel im Unterschied zu den möglichen Bevorzugungen der Interessen Einzelner das allgemeine Interesse gerade in der Rechtsphilosophie allenthalben hervorgehoben: Insbesondere die richterliche Gewalt verwirklicht in der bürgerlichen Gesellschaft das allgemeine Interesse,[78] und selbst dort, wo von den „besonderen Interessen" die Rede ist, sind ausdrücklich die „gemeinschaftlichen" gemeint und genannt.[79] Ähnlich verhält es sich beim „allgemeinen Staatsinteresse".[80] Vom „Allgemeinen der Interessen" ist dementsprechend in der *Encyclopädie* die Rede.[81] Die nachträgliche Rückschau auf das Recht und die rechtlich gewerteten Interessen entspricht durchaus dem in der Vorrede versinnbildlichten Maßstab.

IV Folgerung

Nach dem Bedachten kommt man dem Bild der Eule der Minerva näher, wenn man es in all seinen möglichen Variationen des Begriffs der „Gestalt des Lebens" spiegelt, die erkennbar auf Hegels Theorie des Geistes bezogen ist.

1 Rechtsphilosophie als Metaphysik des Geistes

Dafür spricht auch, dass gerade die Rechtsphilosophie Hegels als eine „Metaphysik des Geistes" verstanden wurde.[82] Ohne konkreten Bezug auf das hier interessierende Bild, aber gleichwohl mit einer bemerkenswerten Allgemeingültigkeit kennzeichnet Lakebrink die (Rechts-)Philosophie Hegels in einer prägnanten Zusammenfassung so, dass die bisher betrachteten möglichen Gestalten des Lebens gleichsam der Reihe nach aufscheinen:[83] „In Wahrheit aber ist die Hegelsche Philosophie, die Rechtsphilosophie insbesondere, entschieden so etwas wie eine Metaphysik des Geistes, und zwar letztlich des absoluten Geistes, der sich in

---

A. Ripstein, Universal and General Wills: Hegel and Rousseau, Political Theory 22 (1994) 444; *W. Maihofer*, Hegels Prinzip des modernen Staates, in: Festschrift für G. Husserl, 1969, S. 234.

78 *G. W. F. Hegel*, Grundlinien der Philosophie des Rechts, § 287.

79 *G. W. F. Hegel*, ebenda, § 288; *M. Theunissen*, Hegels Lehre vom absoluten Geist als theologisch-politischer Traktat, 1970, S. 435, spricht vom „verallgemeinerten besonderen Interesse".

80 *G. W. F. Hegel*, ebenda, §§ 289, 294.

81 *G. W. F. Hegel*, Encyclopädie, § 544.

82 Vgl. auch *B. Lakebrink*, Studien zur Metaphysik Hegels, 1969.

83 Vgl. auch *B. Lakebrink*, Die Europäische Idee der Freiheit, I. Teil: Hegels Logik und die Tradition der Selbstbestimmung, 1968; ferner *ders.*, Hegels dialektische Ontologie und die Thomistische Analektik, 2. Auflage 1968.

subjektiver und objektiver Gestalt verwirklicht, d. h. im menschlichen Bewusstsein ebenso wie in seinen geschichtlichen Sachgebieten und Wesensformen, als da sind Recht, Moral, Sitte, Staat und Weltgeschichte."[84] Nicht von ungefähr spricht diese Deutung zunächst von der Philosophie im Allgemeinen und nimmt gerade auf die Rechtsphilosophie besonderen Bezug.[85] So passt sie gerade auf das Bild von der Eule der Minerva, wenn man es gleichsam vor der Klammer der Grundlinien auf die *Phänomenologie des Geistes*, die Geschichtsphilosophie und die *Encyclopädie* hinordnet und so mit ihnen verklammert.

2 Gestalt des Lebens und absoluter Geist

Bedeutsam an der weiterführenden Bemerkung Lakebrinks ist ferner, dass danach insbesondere die Rechtsphilosophie letztlich eine Metaphysik des absoluten Geistes ist. Wichtiger noch ist der präzisierende Relativsatz, wonach sich der absolute Geist „in subjektiver und objektiver *Gestalt* verwirklicht." Damit ist aber nicht von ungefähr, wenngleich vielleicht unwillkürlich, gerade dasjenige Objekt aufgegriffen, das zugleich das „alt gewordene" Subjekt des Bildes von der Eule der Minerva darstellt, nämlich die *Gestalt des Lebens*. Das führt zu der im weiteren Verlauf der Abhandlung zu verfolgenden Hypothese, dass das mit der Gestalt des Lebens Gemeinte, von der im Bild die Rede ist, ebenso wie die Kunst, von der deshalb eingangs die Rede war,[86] und die Religion der Sphäre des absoluten Geistes zugehört. Dessen dritte Gestalt aber ist die Philosophie,[87] so dass auf diesem Wege die eingangs aufgestellte Hypothese,[88] wonach mit der Gestalt des Lebens die Philosophie selbst gemeint sein könnte, neue Nahrung erhält.

Doch ist auch dies einstweilen nicht mehr als eine vorläufige Hypothese, weil sie die Geschichtlichkeit der Rechtsphilosophie noch nicht hinreichend berücksichtigt. Es war interessanterweise ein Marx-Biograph, der in diesem Sinne das Bild der Eule in einer Weise deutete, die nicht um der Provokation Willen das Ende dieses Kapitels markieren soll, sondern weil darin diejenigen Begriffe aufschei-

---

84 *B. Lakebrink*, Einleitung zu den Grundlinien der Philosophie des Rechts, 1970, S. 6. Vgl. auch *M. Pawlik*, Der Staat 41 (2002) 183, 186 f.

85 Zu dem in Bezug genommenen menschlichen Bewusstsein im Hinblick auf das Bild der Eule und die Gestalt des Lebens *E. Biser*, Der Mensch – das uneingelöste Versprechen, 2. Auflage 1996, S. 88; dazu bereits am Ende des vorigen Paragraphen.

86 Unter § 1 I 2. Siehe auch *B. Lakebrink*, Die Europäische Idee der Freiheit, I. Teil: Hegels Logik und die Tradition der Selbstbestimmung, 1968.

87 *G. W. F. Hegel*, Encyclopädie, §§ 552 ff.

88 Unter § 1 II 1.

nen, die im weiteren Verlauf die Interpretation bestimmen werden, aber zugleich noch in die rechte Ordnung gebracht werden müssen: „Indem Hegel den absoluten Geist als schöpferischen Weltgeist immer erst nachträglich im Philosophen zum Bewusstsein kommen ließ, sagte er im Grunde nur, dass der absolute Geist zum Schein in der Einbildung die Geschichte mache, und er hatte sich sehr nachdrücklich gegen die Missdeutung verwahrt, als ob das philosophische Individuum selbst der absolute Geist sei."[89]

89 *F. Mehring*, Karl Marx, 1918, S. 102.

§ 3 Verwirklichung der Freiheit

Gegen Ende der *Encyclopädie* finden sich in einem vieldiskutierten und nicht zuletzt im Hinblick auf die Rechtsphilosophie systematisch wichtigen[1] Satz drei zentrale Begriffe, deren zwei sinngemäß auf das Bild von der Eule angewendet werden können, der dritte aber den Grundgedanken der Rechtsphilosophie enthüllt: „Es ist der Schluss der geistigen *Reflexion* in der Idee; die Wissenschaft erscheint als ein subjektives *Erkennen*, dessen Zweck die Freiheit und es selbst der Weg ist, sich dieselbe hervorzubringen."[2] Die philosophische *Reflexion* mit ihrer eigentümlichen Rückschau wird durch das Bild der Eule der Minerva versinnbildlicht; die Gestalt des Lebens lässt sich nicht verjüngen, sondern nur *erkennen*, und der Zweck dieser Erkenntnis ist die Verwirklichung der Freiheit, die damit zugleich das Ziel der Rechtsphilosophie darstellt.[3] Diese zugegebenermaßen holzschnittartige Verkürzung, zumal am Beispiel einer überaus komplexen Stelle der *Encyclopädie*,[4] mag zunächst einleitend den Zusammenhang vorstellen, dessen Einzelheiten im Folgenden näher zu bestimmen sind.

I Entfaltung der Freiheit

Für den weiteren Verlauf erweist sich Wilhelm Diltheys – freilich ebenfalls etwas grobkörnige – Nachzeichnung der Theorie des subjektiven, objektiven und absoluten Geistes als hilfreich, weil sie die Entwicklungsstadien innerhalb der Hegelschen Theorie des Geistes in einer Weise nachzeichnet, die sich insbesondere auf das Bild innerhalb der Rechtsphilosophie beziehen lässt: „Die Entwicklung des Geistes ist die Realisierung seines Wesens und dieses ist die Freiheit. (...) Als subjektiver Geist arbeitet er sich für sich zum Bewusstsein seiner Freiheit durch.

---

1 *G. Lasson*, Einleitung des Herausgebers, in: *G. W. F. Hegel*, Grundlinien der Philosophie des Rechts, in: Sämtliche Werke (ed. G. Lasson, Band 6), S. XI ff., zu den drei Schlüssen der Philosophie.

2 *G. W. F. Hegel*, Encyclopädie, § 576; Hervorhebungen auch dort. Zur Reflexion als „Grundterm im Denken der Moderne" *D. Henrich*, Konzepte, 1987, S. 18 f.

3 Dazu aus dem angloamerikanischen Schrifttum wichtig *P. Franco*, Hegel's Philosophy of Freedom, 2002; *F. Neuhouser*, Foundations of Hegel's Social Theory: Actualizing Freedom, 2000; *R. Schacht*, Hegel on Freedom, in: Hegel: A Collection of Critical Essays (Hg. A. MacIntyre), 1976, S. 289; *J. Shklar*, Freedom and Independence: A Study of the Political Ideas of Hegel's Phenomenology of Mind, 1976; *St. B. Smith*, Hegel's Critique of Liberalism: Rights in Context, 1989.

4 *M. Theunissen*, Hegels Lehre vom absoluten Geist als theologisch-politischer Traktat, 1970, S. 309 ff. mit weiteren Nachweisen zu der verzweigten Forschungsdiskussion.

Als objektiver Geist realisiert er diese Freiheit in der Welt des Rechts, der Sittlichkeit, des Staates und der Geschichte. Und als absoluter Geist versetzt er sich in die Einheit seines Daseins und seines Begriffes in der Kunst, der Religion und der Philosophie."[5] So wird, wenngleich in groben Zügen, der Gegenstand der *Phänomenologie*, der *Grundlinien* und der *Encyclopädie* umrissen, zugleich aber daran erinnert, wie wichtig es ist, sich im Klaren darüber zu sein, auf welcher Stufe der jeweilige Gedanke steht, da gerade das Bild der Eule der Minerva mit seiner Bezugnahme auf die Gestalt des Lebens über den äußeren systematischen Zusammenhang hinaus nicht mehr nur der Sphäre des objektiven Geistes zugehört, sondern in die des absoluten Geistes hinausweist.[6]

1 Die innere Teleologie der Grundlinien

In einem Beitrag, welcher der Eule der Minerva respektive der Macht der Reflexion gewidmet ist, heißt es nicht von ungefähr: „Der Sinn, die Richtung philosophischer Reflexion aber ist – Autonomie und Freiheit."[7] Damit ist zugleich der Blick auf die innere Teleologie der *Grundlinien* eröffnet, die eine neue Dimension erschließt, ohne die der Begriff der Gestalt des Lebens letztlich leer bliebe. Diese innere Teleologie führt unweigerlich zum Begriff der Freiheit, genauer zur Verwirklichung der Freiheit.[8] Nur unter der Bedingung der Gewährleistung von Freiheit kann der Staat die Wirklichkeit der sittlichen Idee darstellen.[9]

a) Freiheit und absoluter Geist

Die am Ende des vorigen Abschnitts aufgestellte Hypothese hat uns bereits in die Sphäre des absoluten Geistes geführt, auf die auch die Gestalt des Lebens verweist. Im Folgenden ist bei der systematischen Durchdringung dieses Gedankens zu

---

5 *W. Dilthey*, Die Jugendgeschichte Hegels und andere Abhandlungen zur Geschichte des deutschen Idealismus, 1921, Gesammelte Schriften, Band 4, 6. Auflage 1990, S. 248.

6 *A. Honneth*, Leiden an Unbestimmtheit. Eine Reaktualisierung der Hegelschen Rechtsphilosophie, 2001, S. 38, unterscheidet drei Freiheitsmodelle, die er als „Gestalten" des objektiven Geistes bezeichnet. Diese Einteilung erweist sich auch für den vorliegenden Zusammenhang als sinnvoll.

7 *P. Stekeler-Weithofer*, Die Eule der Minerva oder: die Macht der Reflexion, Allgemeine Zeitschrift für Philosophie 25 (2000) 63, 78. Zur Autonomie *D. Moyar*, Rethinking Autonomy in Hegel's Earliest Writings, The Owl of Minerva 42 (2010 – 11) 63.

8 Dazu *A. Patten*, Hegel's Idea of Freedom, 1999; zu ihm *R. Pippin*, History of Political Thought 22/3 (2001).

9 *D. Emundts/R.-P. Horstmann*, G. W. F. Hegel. Eine Einführung, 2002, S. 112.

berücksichtigen, dass das Absolute zugleich zur Bedingung der Freiheit des Menschen wird.[10] Die in der Gestalt des Lebens konkretisierte Lehre vom absoluten Geist könnte auf diese Weise verschränkt sein mit dem vornehmlichen Thema der Rechtsphilosophie, das heißt der Freiheit. Die systematische Auslegung hat uns hier bereits in die Religionsphilosophie geführt, in der die Rede war von der „Möglichkeit und Wurzel des wahrhaft allgemeinen Rechts, der Verwirklichung der Freiheit."[11]

Auch in den anderen Schriften Hegels – sei es in der Geschichtsphilosophie,[12] sei es innerhalb der *Encyclopädie*[13] – ist das Bewusstsein der Freiheit[14] das beherrschende Thema[15] bzw. – mit den Worten seines Schülers Eduard Gans – das „Grundelement", ja sogar der „einzige Stoff" seiner Philosophie.[16] Die Verwirklichung der Freiheit, die zugleich die geschichtliche Verwirklichung des Geistes ist,[17] erweist sich somit als übergeordnetes Prinzip, ohne dessen Berücksichtigung auch der Begriff der Gestalt des Lebens leer bliebe.

b) Gerechtigkeit und Vernunft als Dasein der Freiheit

Man muss sich vergegenwärtigen, dass der eigentliche Impuls der *Grundlinien* in einer Aufgabe liegt, die zwar in keiner der Überschriften Hegels explizit hervortritt, aber jederzeit unausgesprochen mitwirkt, nämlich der Entfaltung der Freiheit,[18]

---

10 *M. Theunissen*, Hegels Lehre vom absoluten Geist als theologisch-politischer Traktat, 1970, S. 16; vgl. auch ebenda, S. 375: „Die vollkommene Verwirklichung der Freiheit fällt also mit der Überwindung der Welt zusammen."

11 *G. W. F. Hegel*, Vorlesungen über die Philosophie der Religion, in: Sämtliche Werke (ed. H. Glockner, Band 16), S. 313; Hervorhebung auch dort. Zu dieser Stelle bereits im vorigen Paragraphen.

12 *G. W. F. Hegel*, Die Vernunft in der Geschichte (Hg. J. Hoffmeister), 1917, 5. Auflage 1955, S. 124.

13 *G. W. F. Hegel*, Encyclopädie, § 567.

14 Siehe dazu wegen des notwendigen Zusammenhangs mit dem oben (unter § 2 I das Selbstbewusstsein als Prinzip des Rechts) Bedachten auch *H. F. Fulda*, Freiheit als Vermögen der Kausalität und als Weise, bei sich selbst zu sein, in: Inmitten der Zeit. Beiträge zur europäischen Gegenwartsphilosophie (Hg. Th. Grethlein/H. Leitner), 1996, S. 47.

15 *H. F. Fulda*, Das Recht der Philosophie in Hegels Philosophie des Rechts, 1968, S. 58.

16 *E. Gans*, Vorwort, in: G. W. F. Hegel, Grundlinien der Philosophie des Rechts, S. 7.

17 *G. W. F. Hegel*, Vorlesungen über die Geschichte der Philosophie, 1805/1806, 1816–1831, in: Sämtliche Werke (ed. H. Glockner, Band 18), S. 44 f.; vgl. auch *J. Ritter*, Hegel und die französische Revolution, 1965, S. 93.

18 Aus dem neueren Schrifttum *K. Vieweg*, Das Denken der Freiheit. Hegels Grundlinien der Philosophie des Rechts, 2012 (dazu *G. Sans*, Hegel-Studien, 47, 2013, 245); *Ch. Binkelmann*, Theorie der praktischen Freiheit, 2007; siehe auch *Ch. Menke*, Tragödie im Sittlichen. Gerechtigkeit und

die Hegel ausweislich der Nachschrift seiner Vorlesung als „das Denkende, Allgemeine, in dem alle andere Realität aufgelöst ist", bezeichnet hat:[19] „Die Moralität, die Sittlichkeit, das Staatsinteresse ist jedes ein eigentümliches Recht, weil jede dieser *Gestalten* Bestimmung und Dasein der Freiheit ist."[20] Recht und Freiheit hängen zuinnerst zusammen; die stufenweise Entfaltung der Freiheit geht einher mit einem jeweiligen Rechtszustand, der das Dasein der Freiheit abbildet und ihm entspricht: „Jede Stufe der Entwicklung der Idee der Freiheit hat ihr eigentümliches Recht, weil sie das Dasein der Freiheit in ihrer eigenen Bestimmung ist."[21]

Diese Entwicklung der Freiheitsidee ist letztlich gerichtet auf die Verwirklichung der Freiheit im Staat:[22] „Der Staat ist die Wirklichkeit der konkreten Freiheit."[23] Bereits zu Beginn der Rechtsphilosophie erscheint das Rechtssystem als das Reich der verwirklichten Freiheit, das auf dem Geistigen und in der „Welt des Geistes" gründet.[24] Zur näheren Bestimmung des Geistes verweist Hegel auch hier auf die *Encyclopädie*.[25] Das Recht selbst nennt Hegel nicht von ungefähr „die

---

Freiheit nach Hegel, 1996; siehe vor allem *M. Roche*, Tragedy and Comedy. A Systematic Study and a Critique of Hegel, 1998.

19 Vgl. *G. W. F. Hegel*, in: Hegel, Philosophie des Rechts, Die Vorlesung von 1819/1820 in einer Nachschrift (Hg. D. Henrich), 1983, S. 43, 65. Siehe auch *H. Schnädelbach*, Die Verfassung der Freiheit, in: Klassiker Auslegen, G. W. F. Hegel, Grundlinien der Philosophie des Rechts (Hg. L. Siep), 1997, 2. Auflage 2005, S. 243 ff. Ferner *E. Angehrn*, Freiheit und System bei Hegel, 1977, dort auch mit einer Einbeziehung in die Theorie des objektiven Geistes (ebenda, S. 153 ff.); *L. Siep*, Zum Freiheitsbegriff der praktischen Philosophie Hegels in Jena, in: Hegel in Jena (Hg. D. Henrich/K. Düsing), Hegel-Studien, Beiheft 20 (1980) 217.

20 *G. W. F. Hegel*, Grundlinien der Philosophie des Rechts, § 30 Anmerkung (Hervorhebung nur hier); zu dieser Stelle auch *M. Baum/K. R. Meist*, Recht-Politik-Geschichte, in: Hegel. Einführung in seine Philosophie (Hg. O. Pöggeler), 1977, S. 117.

21 *G. W. F. Hegel*, ebenda, § 30.

22 *D. Henrich*, Einleitung: Vernunft in Verwirklichung, in: Hegel, Philosophie des Rechts, Die Vorlesung von 1819/1820 in einer Nachschrift (Hg. ders.), 1983, S. 9, 13: „Diese Theorie vollendet sich im Begreifen der Vernünftigkeit des Staates und seiner Verfassung, zu der er sich nur auf je einer bestimmten Stufe der Entfaltung des Freiheitsbegriffs hat ausbilden können." Ähnlich *H. F. Fulda*, Das Recht der Philosophie in Hegels Philosophie des Rechts, 1968, S. 58.

23 *G. W. F. Hegel*, Grundlinien der Philosophie des Rechts, § 260. *W. Maihofer*, Hegels Prinzip des modernen Staates, in: Festschrift für G. Husserl, 1969, S. 234, 248 ff., liest aus diesem Paragraphen das welthistorische Prinzip des modernen Staates heraus. *J. Ritter*, Hegel und die französische Revolution, 1965, S. 38, stellt dem die rechtsphilosophisch wesentliche Bedingung voran: „Wo Freiheit zum Rechtsgrund wird".

24 *G. W. F. Hegel*, Grundlinien der Philosophie des Rechts, § 4.

25 *G. W. F. Hegel*, Encyclopädie der philosophischen Wissenschaften im Grundrisse, 1830, in: Sämtliche Werke (ed. G. Lasson, Band 5).

Freiheit als Idee“,[26] womit er es nachgerade mit der Freiheit identifiziert.[27] Die Schlüsselstelle lautet aber wohl wiederum:[28] „Es ist um Gerechtigkeit zu tun, d. i. um Vernunft – d. i., dass die Freiheit ihr Dasein erhalte.“[29] Dieses Dasein erhält die Freiheit im Staat als Wirklichkeit der sittlichen Idee; nur so ist das Wirkliche vernünftig und das Vernünftige wirklich, und auf diesen Endpunkt verweist bereits die Vorrede schon im Bild der Eule der Minerva.

Unter diesem Blickwinkel ist die Vorrede der *Grundlinien* kein „philosophiepolitisches Pamphlet“,[30] sondern Ausprägung der inneren Geschlossenheit des Werkes.[31] In diesem Sinne könnte in Hegels Rechtsphilosophie, welche die Achtung der Person zur unbedingten Pflicht erhebt[32], ein Postulat aus seiner vor dem großen System entstandenen *Critik des Fichteschen Naturrechts* stehen: „Aber die Gerechtigkeit muss selbst ein Lebendiges sein und die Person achten.“[33] Löst man die Vorrede mit ihren von einigen[34] als problematisch empfundenen („Was vernünftig ist, das ist wirklich; und was wirklich ist, das ist vernünftig“[35]) – in

---

26 *G. W. F. Hegel*, Grundlinien der Philosophie des Rechts, § 29.

27 *P. Landau*, Hegels Begründung des Vertragsrechts, ARSP 59 (1973) 117, 119. Zum Folgenden auch *M. Pawlik*, Der Staat 41 (2002) 183, 202 f.

28 Siehe bereits oben § 1 II 4.

29 *G. W. F. Hegel*, Grundlinien der Philosophie des Rechts, § 99 a. E.

30 So aber *H. Schnädelbach*, Hegels praktische Philosophie. Ein Kommentar der Texte in der Reihenfolge ihrer Entstehung, 2000, S. 171; *H. Klenner*, Preußische Eule oder gallischer Hahn? Hegels Rechtsphilosophie zwischen Revolution und Reform, in: Preußische Reformen – Wirkungen und Grenzen. Sitzungsberichte der Akademie der Wissenschaften der DDR, Nr. 1/G, 1982, S. 125, 131.

31 *D. Emundts/R.-P. Horstmann*, G. W. F. Hegel. Eine Einführung, 2002, S. 32: „dieses aus der Vorrede zur Hegelschen *Philosophie des Rechts* bekannte Credo ist der den gesamten systematischen Ansatz Hegels bestimmende Grundgedanke.

32 *G. W. F. Hegel*, Grundlinien der Philosophie des Rechts, § 36.

33 *G. W. F. Hegel*, System der Sittlichkeit (Critik des Fichteschen Naturrechts), 1802/1803, III B; Ausgabe Meiner (Hg. H. Brandt/K. R. Meist), S. 82. Siehe dazu auch *St. Schmidt*, Hegels System der Sittlichkeit, 2007, S. 253.

34 Generell kritisch *H. Ottmann*, Das Scheitern einer Einleitung in Hegels Philosophie, 1973; Editionsfragen behandelt *ders.*, Hegels Rechtsphilosophie und das Problem der Akkommodation. Zu Iltings Hegelkritik und seiner Edition der Hegelschen Vorlesungen über Rechtsphilosophie, in: Zeitschrift für philosophische Forschung 33 (1979) 227, zur wegweisenden sechsbändigen Edition von *K.-H. Ilting*, 1973–1974.

35 Eine christologische Deutung dieses Satzes findet sich bei *F. Rosenzweig*, Hegel und der Staat, 1920, Band II, S. 79 f.

Wahrheit aber systemkonstituierenden[36] – Prämissen von den *Grundlinien* ab, so nimmt man der Rechtsphilosophie auch die innere Schlüssigkeit.

2 Freiheit und Vernunft

Die Entfaltung der Freiheit darf freilich nicht isoliert betrachtet werden, sondern erschließt sich nur im Zusammenhang mit der Vernunft, wie ebenfalls die zitierte Stelle unter Beweis stellt, wonach „es um Gerechtigkeit zu tun ist, d. i. um Vernunft – d. i., dass die Freiheit ihr Dasein erhalte".[37] Gerade das zitierte Wort der Vorrede der *Grundlinien*, wonach das, was vernünftig ist, wirklich ist und das was wirklich ist, vernünftig ist,[38] erschließt sich nur im Hinblick auf das Ziel der Verwirklichung der Freiheit. So kann Adorno mit Recht sagen, dass sich die objektive Vernunft bei Hegel im notwendigen Zusammenhang mit der Freiheit findet: „Freiheit und Vernunft sind Nonsens ohne einander."[39] Hieran zeigt sich beispielhaft, wie sehr die Vorrede der Rechtsphilosophie auf die Rechtsphilosophie als programmatische Verwirklichung der Freiheit bezogen ist.

a) Vernunft als „Rose im Kreuz der Gegenwart"

Man muss dies nicht nur im Hinblick auf die weiter oben angestellte Hypothese berücksichtigen, wonach die Geschichte als Selbstentfaltung des objektiven Geistes erscheint, bei der schließlich auch die Vernunft als denkbare Gestalt des Lebens gewürdigt wurde.[40] Fortschritt im Bewusstsein der Freiheit ist die Weltgeschichte insofern,[41] als der Geist in der Geschichte seiner selbst bewusst wird und als Geschichte etwas ist, das nur durch die hervorgebrachten Taten und Werke des objektiven Geistes möglich wird.[42] Die Philosophie des objektiven Geistes ist

---

36 *Th. W. Adorno*, Drei Studien zu Hegel, 1963, 4. Auflage 1970, S. 93, wonach „*das System* am Ende Vernunft und Wirklichkeit, Subjekt und Objekt einander gleichsetzt"; Hervorhebung nur hier. Siehe ferner *M. Pawlik*, Der Staat 41 (2002) 183, 185 f.

37 *G. W. F. Hegel*, Grundlinien der Philosophie des Rechts, § 99 a. E.

38 *G. W. F. Hegel*, ebenda, Vorrede, S. 33.

39 *Th. W. Adorno*, Drei Studien zu Hegel, 1963, 4. Auflage 1970, S. 57.

40 Unter § 1 II.

41 *G. W. F. Hegel*, Die Vernunft in der Geschichte (Hg. J. Hoffmeister), 1917, 5. Auflage 1955, S. 63.

42 *M. Baum*, Gemeinwohl und allgemeiner Wille in Hegels Rechtsphilosophie, Archiv für Geschichte der Philosophie 60 (1978) 175, 194.

damit der systematische Ort der Geschichtsphilosophie,[43] die wiederum die Rechtsphilosophie Hegels mitbestimmt.

Damit kommt man zugleich auch dem Verständnis eines anderen berühmten Bildes der Vorrede näher:[44] „Die Vernunft als die Rose im Kreuze der Gegenwart zu erkennen und damit dieser sich zu erfreuen, diese vernünftige Einsicht ist die *Versöhnung* mit der Wirklichkeit, welche die Philosophie denen gewährt, an die einmal die innere Aufforderung ergangen ist, *zu begreifen*, und in dem, was substantiell ist, ebenso die subjektive Freiheit zu erhalten, so wie mit der subjektiven Freiheit nicht in einem Besondern und Zufälligen, sondern in dem, was an und für sich ist, zu stehen."[45]

b) Vergleich der Bilder

Im Unterschied zum Bild von der Eule der Minerva betont diese Metapher die Gegenwärtigkeit der Philosophie,[46] wobei Gegenwart für ihn im metaphysischen Sinne nicht nur das ist, was immer ist, sondern darüber hinaus auch das, was immer war und sein wird.[47] Anders als das Bild der Eule begegnet das der Rose ausdrücklich wieder in der näheren Ausführung der *Grundlinien:* [48] „die Vernunft soll das Herrschende sein und ist es in einem *gebildeten Staate* – im Ganzen auch – mehr Vernunft darin, als man meint, davon ist schon gesprochen; Gegenwart erscheint der Reflexion, besonders dem Eigendünkel als ein Kreuz, allerdings mit

---

43 *R.-P. Horstmann*, Die Grenzen der Vernunft. Eine Untersuchung zu Zielen und Motiven des Deutschen Idealismus, 1991, 3. Auflage 2004, S. 175.

44 Siehe zur Bildersprache Hegels auch *D. Henrich*, Die „wahrhafte Schildkröte". Zu einer Metapher in Hegels Schrift „Glauben und Wissen", in: Hegel-Studien 2 (1963) 281.

45 *G. W. F. Hegel*, Grundlinien der Philosophie des Rechts, Vorrede, S. 35; Hervorhebungen auch dort. Eingehend *M. Pawlik*, Der Staat 41 (2002) 183, 201; *E. Rózsa*, in: Hegel-Studien 32 (1997) 137, 141.

46 *H. Ottmann*, Die „Rose im Kreuze der Gegenwart", Hegel-Jahrbuch 1999, Hegels Ästhetik: Die Kunst der Politik – Die Politik der Kunst, Erster Teil, S. 142.

47 *J. Ritter*, Hegel und die französische Revolution, 1965, S. 13 f.: „Hegel setzt die traditionelle metaphysische Theorie unmittelbar und als diese mit der Erkenntnis der Zeit und der Gegenwart gleich."

48 *R. Pippin*, The Rose and the Owl: Some Remarks on the Theory-Practice Problem in Hegel, Independent Journal of Philosophy 3 (1979) 7, 11, stellt die Bilder einander stimmungsmäßig einleuchtend und folgenreich gegenüber: "There is a startling contrast of images here; a discovery of a beautiful, and one would imagine, fresh, healthy, newly blossomed rose, and that incredible picture of an owl silently swooping over a grey landscape at twilight. The juxtaposition suggests that philosophy actually discovers its rose in the cross of the present only when it is dead on the branch, not in the midst of its growth, and thus cannot offer reconciliation and hardly enjoyment, but perhaps dissatisfaction with a no longer living 'actuality'".

Notwendigkeit – die Rose, d. i. die Vernunft in diesem Kreuz, lehrt die Philosophie erkennen."[49]

3 Die Aufklärung im Bild und in der *Phänomenologie*

Mit dem „gebildeten Staat" ist der durch die Aufklärung gebildete gemeint. Das entspricht dem Stellenwert, den Hegel der Aufklärung innerhalb der *Phänomenologie des Geistes* in einer gleichfalls geradezu poetischen Weise zumisst: „Die Mitteilung der reinen Einsicht ist (...) einer ruhigen Ausdehnung und dem *Verbreiten* eines Duftes in der widerstandslosen Atmosphäre zu vergleichen. Sie ist eine durchdringende Ansteckung, welche sich nicht vorher gegen das gleichgültige Element, in das sie sich insinuiert, als Entgegengesetztes bemerkbar macht, und daher nicht abgewertet werden kann."[50] Der durch die Aufklärung gebildete Staat wird im Schrifttum nicht von ungefähr durch den Flug der Eule beschrieben.[51]

Die zuletzt zitierte Stelle der *Phänomenologie* mündet ihrem inneren systematischen Zusammenhang nach in die Rechtsphilosophie.[52] Diese Modulation des in der Vorrede aufscheinenden Themas eröffnet zugleich die Möglichkeit, dass auch das Bild der Eule der Minerva dort aufgegriffen sein kann, wo es nicht ausdrücklich zur Sprache kommt. Das entspricht auch der folgenden religions- bzw. geschichtsphilosophischen Deutung Eugen Bisers: „Verstärkt wurde dieser restriktive Geschichtsbegriff der Aufklärung durch Hegels retrospektive Deutung der philosophischen Vernunft, der es seiner bekannten Wendung zufolge nur gegeben ist, die abgeschiedenen Gestalten des Gemeinwesens mit ihrem ‚Grau in Grau' darzustellen, nicht aber, sie ‚zu verjüngen', da die Eule der Minerva nur in der Abenddämmerung zu ihrem Flug ansetzt."[53]

---

49 *G. W. F. Hegel*, Grundlinien der Philosophie des Rechts, Einleitung, § 3; Hervorhebung nur hier.

50 *G. W. F. Hegel*, Phänomenologie des Geistes, 1807, in: Sämtliche Werke (ed. H. Glockner, Band 2), S. 418.

51 *J. Mittelstraß*, Der Flug der Eule, Von der Vernunft der Wissenschaft und der Aufgabe der Philosophie, 2. Auflage 1976, S. 43; siehe auch *dens.*, „des Wercks künftigen grossen Nutzen". Zwei Etüden über die Akademie und warum sie sich verändern muss, in: Summa, Dieter Simon zum 70. Geburtstag, 2005 (Hg. R. M. Kiesow/R. Ogorek/Sp. Simitis), S. 437. Allgemein zum Paradigma der Aufklärung *R. Pippin*, Hegel on Historical Meaning: For Example, the Enlightenment, Bulletin of the Hegel Society of Great Britain 3 (1997) 1.

52 *C. F. v. Weizsäcker*, Der Garten des Menschlichen, 4. Auflage 1978, S. 396.

53 *E. Biser*, Die Entdeckung des Christentums, 2000, S. 55, unter Verweis auf *F. Rosenzweig*, Das Büchlein vom gesunden und kranken Menschenverstand, 1964, S. 9 ff., 34: „Dagegen drängt das biblische Geschichtsdenken, wie Franz Rosenzweig gegen Hegel geltend machte, auf die Verge-

4 Das intellektuelle Reich der Freiheit

Daher leitet Hegel die Beschreibung des Grau in Grau mit der Vollendung des Bildungsprozesses als Vorbedingung des Erscheinens der Philosophie ein: „Als der *Gedanke* der Welt erscheint sie erst in der Zeit, nachdem die Wirklichkeit ihren Bildungsprozess vollendet und sich fertig gemacht hat."[54] Dieses notwendige Nacheinander mit seiner systematischen Verschränkung in der *Phänomenologie* muss man berücksichtigen, um den vieldeutigen Satz verstehen zu können, der unmittelbar dem Grau in Grau der Philosophie vorangestellt ist: „Dies, was der Begriff lehrt, zeigt notwendig ebenso die Geschichte, dass erst in der Reife der Wirklichkeit das Ideale dem Realen gegenüber erscheint und jenes sich dieselbe Welt, in ihrer Substanz erfasst, in Gestalt eines intellektuellen Reichs erbaut."[55] Die Geschichte als das Reale ist im Wortsinne konstitutiv für die Schaffung der Welt. So wie die Philosophie wesentlich „ihre Zeit in Gedanken erfasst",[56] entsteht die Welt „in Gestalt eines intellektuellen Reichs".

Dieser mit demselben Partizip („erfasst") verbundene Parallelismus lenkt den Blick auf das zugleich angesprochene intellektuelle Reich. Es ist in den *Grundlinien*, auf die es verweist, das „Reich der verwirklichten Freiheit",[57] womit diese zentrale Stelle zugleich begreiflicher wird, indem sie auf die Vorrede und insbesondere das dort genannte Grau in Grau bezogen werden kann. Vor diesem Hintergrund können auch die beiden Bilder der Rose im Kreuz sowie der Eule der

---

genwärtigung des Geschehenen, die in der ‚Geistesgegenwart' des Denkenden erfahren wird." Näher zu diesem Zusammenhang *E. Biser*, Glaubenserweckung. Das Christentum an der Jahrtausendwende, 2000, S. 22.

54 *G. W. F. Hegel*, Grundlinien der Philosophie des Rechts, Vorrede, S. 36; Hervorhebung auch dort. Vgl. dazu *M. Theunissen*, Hegels Lehre vom absoluten Geist als theologisch-politischer Traktat, 1970, S. 440, der am Beispiel dieser Stelle die Grundthese seiner Abhandlung sinnfällig macht: „Die im begreifenden Denken aufzuklärende Gegenwart verliert ihre Zukunftsträchtigkeit, weil die *Rechtsphilosophie* die Umsetzung des evangelischen Wortes in die politische Tat, die nach dem religionsphilosophischen Schema des Kultus immer noch aussteht, einem vergangenen Geschehen nachsagt, welches im gegenwärtigen vermeintlich zum Abschluss gekommen ist." – Die beiden Relativsätze erhellen unausgesprochen auch das Bild der Eule der Minerva und kritisieren es zugleich implizit, wie der Nachsatz verdeutlicht: „Wie Hegel in eine dermaßen reaktionäre Anschauung abgleiten kann, wird gerade von der progressiven Tendenz aus verständlich, die selbst noch die Vorrede seiner Philosophie des Rechts verfolgt." – Diese harsche Kritik ist freilich auch der ihrerseits angreifbaren religionsphilosophischen Zentrierung der Rechtsphilosophie geschuldet.

55 *G. W. F. Hegel*, ebenda, Vorrede, S. 36.

56 *G. W. F. Hegel*, ebenda, Vorrede, S. 35.

57 *G. W. F. Hegel*, ebenda, § 4. Dazu *F. Knappik*, Im Reich der Freiheit: Hegels Theorie autonomer Vernunft, 2013.

Minerva nun besser verstanden werden.[58] Nicht von ungefähr handelt auch das große Wort der Rose im Kreuz der Gegenwart in der Vorrede der Rechtsphilosophie von der Philosophie überhaupt, weil es sich letztlich auf die Freiheit bezieht, so dass nahe liegt, dass auch das Bild der Eule der Minerva auf die Verwirklichung der Freiheit in der Geschichte bezogen ist.

5 Eule und Kreuz

Karl Löwith erwähnt in seinem epochalen Werk des auch hier interessierenden Weges von Hegel zu Nietzsche,[59] ohne sich in diesem Zusammenhang ausdrücklich mit dem Bild der Eule der Minerva auseinanderzusetzen, die Anekdote, dass Hegel zum 60. Geburtstag von seinen Schülern eine Medaille bekam, „die auf der Vorderseite sein Bildnis und auf der Rückseite eine allegorische Darstellung zeigt: zur Linken liest eine männliche Figur sitzend in einem Buch, hinter ihr befindet sich eine Säule, auf der eine Eule hockt; zur Rechten steht eine Frauengestalt, die ein sie überragendes Kreuz festhält; zwischen beiden befindet sich dem Sitzenden zugewandt, ein nackter Genius, dessen erhobener Arm nach der anderen Seite auf das Kreuz hinweist. Die Attribute, *Eule* und *Kreuz*, lassen keinen Zweifel an dem gemeinten Sinn der Darstellung aufkommen: die mittlere Figur des Genius vermittelt zwischen der *Philosophie* und der *Theologie*."[60]

Diese Deutung entspricht einem anderen Wort der Vorrede und darüber hinaus dann auch dem Bild der Eule der Minerva: „Das was ist zu begreifen, ist die Aufgabe der Philosophie, denn das, was ist, ist die Vernunft."[61] Theunissen spricht ebenso anschaulich von einer „Archäologie, die als aktuelle Zeitdiagnose ‚das, was ist', auf seine Gründe zu durchschauen hat."[62] Wenn die Philosophie damit „ihre Zeit in Gedanken erfasst",[63] so wird eine „Theorie der Zeit"[64] begründet und

---

58 Näher *R. Pippin*, The Rose and the Owl: Some Remarks on the Theory-Practice Problem in Hegel, Independent Journal of Philosophy 3 (1979) 7.

59 Dazu unten § 4.

60 *K. Löwith*, Von Hegel zu Nietzsche. Der revolutionäre Bruch im Denken des neunzehnten Jahrhunderts, 1941 (zitiert nach der Meiner-Ausgabe, 1995), S. 28; Hervorhebungen auch dort. Siehe auch ebenda, S. 32, zu Luthers Wappen, das ein schwarzes Kreuz inmitten eines von weißen Rosen umgebenen Herzens darstellt.

61 *G. W. F. Hegel*, Grundlinien der Philosophie des Rechts, Vorrede, S. 35. Zu dieser Stelle unter dem Blickwinkel der logischen Systematik *E. Angehrn*, Freiheit und System bei Hegel, 1977, S. 100.

62 *M. Theunissen*, Hegels Lehre vom absoluten Geist als theologisch-politischer Traktat, 1970, S. 386.

63 *G. W. F. Hegel*, Grundlinien der Philosophie des Rechts, Vorrede, S. 35.

geschieht damit nach Joachim Ritter erstmals in ihrer Geschichte die Gleichsetzung der traditionellen metaphysischen Theorie „mit der Erkenntnis der Zeit und ihrer Gegenwart."[65]

II Erkenntnis der Gestalt des Lebens

Gewiss ist die Freiheit selbst nicht die Gestalt des Lebens, denn sie lässt sich nicht erkennen. Nur im weltgeschichtlichen Prozess kann ihre allmähliche Entfaltung begriffen werden. Allerdings ist auch die Wendung „lässt sie sich nicht verjüngen, sondern *nur erkennen*"[66] alles andere als einfach, zumal dies die Erkenntnistheorie betrifft, die eben nicht kritizistisch verfährt, wie Hegel selbst an anderer Stelle den kantischen Standpunkt beschrieben hat:[67] „Das Erkennen wird vorgestellt als ein Instrument (...); ehe man also an die Wahrheit selbst gehen könne, müsse man zuerst die Natur, die Art des Instruments erkennen."[68]

1 Bedeutung des „nur erkennen"

Hegels eigentümliches Verständnis bzw. das von ihm geschaffene Surrogat der Erkenntnistheorie besteht demgegenüber in der phänomenologischen Selbstreflexion des Geistes.[69] Wenn Hegel in der Vorrede der Rechtsphilosophie also davon

64 *M. Riedel*, Einleitung zu Hegels Grundlinien der Philosophie des Rechts, in: G. W. F. Hegel, Studienausgabe in 3 Bänden, Band 2, 1968, S. 15.

65 *J. Ritter*, Hegel und die französische Revolution, 1965, S. 13.

66 *G. W. F. Hegel*, Grundlinien der Philosophie des Rechts, Vorrede, S. 37.

67 Interessanterweise diagnostiziert *R.-P. Horstmann* (in: Hegels Philosophie des Rechts, Hg. D. Henrich/ders., 1982, S. 56) einen „geheime(n) Kantianismus in Hegels Geschichtsphilosophie". Siehe auch *R. Pippin*, Apperception and the Difference Between Kantian and Hegelian Idealism, Proceedings of the Sixth International Kant Congress (Hg. G. Funke/T. Seebohm), 1988, S. 535; *ders.*, Idealism and Agency in Kant and Hegel, Journal of Philosophy 88 (1991) 532; *S. Sedgwick*, Hegel's Critique of Kant: From Dichotomy to Identity, 2012; *dies.*, Hegel's Critique of the Subjective Idealism of Kant's Ethics, Journal of the History of Philosophy 26 (1988) 89. Zu Hegels später Kant-Kritik: *J. McCumber*, Understanding Hegel's Mature Critique of Kant, 2013; *ders.*, On Philosophy: Notes From a Crisis, 2012; *I. Geiger*, The Founding Act of Modern Ethical Life: Hegel's Critique of Kant's Moral and Political Philosophy, 2007; dazu *J. J. Howard*, The Owl of Minderva 42 (2010 – 11) 237.

68 *G. W. F. Hegel*, Vorlesungen über die Geschichte der Philosophie, 1805/1806, 1816 – 1831, in: Sämtliche Werke (ed. H. Glockner, Band 19), S. 555.

69 *J. Habermas*, Erkenntnis und Interesse, 1968, 2. Auflage 1973, S. 14. Siehe auch *M. Miller*, The Attainment of the Absolute of Hegel's Phenomenology, Graduate Faculty Philosophical Journal 7

spricht, dass sich die gealterte Gestalt des Lebens „nicht verjüngen, sondern nur erkennen lässt", bedeutet dies, dass diese Erkenntnis sich in der phänomenologischen Selbstreflexion des Geistes als spekulatives Begreifen vollzieht.[70] Erkennen meint also die Art und Weise, wie sich die Vernunft auf sich selbst bezieht.[71] Das entspricht der *Encyclopädie*, nach der „die Natur der Sache, der Begriff, es ist, der sich fortbewegt und entwickelt, und diese Bewegung ebenso sehr die Tätigkeit des Erkennens ist."[72] An anderer Stelle wird „das Erkennen (...) nicht bloß aufgefasst, wie es die Bestimmtheit der Idee als logischer ist (...), sondern wie der *konkrete* Geist sich zu demselben bestimmt."[73] Ebenso verhält es sich nach dem vielzitierten Wort Hegels, wonach das „Bekannte (...) darum, weil es bekannt ist, nicht erkannt" ist.[74] Endliches Kennen ist also noch kein erkennendes Begreifen.[75]

Die schlichte Bekanntheit der Umstände ist also mitnichten hinreichend, hinzukommen muss vielmehr noch das Begreifen des Geschichtlichen, wie es sich an einer – freilich distanzierenden – Stelle der Rechtsphilosophie andeutet: „Ein solches Aufzeigen und (pragmatisches) Erkennen aus den näheren oder entfernteren geschichtlichen Ursachen heißt man häufig: Erklären oder noch lieber Begreifen, in der Meinung, als ob durch dieses Aufzeigen des Geschichtlichen Alles oder vielmehr das Wesentliche, worauf es allein ankomme, geschehe, um das Gesetz oder die Rechtsinstitution zu begreifen; während vielmehr das wahrhaft Wesentliche, der Begriff der Sache, dabei gar nicht zur Sprache gekommen ist."[76]

(1978) 195; *F. Neuhouser*, Deducing Desire and Recognition in the Phenomenology of Spirit, Journal of the History of Philosophy 24 (1986) 243.

70 Etwas anders in der Akzentsetzung und eher deskriptiv aus literaturwissenschaftlicher Sicht *I. Mülder-Bach*, Das Grau(en) der Prosa oder: Hoffmanns Aufklärungen zur Chromatik des Sandmanns, in: „Hoffmanneske Geschichte": Zu einer Literaturwissenschaft als Kulturwissenschaft (Hg. G. Neumann), 2005, S. 199: „Weder ist die philosophische Erkenntnis an sich selbst eine Lichtgestalt noch bedarf sie des Lichts – der graue Nachtvogel, in dem sie sich symbolisiert, schafft sich seine Durchsicht und Übersicht ja erst nach Einbruch der Dämmerung -, noch bringt sie Licht und Farben in die Welt."

71 *D. Emundts/R.-P. Horstmann*, G. W. F. Hegel. Eine Einführung, 2002, S. 107.

72 *G. W. F. Hegel*, Encyclopädie, § 577.

73 *G. W. F. Hegel*, ebenda, § 387.

74 *G. W. F. Hegel*, Phänomenologie des Geistes, 1807, in: Sämtliche Werke (ed. H. Glockner, Band 2), S. 33; vgl. auch *dens.*, Wissenschaft der Logik, 1832, in: Sämtliche Werke (ed. H. Glockner, Band 4), Teil I, S. 23.

75 *L. De Vos*, Absolute Wahrheit? Zu Hegels spekulativem Wahrheitsverständnis, in: Skeptizismus und spekulatives Denken in der Philosophie Hegels (Hg. H. F. Fulda/R.-P. Horstmann), 1996, S. 179, 190.

76 *G. W. F. Hegel*, Grundlinien der Philosophie des Rechts, § 3, Anmerkung; kritisch dazu *Th. W. Adorno*, Drei Studien zu Hegel, 1963, 4. Auflage 1970, S. 141 f.

2 Erkenntnis des Gegenwärtigen

Zu erinnern ist in diesem Zusammenhang an das in einer Nachschrift der Vorlesung über die Rechtsphilosophie überlieferte Wort: „Nicht überfliegen soll die Philosophie ihre Zeit; sie steht in ihr, sie erkennt das Gegenwärtige.“[77] Diese Nachschrift weiß im Übrigen vom Bild der Eule nichts, doch könnte das Bild des Überfliegens – ein solches ist es schließlich ebenfalls – gleichsam eine sprachlich unausgereifte Frühform im Verhältnis zum Flug der Eule darstellen. Immerhin ist sie verbunden mit der Erkenntnis des Gegenwärtigen. Zunächst kann man die beiden Worte „nur erkennen“ im Sinne des eingangs Vorgestellten dahingehend deuten, dass sich die Gestalt des Lebens nur *an*erkennen lässt,[78] so dass gleichsam konstatierend der Einklang mit dem Wirklichen festgestellt wird, wie ihn Löwith hervorhebt: „Auch Hegels Staatsphilosophie malt Grau in Grau und will die ‚fertig‘ gewordene Welt nicht verjüngen, sondern nur erkennen. Als ein solches Erkennen ist sie ein Anerkennen, eine Versöhnung mit dem, ‚was ist‘. Der Gedanke ist nun ganz bei sich und zugleich umfasst er als organisierte Idee das Universum als ‚intelligent‘ geworden, einsichtig-durchsichtige Welt.“[79] Für diese Sichtweise spricht, dass das vorderhand minimierende „nur“ eher eine alles andere ausschließende Bedeutung hat:[80] „nur erkennen“ ist also nicht abschwächend gemeint, sondern zugleich die höchste Form der Erkenntnis.[81]

3 Einsicht in die Notwendigkeit des geschichtlichen Prozesses

Das wiederum konvergiert mit einer anderen Stelle aus der Vorrede der Rechtsphilosophie, die dem Text bei entsprechender Betonung ihre als anstößig empfundene quietistisch-restaurative Tendenz teilweise nimmt: „Als philosophische

77 In der von D. Henrich (1983) herausgegebenen Nachschrift der Vorlesung 1819/1820, S. 48; dazu *D. Henrich*, ebenda, S. 13 f.

78 Gerade vor dem Hintergrund der Akzentuierung des Anerkennens weiterführend *A. Honneth*, Leiden an Unbestimmtheit. Eine Reaktualisierung der Hegelschen Rechtsphilosophie, 2001, S. 79 ff.

79 *K. Löwith*, Von Hegel zu Nietzsche. Der revolutionäre Bruch im Denken des neunzehnten Jahrhunderts, 1941 (zitiert nach der Meiner-Ausgabe, 1995), S. 53 f.

80 Darauf ist weiter unten noch zurück zu kommen; vgl. § 5 III 4 a. E.

81 Vgl. auch *D. Henrich*, Kant und Hegel. Versuch der Vereinigung ihrer Grundgedanken, in: Selbstverhältnisse. Gedanken und Auslegungen zu den Grundlagen der klassischen deutschen Philosophie, 1982, S. 172, 202 f.: „Auch die Erkenntnis, und insbesondere die Erkenntnis, die ein Subjekt von sich hat oder die in der Welt von der Welt möglich wird, ist ihrer Begriffsform nach eine Weise von ‚Anderes seiner selbst‘.“

Schrift muss sie am entferntesten davon sein, einen *Staat, wie er sein soll,*[82] konstruieren zu sollen; die Belehrung, die in ihr liegen kann, kann nicht darauf gehen, den Staat zu belehren, wie er *sein* soll, sondern vielmehr, wie er, das sittliche Universum, *erkannt* werden soll."[83] Da Hegel im ersten Halbsatz im Zusammenhang mit dem Staat distanzierend den Modalsatz („wie er sein soll") betont, ist man geneigt, auch im zweiten Halbsatz das erste „soll" zu betonen und ein „wie er *ist*" zu erwarten, wohingegen es Hegel vielmehr um die Weise der Erkenntnis geht: Das Postulat besteht also in der Modalität des Erkennens, wobei immer vorausgesetzt wird, dass umgekehrt das Erkennen der „Wissensmodus" der Philosophie ist,[84] der dann hergestellt ist, wenn Einsicht in die Notwendigkeit besteht, die prozesshaft gewonnen wird,[85] nämlich unter Beobachtung der Geschichte der Welt, die zugleich die Geschichte der Philosophie ist, weil und sofern sie „ihre Zeit in Gedanken erfasst".[86]

III Praktische Folgerungen

Für die vorliegende Problematik scheint zunächst weiterführend zu sein, ob und wie Hegel den im Jahre 1821 gegenwärtigen[87] Staat als Wirklichkeit der sittlichen Idee deuten konnte.[88] Gewiss stand Hegel dem seinerzeitigen preußischen Staat positiv gegenüber,[89] weil er aus seiner Sicht in fortschrittlicher Weise auf der Idee der Freiheit gründete.[90] Doch sollte die Fragestellung nicht zeitgebunden ver-

---

82 Hervorhebung auch dort. Vgl. dazu auch *S. Sedgewick*, The State as Organism: The Metaphysical Basis of Hegel's Philosophy of Right, The Southern Journal of Philosophy 2001, 171.

83 *G. W. F. Hegel*, Grundlinien der Philosophie des Rechts, Vorrede, S. 34 f.; Hervorhebungen nur hier.

84 Eingehend zu dem hier nur verkürzt dargestellten Problem *R.-P. Horstmann*, Über das Verhältnis von Metaphysik der Subjektivität und Philosophie der Subjektivität in Hegels Jenaer Schriften, in: Hegel in Jena (Hg. D. Henrich/K. Düsing), Hegel-Studien Beiheft 20 (1980) 181 ff.

85 *D. Emundts/R.-P. Horstmann*, G. W. F. Hegel. Eine Einführung, 2002, S. 111.

86 *G. W. F. Hegel*, Grundlinien der Philosophie des Rechts, Vorrede, S. 36. Siehe auch *K. Düsing*, Hegel und die Geschichte der Philosophie. Ontologie und Dialektik in Antike und Neuzeit, 1983.

87 Hegel trennt dies freilich vom Jetzt: „und dies Jetzt dauert immer fort"; vgl. *G. W. F. Hegel*, Grundlinien der Philosophie des Rechts, Vorrede, S. 23. Zu dieser Stelle noch weiter unten bei § 5.

88 *B. Lakebrink*, Einleitung zu den Grundlinien der Philosophie des Rechts, 1970, S. 17, verweist im Zusammenhang mit der Sittlichkeit auf *M. Müller*, Existenzphilosophie im geistigen Leben der Gegenwart, 1958, S. 30, und die „*geschichtliche* Situation, die es nur gerade jetzt gibt und die gerade mich und keinen anderen beansprucht."

89 *R. K. Hocevar*, Hegel und der preußische Staat. Ein Kommentar zur Rechtsphilosophie von 1821, 1973; dazu *R.-P. Horstmann*, in: Hegel-Studien 11 (1976) 277.

90 *E. Weil*, Hegel et l'Etat, 1950, S. 22; *J. Ritter*, Hegel und die französische Revolution, 1965, S. 80.

kürzt,[91] sondern dahingehend erweitert werden, welche Wirklichkeit gemeint ist. Darum wird es im letzten Abschnitt der Abhandlung noch gehen. Zuvor sollen einige mögliche Missverständnisse ausgeräumt werden.

1 Bildung und geistiges Übergewicht als Bedingungen des Staates

Dabei geht es weniger um die eingangs angesprochene und im Schrifttum immer wieder kritisierte Betonung des konservativ-quietistischen Moments,[92] auch wenn die Berliner Antrittsrede darauf hinzudeuten scheint, in der es heißt: „Und es ist insbesondere dieser Staat, der mich nun in sich aufgenommen hat, welcher durch das geistige Übergewicht sich zu einem Gewicht in der Wirklichkeit und im Politischen emporgehoben, sich an Macht und Selbständigkeit solchen Staaten gleichgestellt hat, welche ihm an äußeren Mitteln überlegen gewesen wären." Dennoch besteht mit Recht weitgehende Einigkeit darüber, dass Hegel hier nicht den seinerzeitigen preußischen Staat als Endziel der Weltgeschichte glorifiziert.[93]

Insbesondere Karl Popper hat Hegels Staatsphilosophie sehr vereinfacht,[94] indem er ihn des schlichten Kollektivismus' zieh.[95] Diese extreme Sichtweise kann heute zwar als überwunden gelten,[96] doch bleibt der im Schrifttum erhobene Vorwurf der „Vergötzung des Staats".[97] Es geht Hegel allerdings nicht um reine Macht,[98] sondern den Geist des Volkes.[99] Zu betonen ist dementsprechend das „*geistige* Übergewicht", wie auch der Nachsatz nahelegt: „Hier ist die Bildung und

---

91 In diese Richtung auch *J. Ansbro*, Individual freedom in the Hegelian State, Philosophical Studies 18 (1969) 48, der keinen bestehenden Staat, sondern „the Idea of a state" annimmt.

92 Siehe dazu auch *G. Lübbe-Wolf*, Hegels Staatsrecht als Stellungnahme im ersten preußischen Verfassungskampf, Zeitschrift für philosophische Forschung 35 (1981) 476.

93 *C. F. v. Weizsäcker*, Der Garten des Menschlichen, 4. Auflage 1978, S. 371 („Diese Kritik ist extern und ungerecht") unter Verweis auf *J. Ritter*, Hegel und die französische Revolution, 1965.

94 Bündig *R.-P. Horstmann*, Sammelrezension: Folgen der Aktualität Hegels, in: Hegel-Studien 7 (1972) 244: „kein Zweifel (. . .), dass Popper sich mancher z. T. bizarrer Einseitigkeiten in der Auslegung Hegelscher Schriften überlässt".

95 *K. Popper*, The Open Society and its Enemies, Vol. II: The High Tide of Prophecy: Hegel and Marx, 1945, S. 31 f. Erst recht gilt dies für Friedrich August von Hayek; näher *J. Petersen*, Freiheit unter dem Gesetz, 2014.

96 *W. Kaufmann*, Legende und Wirklichkeit, Zeitschrift für philosophische Forschung X (1956) 191, 226 (*ders.*, bereits The Hegel Myth and Its Method, in: The Philosophical Review 60, Nr. 4, 1951, 459).

97 *Th. W. Adorno*, Drei Studien zu Hegel, 1963, 4. Auflage 1970, S. 41.

98 *G. W. F. Hegel*, Grundlinien der Philosophie des Rechts, § 258 Anmerkung. Näher *H. Heimsoeth*, Politik und Moral in Hegels Philosophie, Bl. F. d. Philos. VIII (1934) 127.

99 *H. Welzel*, Naturrecht und materiale Gerechtigkeit, 4. Auflage 1962, S. 181.

die Blüte der Wissenschaften eines der wesentlichen Momente selbst im Staatsleben."[100] Nur dort also, wo der Staat Bildung und geistiges Übergewicht für sich in Anspruch nehmen und verwirklichen kann, ist er die Wirklichkeit der sittlichen Idee.

2 Personaler Achtungsanspruch und seine Pervertierung

Schon deshalb hätte sich der nationalsozialistische Staat niemals auf Hegel berufen können,[101] wie dies zeitweise versucht wurde.[102] Das gilt umso mehr, als Hegel gerade die Achtung vor der Person zum Rechtsprinzip erhob: „Das Rechtsgebot ist daher: sei eine Person und respektiere die anderen als Personen."[103] Dieses Postulat findet sich der Sache nach bereits in der *Philosophischen Propädeutik*, in der es über das Recht heißt: „Das Recht besteht darin, dass jeder Einzelne von dem Anderen als ein freies Wesen respektiert und behandelt werde, denn nur insofern hat der freie Wille sich selbst im Anderen zum Gegenstand und Inhalt. (...) Insofern jeder als ein freies Wesen anerkannt wird, ist er eine Person. Der Satz des Rechts lässt sich daher auch so ausdrücken: es soll jeder von dem Anderen als Person behandelt werden."[104] Dieselbe Tendenz ist angelegt im früheren *System der Sittlichkeit*, näherhin der vor dem großen System entstandenen *Critik des Fichteschen Naturrechts*, wo unmissverständlich postuliert wird: „Aber die Gerechtigkeit muss selbst ein Lebendiges sein und die Person achten."[105]

Dieser personale Achtungsanspruch läuft auf eine universelle Zuerkennung der Rechtsfähigkeit hinaus,[106] die in ihrer Zeit alles andere als selbstverständlich

---

100 *G. W. F. Hegel*, Konzept der Rede beim Antritt des philosophischen Lehramts an der Universität Berlin vom 22. Oktober 1818; abgedruckt in der Suhrkamp-Werkausgabe (1970), Band 10, S. 399, 400.

101 Exemplarisch die nationalsozialistische Vereinnahmung und Pervertierung der Hegelschen Rechtsphilosophie durch *J. Binder*, System der Rechtsphilosophie, 2. Auflage 1937, S. 55, 76, 132 Fußnote 53, 210 Fußnote 70, 226, 234 Fußnote 12, 277, 293, vor allem 309 Fußnote 61, 312, 408, 416, 423, 491 ff. Fußnote 65, 499; ferner *G. Dulckeit*, Rechtsbegriff und Rechtsgestalt. Untersuchungen zu Hegels Philosophie des Rechts und ihrer Gegenwartsbedeutung, 1936.

102 Vgl. nur *K. Larenz*, Hegelianismus und preußische Staatsidee. Die Staatsphilosophie Joh. Ed. Erdmanns und das Hegelbild des 19. Jahrhunderts, 1940, S. 14 f., 35, 64.

103 *G. W. F. Hegel*, Grundlinien der Philosophie des Rechts, § 36.

104 *G. W. F. Hegel*, Philosophische Propädeutik, 1808 – 1811, in: Sämtliche Werke (ed H. Glockner, Band 3), Rechtslehre §§ 3 und 4, S. 55 f.

105 *G. W. F. Hegel*, System der Sittlichkeit (Critik des Fichteschen Naturrechts), III B; Ausgabe Meiner (Hg. H. Brandt/K. R. Meist), S. 82.

106 *H. Marcuse*, Vernunft und Revolution. Hegel und die Entstehung der Gesellschaftstheorie, 1962 (Schriften Band IV, 1989), S. 174 f.

war[107] und für sich schon veranschaulicht, wie selbstwidersprüchlich und zum Scheitern verurteilt die versuchsweise Vereinnahmung der Hegelschen Rechtsphilosophie in der verhängnisvollen Hegel-Renaissance der dreißiger Jahre war.[108] In diesem Sinne erweist sich Jürgen Habermas' Würdigung der politischen Philosophie Hegels als weiterführend,[109] weil er Hegel gleichermaßen in Schutz nimmt und vor radikalisierenden Deutungen bewahrt: „Der Hegel, der dem terroristischen Vollzug der bürgerlichen Revolution, niemals aber deren Idealen entgegengetreten ist, der die historisch fortschrittlichen Grundsätze des rationalen Naturrechts gegen die neuen Ultras ebenso heftig verteidigt hat wie gegen die altfränkischen Traditionalisten, dieser Hegel kann schwerlich zum Erblasser für Carl Schmitt oder für Binder, Larenz und andere umstilisiert werden."[110]

Die Richtigkeit dieser Einschätzung zeigt interessanterweise gerade das Bild der Eule der Minerva, das sich gleichsam als Probierstein erweist: Larenz' Invektive gegen Arnold Ruge entzündet sich an dessen Interpretation der Hegelschen Philosophie als einem ‚hinter dieser Wirklichkeit herkommenden Geschäft': „Die schärfste Kritik übt er (sc. Ruge) aber an jener Auffassung der Philosophie, wie sie in Hegels Wort von der ‚Eule der Minerva' Ausdruck gefunden hat."[111] Larenz entgegnet dem, dass sich Hegel mitnichten damit begnügt habe, die gegebenen politischen Verhältnisse zu durchdenken, sondern *„der Eule der Minerva zum Trotz* (...) weit über seine Zeit hinausweisende Gedanken ausgesprochen"

---

107 *P. Landau*, Hegels Begründung des Vertragsrechts, ARSP 59 (1973) 117, 121.

108 Weiterführend zur Hegel-Rezeption dieser dunkelsten Epoche *H. Rottleuthner*, Die Substantialisierung des Formalrechts. Zur Rolle des Neuhegelianismus in der deutschen Jurisprudenz, in: Aktualität und Folgen der Philosophie Hegels (Hg. O. Negt), 1970, S. 215 ff.; *Sh. Avineri*, Hegel Revisited, The Journal of Contemporary History 3 (1968) 133. Siehe auch *E. Topitsch*, Die Sozialphilosophie Hegels als Heilslehre und Herrschaftsideologie, 1967, S. 63 ff.; dazu *K. Acham*, Modell in und von Hegels Sozialphilosophie, ARSP 54 (1968) 389.

109 Zu ihr bezogen auf die Bilder der Vorrede *R. Pippin*, The Rose and the Owl: Some Remarks on the Theory-Practice Problem in Hegel, Independent Journal of Philosophy 3 (1979) 7, 11 f.: "In effect, Habermas charges that Hegel's Burkean side wins out in his overall estimation and interpretation of the revolution, that it is the 'owl' and not the 'rose' metaphor which wins out, or that Hegel, employing a well knokn conservative tactic, 'co-opts' the revolution".

110 *J. Habermas*, Zu Hegels Politischen Schriften, in: *ders.*, Theorie und Praxis, 1963, 4. Auflage 1971, S. 148, 169.

111 *K. Larenz*, Hegelianismus und preußische Staatsidee. Die Staatsphilosophie Joh. Ed. Erdmanns und das Hegel-Bild des 19. Jahrhunderts, 1940, S. 54, mit ausführlichem Zitat von *A. Ruge*, Hallische Jahrbücher für Deutsche Wissenschaft und Kunst (Hg. A. Ruge/Th. Echtermeyer), 3. Jahrgang, 1840, Spalte 1210.

habe.[112] Die Konkretisierung dieser ‚Gedanken', die in der zitierten Schrift jedoch nationalsozialistisch durchsetzt sind,[113] muss sich den von Habermas mit Recht erhobenen Vorwurf der Umstilisierung gefallen lassen.[114]

3 Folgerung für das Verständnis des Bildes

Wenn der Gedankengang der Vorrede ebenso wie die Ausarbeitung der *Grundlinien* selbst auf den Staat zuläuft und dieser einerseits – nämlich im unmittelbaren Zusammenhang mit dem Bild der Eule der Minerva – dargestellt wird, wie er wirklich ist, und dieser Staat andererseits die Wirklichkeit der sittlichen Idee ist,[115] so wird Hegels Verständnis der Wirklichkeit selbst erklärungsbedürftig. Betrachtet man zunächst nur das unmittelbare Umfeld des Bildes, so fällt auf, dass den beiden ihm vorangehenden Sätzen von der Wirklichkeit die Rede ist: „Als der Gedanke der Welt erscheint sie (sc. die Philosophie) erst in der Zeit, *nachdem die Wirklichkeit ihren Bildungsprozess vollendet und sich fertig gemacht hat.*"[116]

Bereits dieser Satz ist ersichtlich auf das nachfolgende Bild bezogen. Denn schon hierin findet man die Erklärung, dass die in der Philosophie erscheinende Zeit überhaupt erst nachträglich zur Erkenntnis der Wirklichkeit fähig ist. Hegel bringt dies sprachlich durch das verdoppelte Perfekt zur Geltung: „vollendet und sich fertig gemacht hat." Weiter heißt es, wiederum mit Bezug zur ‚Wirklichkeit': „Dies, was der Begriff lehrt, zeigt notwendig ebenso die Geschichte, dass erst in der *Reife der Wirklichkeit* das Ideale dem Realen gegenüber erscheint und jenes sich dieselbe Welt, in ihrer Substanz erfasst, in Gestalt eines intellektuellen Reichs

---

112 *K. Larenz*, ebenda; Hervorhebung nur hier. Seine Gleichsetzung der „sittlichen Totalität" im behaupteten Sinne Hegels mit „der allseitig lebendigen Volksgemeinschaft" ist umso schlimmer, als diese von ihm ebenda, S. 14 f., im Sinne „unserer Gegenwart" – 1940 – gedeutet wird.

113 *K. Larenz*, ebenda, S. 13 f.; 25, 33 ff., 64 f. Zu Karl Larenz demnächst *C.-W. Canaris* (in: Deutschsprachige Zivilrechtslehrer des 20. Jahrhunderts in Berichten ihrer Schüler, Band 2, Hg. S. Grundmann/K. Riesenhuber), der auch bislang unentdeckte Spuren des Hegelschen Denkens in Larenz' Werk herausgearbeitet hat.

114 Nach wie vor gültig dagegen *K. Larenz*, Hegels Zurechnungslehre und der Begriff der objektiven Zurechnung, 1927 (vgl. nur *L. Siep*, Was heißt ‚Aufhebung der Moralität in Sittlichkeit' in Hegels Rechtsphilosophie?, in: Hegel-Studien 17 (1982) 75, 78 mit Fußnote 7; *J. Ritter*, Person und Eigentum. Zu Hegels „Grundlinien der Philosophie des Rechts", in: *ders.*, Metaphysik und Politik. Studien zu Aristoteles und Hegel, 1969, S. 256, 257 Fußnote 1).

115 *G. W. F. Hegel*, Grundlinien der Philosophie des Rechts, § 257.

116 *G. W. F. Hegel*, ebenda, Vorrede, S. 36; Hervorhebung nur hier. Es ist dies, worauf *A. Honneth*, Leiden an Unbestimmtheit. Eine Reaktualisierung der Hegelschen Rechtsphilosophie, 2001, S. 88, hinweist, die einzige Stelle der Rechtsphilosophie, an der von der Bildung die Rede ist.

erbaut."[117] Hier ist die Geschichte als Anschauungsfall zu beachten, in der sich der objektive Geist selbst entfaltet.

IV Logik der Rechtsphilosophie

Hegel verweist an einer zentralen Stelle der Vorrede der Rechtsphilosophie auf seine *Wissenschaft der Logik:* „Die Natur des spekulativen Wissens habe ich in meiner Wissenschaft der Logik ausführlich entwickelt; in diesem Grundriss ist darum nur hier und da eine Erläuterung über Fortgang und Methode hinzugefügt worden."[118] Die sich nicht zuletzt um dieses Dictum rankende Frage nach der „Logik der Rechtsphilosophie"[119] kann hier nicht eingehend behandelt werden.[120] Da aber die *Logik* gleichsam das Gravitationszentrum des Hegelschen Systems darstellt,[121] muss die Problematik zumindest ansatzweise berücksichtigt werden, zumal gezeigt werden soll, inwieweit das Bild der Eule der Minerva gerade in der Rechtsphilosophie ihren Platz hat.

1 „Wirklichkeit im definierten Sinne der Logik"

Man muss aber noch ein Stück zurückgehen, um Hegels Verständnis der Wirklichkeit, wie es sich in der Vorrede der Grundlinien offenbart, mit seinen anderen

---

117 *G. W. F. Hegel*, ebenda, Vorrede, S. 36; Hervorhebung nur hier.

118 *G. W. F. Hegel*, ebenda, Vorrede, S. 20. Näher *H. Schnädelbach*, Zum Verhältnis von Logik und Gesellschaftstheorie bei Hegel. Aktualität und Folgen der Philosophie Hegels (Hg. O. Negt), 2. Auflage 1971, S. 62; *P. Stekeler-Weithofer*, Hegels analytische Philosophie. Die Wissenschaft der Logik als kritische Theorie der Bedeutung, 1992; *ders.*, Hegel's Logic as a Theory of Meaning, Philosophical Investigations 19 (1996) 287; *L. Bruce-Robertson*, The Project of Speculative Thinking in Hegel's Philosophy, 2014; *R. D. Winfield*, Hegel's Science of Logic: A Critical Rethinking in Thirteen Lectures, 2012; dazu *G. S. Moss*, The Owl of Minerva 44 (2012–13) 185; *R. G. McRae*, Philosophy and the Absolute: The Modes of Hegel's Speculation, 2013; *K. Düsing*, Aufhebung der Tradition im dialektischen Denken: Untersuchungen zu Hegels Logik, Ethik und Ästhetik, 2012.

119 Siehe auch *S. Mertens*, Die juridische Vermittlung des Sozialen, 2008, S. 30 f.

120 Zu ihr *H. Ottmann*, Hegelsche Logik und Rechtsphilosophie. Unzulängliche Bemerkungen zu einem ungelösten Problem, in: Hegels Philosophie des Rechts: Die Theorie der Rechtsformen und ihre Logik (Hg. D. Henrich/R.-P. Horstmann), S. 382; *M. Haller*, System und Gesellschaft. Krise und Kritik der politischen Philosophie Hegels, 1981, S. 82 f.; *P. Steinberger*, Logic and Politics: Hegel's Philosophy of Right, 1988; *M. Bienenstock*, The Logic of Political Life: Hegel's Conception of Political Philosophy, in: Knowledge an Politics (Hg. M. Dascal/O. Gruengard), 1989, S. 145.

121 *D. Emundts/R.-P. Horstmann*, Hegel. Eine Einführung, 2002, S. 56 („das eigentliche Kernstück des Hegelschen Systems"). Ähnlich *M. Pawlik*, Der Staat 41 (2002) 183, 186.

Werken, insbesondere der *Wissenschaft der Logik* in Verbindung zu setzen. Weiter oben hat Hegel noch ganz unverfänglich vom „Frieden mit der Wirklichkeit" gesprochen: „So wie die Vernunft sich nicht mit der Annäherung, als welche weder kalt noch warm ist und darum ausgespien wird, begnügt, ebenso wenig begnügt sie sich mit der kalten Verzweiflung, die zugibt, dass es in dieser Zeitlichkeit wohl schlecht oder höchstens mittelmäßig zugehe, aber eben in ihr nichts Besseres zu haben und nur darum Frieden mit der Wirklichkeit zu halten sei; es ist ein wärmerer Friede mit ihr, den die Erkenntnis verschafft."[122]

a) Vernunft als begreifendes Erkennen

Der Absatz, in dem dieser Frieden hergestellt wird und der gleichfalls eingangs die Wirklichkeit in Bezug nimmt, beginnt mit einem impliziten Verweis auf die *Wissenschaft der Logik:*[123] „Dies ist es auch, was den konkreten Sinn dessen ausmacht, was oben abstrakter als *Einheit der Form* und *des Inhalts* bezeichnet worden ist, denn die *Form* in ihrer konkretesten Bedeutung ist die Vernunft als begreifendes Erkennen, und der *Inhalt* die Vernunft als das substantielle Wesen der sittlichen, wie der natürlichen Wirklichkeit; die bewusste Identität von beidem ist die philosophische Idee."[124]

Diese Stelle ist für den vorliegenden Zusammenhang schon deshalb von Bedeutung, weil sie die Vernunft als „begreifendes Erkennen" bezeichnet und somit ebenfalls für das Merkmal „sondern nur erkennen" im Sinne des Bildes wegweisend ist, wobei freilich zwischen dem Begriff der Vernunft und dem in der Weltgeschichte vor sich gehenden Prozess seiner Verwirklichung zu unterscheiden ist.[125] Hier interessiert dagegen die angesprochene Einheit von Form und Inhalt. Wahrhaftes Erkennen bedeutet, eine systematische Methode aufzuzeigen, aufgrund derer die Form den Inhalt mit einer wissenschaftlichen Notwendigkeit

---

122 *G. W. F. Hegel*, Grundlinien der Philosophie des Rechts, Vorrede, S. 36.

123 Aus dem älteren Schrifttum dazu *K. Werder*, Logik. Als Kommentar und Ergänzung zu Hegels Wissenschaft der Logik, 1841; *H. Ulrici*, Über Prinzip und Methode der Hegelschen Philosophie, 1841; *K. Ph. Fischer*, Spekulative Charakteristik und Kritik des Hegelschen Systems, 1845; *B. Spaventa*, Le prime categorie della logica di Hegel, in: Atti della R. Academia delle scienze morale (...) di Napoli, Band 1, 1864; ferner *B. Lakebrink*, Kommentar zu Hegels „Logik" in seiner „Enzyklopädie" von 1830, 2 Bände, 1979–1985; *G. R. G. Mure*, A Study of Hegel's Logic, 1950; *L. B. Puntel*, Hegels „Wissenschaft der Logik" – eine systematische Semantik?, in: Ist systematische Philosophie möglich? (Hg. D. Henrich), 1977, S. 611; *H. Rademaker*, Hegels ‚Wissenschaft der Logik', 1979.

124 *G. W. F. Hegel*, Grundlinien der Philosophie des Rechts, Vorrede, S. 35 f.; Hervorhebung auch dort. Pointiert *M. Pawlik*, Der Staat 41 (2002) 183, 187: „Die Idee ist, was sie ist – die Idee."

125 *D. Emundts/R.-P. Horstmann*, Hegel. Eine Einführung, 2002, S. 57.

impliziert.[126] Diejenige Aussage der Vorrede, auf die Hegel an der zuletzt zitierten Stelle verweist, ist aber gerade die, welche seine *Wissenschaft der Logik* voraussetzt: „Denn das, um was es in derselben (sc. dieser Abhandlung) zu tun ist, ist die *Wissenschaft*, und in der Wissenschaft ist der Inhalt wesentlich an die *Form* gebunden."[127]

b) Philosophische Rechtswissenschaft im „Gedränge von Wahrheiten"

Aber auch dieses Verständnis der Wirklichkeit greift, wie eingangs angedeutet, noch zu kurz, weil es noch nicht hinreichend auf seine *Wissenschaft der Logik* bezogen ist. Hegel verstand die Wirklichkeit nämlich – mit Karl Löwiths treffenden Worten – „als eine Wirklichkeit im definierten Sinne der Logik,[128] d. i. als unmittelbar gewordene Einheit von innerem Wesen und äußerer Existenz, als eine Wirklichkeit im ‚emphathischen' Sinne des Wortes."[129] In der Vorrede der *Grundlinien* setzt er dies rhetorisch schwungvoll auseinander: „Man kann zwar von denen, die es am gründlichsten zu nehmen scheinen, hören, die Form sei etwas Äußeres und für die Sache Gleichgültiges, es komme nur auf diese an; man kann weiter das Geschäft des Schriftstellers, insbesondere des philosophischen darein setzen, Wahrheiten zu entdecken, Wahrheiten zu sagen, Wahrheiten und richtige Begriffe zu verbreiten."

Seine Polemik endet aber wiederum in der formgebundenen Wissenschaft: „Was nun in diesem Gedränge von Wahrheiten weder Altes noch Neues, sondern Bleibendes sei, wie soll dieses aus diesen formlos hin und her gehenden Betrachtungen sich herausheben – wie anders sich unterscheiden und bewähren, als durch die *Wissenschaft?*"[130] An diese Stelle der Vorrede knüpft im Übrigen der erste Satz der Einleitung der Grundlinien über die *philosophische Rechtswissen-*

---

126 *L. De Vos*, Absolute Wahrheit? Zu Hegels spekulativem Wahrheitsverständnis, in: Skeptizismus und spekulatives Denken in der Philosophie Hegels (Hg. H. F. Fulda/R.-P. Horstmann), 1996, S. 179, 190; *M. Forster*, Hegel's dialectical method, in: The Cambridge Companion to Hegel, 1993, S. 137.

127 *G. W. F. Hegel*, Grundlinien der Philosophie des Rechts, Vorrede, S. 21; Hervorhebung auch dort. Siehe dazu etwa *St. Theron*, Hegel's Philosophy of Universal Reconciliation: Logic as Form of the World, 2013.

128 *G. W. F. Hegel*, Wissenschaft der Logik, 1832, in: Sämtliche Werke (ed. H. Glockner, Band 4), Teil I, S. 662. Vgl. dazu auch *W. Kisner*, Ecological Ethics and Living Subjectivity in Hegel's Logic: The Middle Voice of Autopoietic Life, 2014.

129 *K. Löwith*, Von Hegel zu Nietzsche. Der revolutionäre Bruch im Denken des neunzehnten Jahrhunderts, 1941 (zitiert nach der Meiner-Ausgabe, 1995), S. 59.

130 *G. W. F. Hegel*, Grundlinien der Philosophie des Rechts, Vorrede, S. 22; Hervorhebung auch dort.

schaft an.[131] Und nur von daher kann Hegel sagen, dass „die Rechtswissenschaft ein Teil der Philosophie ist.“[132]

2 Das Unwahre als Gegensatz der Gerechtigkeit

Damit ist der neben der Wirklichkeit zentrale Begriff der Wahrheit angesprochen.[133] Sie steht in einem engen Verhältnis zur Gerechtigkeit, weil für Hegel – mit den Worten Adornos – „das Unwahre der absolute Gegensatz zur Gerechtigkeit ist.“[134] Dementsprechend setzt Hegel in der Einleitung der Grundlinien „aus der philosophischen Logik“, also seiner *Wissenschaft der Logik* voraus, „worin das wissenschaftliche Verfahren der Philosophie bestehe.“[135] Dies besteht nicht zuletzt darin, Unwahrheiten auszusondern, die allein im Wege der auf naiven Annahmen beruhenden formalen Logik ohne die transzendentale Logik gewonnen werden.[136] Andererseits kann auch die damit als weiterführend vorausgesetzte dialektische Logik nicht „reale Wahrheit selbst enthalten, noch auch nur der Weg zu realer Wahrheit sein (...), weil gerade das Wesentliche der Wahrheit, der Inhalt, außer ihr“ liegt.[137] Mit der Logik lässt sich also nie die Wahrheit, sondern nur die Form der Wahrheit, d. h. die Gewissheit abbilden.[138]

---

131 *G. W. F. Hegel*, ebenda, § 1.

132 *G. W. F. Hegel*, ebenda, § 2.

133 Grundlegend *R.-P. Horstmann*, Wahrheit aus dem Begriff. Eine Einführung in Hegel, 1990. Siehe auch *V. Hösle*, Wahrheit und Geschichte. Studien zur Struktur der Philosophiegeschichte unter paradigmatischer Analyse der Entwicklung von Parmenides bis Platon, 1984.

134 *Th. W. Adorno*, Drei Studien zu Hegel,1963, 4. Auflage 1970, S. 44.

135 *G. W. F. Hegel*, Grundlinien der Philosophie des Rechts, Einleitung, § 2 a. E.

136 *M. Zahn*, Die Idee der formalen und transzendentalen Logik bei Kant, Fichte und Hegel, in: Selbstvergewisserung. Studien zur klassischen Epoche der Transzendentalphilosophie (Hg. M. Scherer), 1998, S. 163, 171. Siehe auch *K. de Boer*, Transformations of Transcendental Philosophy: Wolff, Kant, and Hegel, Bulletin of the Hegel-Society of Great Britain 63–64 (2011) 50.

137 *G. W. F. Hegel*, Wissenschaft der Logik, 1832, in: Sämtliche Werke (ed. H. Glockner, Band 4), Teil I, S. 37.

138 *M. Zahn*, Die Idee der formalen und transzendentalen Logik bei Kant, Fichte und Hegel, in: Selbstvergewisserung. Studien zur klassischen Epoche der Transzendentalphilosophie (Hg. M. Scherer), 1998, S. 163, 172.

3 „Wahrheit der Geschichte und Geschichte der Wahrheit“

Auch wenn es nicht auf die Wahrheit im Sinne der *Logik* gemünzt ist, hilft zum Verständnis des Weiteren ein Wort Carl Friedrich von Weizsäckers zu Hegel, das in einem vielsagenden Chiasmus endet: „Er dachte die Vielheit der aufgetretenen Systeme als den Weg des Geistes zu sich, die Wahrheit der Geschichte als Geschichte der Wahrheit.“[139] Doch hat Hegel in seiner Geschichtsphilosophie zugleich zugestanden, die Philosophie sei „nicht nur die Wahrheit an und für sich, als reine Wesenheit, sondern auch die Wahrheit, insofern sie in der Weltlichkeit lebendig wird.“[140] Dementsprechend treffend kennzeichnet Fulda „Hegels Auffassung, dass Philosophie innerhalb einer in Extreme zerrissenen Epoche deren Wahrheit erkenne, – ja *sei*, indem sie die absolute, nicht in geschichtlichen Gegensätzen aufgehende Wahrheit denkend begreife.[141] Dieses denkende Begreifen der Wahrheit in einer Epoche der Weltgeschichte und dadurch letztlich auch durch diese selbst soll dann letztlich auch die Gerechtigkeit abbilden können, indem die Weltgeschichte zum Weltgericht wird.[142] Von der Wahrheit wird daher weiter unten noch im Zusammenhang mit der Gerechtigkeit die Rede sein.[143]

4 Gerechtigkeit als Konstrukt

Zunächst aber muss das soeben Bedachte noch zusammen geführt werden, nämlich die Frage der Wahrheit, die für Hegel im System liegt und dadurch zur Geltung gebracht wird, sowie die Geschichtlichkeit des Rechts, die im Laufe der Weltgeschichte zur wahren Gerechtigkeit wird. Adorno hat hier auf eine Überschreitung des Systems aufmerksam gemacht, die gerade in der Rechtsphilosophie zu einer *protestatio facto contraria* wird: „Seine Konzeption von der Wahrheit als einem Werdenden ebenso wie die Absorption der Empirie im Leben des Begriffs hat die Trennung der philosophischen Sparten des Systematischen und

139 *C. F. v. Weizsäcker*, Wahrnehmung der Neuzeit, 1983, S. 27.

140 *G. W. F. Hegel*, Vorlesungen über die Philosophie der Geschichte, 1822/1823, in: Sämtliche Werke (ed. H. Glockner, Band 11), Teil IV, 3. Abschnitt, 3. Kapitel, S. 556.

141 *H. F. Fulda*, Das Recht der Philosophie in Hegels Philosophie des Rechts, 1968, S. 8; Hervorhebung auch dort.

142 *G. W. F. Hegel*, Grundlinien der Philosophie des Rechts, § 340.

143 Unter V.

Historischen, trotz den entgegenlautenden Deklarationen der Rechtsphilosophie überschritten.“[144]

Eine der Stellen, die Adorno hier im Sinn gehabt haben mag und auf die seine Kritik zutrifft, dürfte die folgende sein: „Das *in der Zeit erscheinende* Hervortreten und Entwickeln von Rechtsbestimmungen zu betrachten – diese *rein geschichtliche* Bemühung, sowie die Erkenntnis ihrer verständigen Konsequenz, die aus der Vergleichung derselben mit bereits vorhandenen Rechtsverhältnissen hervorgeht, hat in ihrer eigenen Sphäre ihr Verdienst und ihre Würdigung und steht außer dem Verhältnis mit der philosophischen Betrachtung, insofern nämlich die Entwicklung aus historischen Gründen sich nicht selbst verwechselt mit der Entwicklung aus dem Begriffe und die geschichtliche Erklärung und Rechtfertigung nicht zur Bedeutung einer *an und für sich gültigen* Rechtfertigung ausgedehnt wird.“[145]

Die zur systematischen Wahrheit führende Entwicklung aus dem Begriff wird also als etwas originär und fundamental Anderes dargestellt als die auf die historische Entwicklung sinnende und dadurch zur Verwirklichung der Freiheit gelangende Vorgehensweise, obwohl an sich beides für Hegel ununterscheidbar zur Gerechtigkeit führen soll. Wie sehr gerade diese Transzendenz der beiden genannten Sparten bzw. Sphären die Gerechtigkeit selbst in Frage stellen kann, weil der geschichtliche Prozess selbst zum Bestandteil des Systems wird, als solcher aber der Gerechtigkeit nicht notwendigerweise förderlich sein muss, zeigt sich daran, dass die Gerechtigkeit Gefahr läuft zu einem bloßen Konstrukt zu geraten. Horkheimer und Adorno haben dies zwar umgangssprachlich, aber sachlich zutreffend zusammengefasst, wenn sie zu bedenken geben, dass es „eine Art Schrulle zu sein scheint (...), die Weltgeschichte, wie Hegel es getan hat, im Hinblick auf Kategorien wie Freiheit und Gerechtigkeit konstruieren zu wollen.“[146] Wenn Hegel Vernunft und Gerechtigkeit gleichsetzt,[147] mutet dies nicht minder kühn an als die behauptete Identität von Vernunft und Wirklichkeit.[148]

---

144 *Th. W. Adorno*, Drei Studien zu Hegel, 1963, 4. Auflage 1970, S. 159. Siehe auch *M. Baur*, G. W. F. Hegel: Key Concepts, 2014.

145 *G. W. F. Hegel*, Grundlinien der Philosophie des Rechts, § 3; Hervorhebungen auch dort.

146 *M. Horkheimer/Th. W. Adorno*, Dialektik der Aufklärung (1947), Nachträge und Aufzeichnungen: Zur Kritik der Geschichtsphilosophie. Ähnlich *H. Küng*, Was ich glaube, 2009, S. 310.

147 *G. W. F. Hegel*, Grundlinien der Philosophie des Rechts, § 99 a. E.

148 *G. W. F. Hegel*, ebenda, Vorrede.

5 Institutionen in der Rechtsphilosophie und *Logik*

Indem der Staat die Wirklichkeit der sittlichen Idee ist,[149] wird also eine betont institutionelle Sichtweise vorausgesetzt.[150] Daher muss man sich jedoch nicht nur den rechtsphilosophischen, sondern auch den logischen Grund dieser Voraussetzung vergegenwärtigen.

a) Institutionelle Verwirklichung des Guten in der *Logik*

Es genügt also nicht, den Übergang von der Moralität,[151] insbesondere ihrem dritten Abschnitt über das Gute,[152] zur Sittlichkeit mit ihren Stadien der Familie,[153] der bürgerlichen Gesellschaft[154] bis hin zum Staat selbst nachzuzeichnen.[155] Vielmehr muss man auch insoweit darauf zurückschauen, wie für Hegel schon in der *Wissenschaft der Logik* das Gute institutionell verwirklicht ist: „Indem durch die Tätigkeit des objektiven Begriffs die äußere Wirklichkeit verändert (...) wird, so wird ihr eben dadurch die bloß erscheinende Realität (...) genommen (...). Es wird darin die Voraussetzung überhaupt aufgehoben, nämlich die *Bestimmung des Guten* als eines bloß subjektiven und seinem Inhalt nach beschränkten Zwecks, die Notwendigkeit, ihn durch subjektive Tätigkeit erst zu realisieren, und diese Tätigkeit selbst."[156]

149 *G. W. F. Hegel*, ebenda, § 257.

150 *D. Henrich*, Einleitung: Vernunft in Verwirklichung, in: Hegel, Philosophie des Rechts, Die Vorlesung von 1819/1820 in einer Nachschrift (Hg. ders.), 1983, S. 9, 32.

151 *G. W. F. Hegel*, Grundlinien der Philosophie des Rechts, §§ 105 bis 141. Mit Recht bemerkt *A. Honneth*, Leiden an Unbestimmtheit. Eine Reaktualisierung der Hegelschen Rechtsphilosophie, 2001, S. 41, dass man sich zu sehr auf die Sittlichkeit als vermeintliche „Summe des Ganzen" konzentriert, weshalb es wichtig ist, auch die vorangehenden Teile in die Betrachtung mit einzustellen.

152 *G. W. F. Hegel*, ebenda, §§ 129 bis 141.

153 *G. W. F. Hegel*, ebenda, §§ 158 ff. Dazu *S. Blasche*, Natürliche Sittlichkeit und bürgerliche Gesellschaft. Hegels Konstruktion der Familie als sittliche Intimität im entsittlichten Leben, in: Materialien zu Hegels Rechtsphilosophie (Hg. M. Riedel), 1975, Band 2, S. 312; *M. Theunissen*, Die verdrängte Intersubjektivität in Hegels Rechtsphilosophie, in: Hegels Philosophie des Rechts. Die Theorie der Rechtsformen und ihre Logik (Hg. D. Henrich/R.-P. Horstmann), 1982, S. 317, 322 Fußnote 7; *P. Redding*, Hegel's Hermeneutics, 1996, S. 191 ff.: Familie als „kognitiver Kontext"; *P. Stillman*, Hegel's Idea of the Modern Family, Thought 56 (1981) 342.

154 *G. W. F. Hegel*, ebenda, §§ 182 ff.

155 *G. W. F. Hegel*, ebenda, §§ 257 ff.

156 *G. W. F. Hegel*, Wissenschaft der Logik, 1832, in: Sämtliche Werke (ed. H. Glockner, Band 5), Teil II, S. 326; Hervorhebung nur hier.

b) Das Gute als verwirklichte Freiheit

Diese Stelle aus der *Wissenschaft der Logik* hilft die Definition des Guten in den *Grundlinien* zu verstehen, wonach das Gute „die Idee als Einheit des Begriffs des Willens und des besonderen Willens – in welcher das abstrakte Recht, wie das Wohl und die Subjektivität des Wissens und die Zufälligkeit des äußeren Daseins, als für sich selbständig aufgehoben, damit aber ihrem Wesen nach darin enthalten und erhalten sind – die realisierte Freiheit, der absolute Endzweck der Welt" ist.[157] Dieses Aufgehobensein, womit es wesensmäßig „darin ent- und erhalten ist", setzt die in der *Wissenschaft der Logik* behandelte Dialektik voraus.[158] Doch ist dies natürlich nur eine Ausprägung der in der Vorrede vorausgesetzten Methode der *Logik*. Die Definition des Guten als verwirklichter Freiheit und des absoluten Endzwecks der Welt ist demgegenüber eine inhaltliche Festlegung, die auch im Hinblick auf das Bild von der Eule der Minerva aufschlussreich ist, indem sie etwas gleichsam Utopisches in Aussicht zu stellen scheint, während es doch gerade nicht darum geht, „wie die Welt sein soll",[159] weil „die Philosophie dazu immer zu spät kommt."[160]

c) Heranziehung des Bildes und der Theorie des objektiven Geistes

So scheint die Definition des Guten als „realisierte Freiheit" und mithin der „absolute Endzweck der Welt" in einem Spannungsverhältnis zur Vorrede zu

---

157 *G. W. F. Hegel*, Grundlinien der Philosophie des Rechts, §§ 129 bis 141. Siehe zum darin vorausgesetzten abstrakten Recht *V. Hösle*, Das abstrakte Recht, in: Anspruch und Leistung von Hegels Rechtsphilosophie (Hg. Ch. Jermann), 1987, S. 55; *W. Bartuschat*, Zum Status des abstrakten Rechtsin Hegels Rechtsphilosophie, Zeitschrift für philosophische Forschung 41 (1987) 19; *S. Benhabib*, Obligation, Contract and Exchange: On the Significance of Hegel's Abstract Right, in: The State and Civil Society: Studies in Hegel's Political Philosophy (Hg. Z. A. Pelcynski), 1984, S. 159; zum Aufbau der Einleitung in das abstrakte Recht *M. Quante*, Die Wirklichkeit des Geistes, 2011, S. 179 ff.

158 Zu ihr *R.-P. Horstmann*, Schwierigkeiten und Voraussetzungen der dialektischen Philosophie Hegels, in: Seminar: Dialektik in der Philosophie Hegels (Hg. ders.), 1978, 2. Auflage 1989; *J. M. E. McTaggart*, Studies in the Hegelian Dialectic, 1922.

159 Treffend zum Zusammenwirken beider Hauptwerke *J. Habermas*, Zu Hegels Politischen Schriften, in: *ders.*, Theorie und Praxis, 1963, 4. Auflage 1971, S. 148, 155 f.: „Hegel hat in der Vorrede zur *Rechtsphilosophie* aus diesen Bestimmungen der *Logik* die Folgerungen gezogen. Die Philosophie kann nicht die Welt darüber, was sie sein soll, belehren; in ihrem Begriffe reflektiert sich allein die Wirklichkeit, wie sie ist. Kritisch kann sie sich nicht gegen diese richten, sondern nur gegen die Abstraktionen, die sich zwischen die objektiv gewordene Vernunft und unser Bewusstsein schieben." – In dieser Reflexion der Wirklichkeit, wie sie ist, wird zugleich das Bild von der Eule der Minerva berücksichtigt.

160 *G. W. F. Hegel*, Grundlinien der Philosophie des Rechts, Vorrede, S. 36.

stehen. Dieses wird jedoch aufgelöst, wenn man die oben zitierte Stelle zum Guten aus der *Wissenschaft der Logik* heranzieht[161] und eine Lesart hinzunimmt, die Habermas vorgeschlagen hat: „Theorien, die, wie das rationale Naturrecht, die Zwecke erst aufstellen, unter denen eine vorhandene Wirklichkeit hernach revolutioniert werden soll, verfehlen die Welt des objektiven Geistes."[162] Die Richtigkeit dieser Einschätzung wird deutlich, wenn man es mit der zitierten Definition der Rechtsphilosophie zusammen liest, wonach es um das Gute schlechthin, nämlich als absoluter Endzweck der Welt geht.[163] Es bestätigt zudem den Zusammenhang zwischen der Rechtsphilosophie Hegels mit ihrem Bild der Vorrede, indem gerade die Theorie des objektiven Geistes vorausgesetzt wird.

V Staatsverfassung und Wirklichkeit der Erkenntnis

Den der Sache nach damit angesprochenen Zusammenhang zwischen „Geist", Staatsverfassung und Wirklichkeit der Erkenntnis in ihren unterschiedlichen Ausprägungen hat Dieter Henrich instruktiv zusammengefasst, wenn er zu bedenken gibt, dass die Verfassung des Staates und die Wirklichkeit der Erkenntnis als Einzelnheit in sich geschlossene Systeme darstellen,[164] „die kraft dieser ihrer Form von Einzelnheit Weisen von ‚Geist' sind."[165] Für die Rechtsphilosophie kann man daraus die Folgerung ableiten, dass man sie nicht isoliert interpretieren, sondern immer nur im Zugriff auf das systematische Ganze verstehen kann, wie schon Nicolai Hartmann herausgestellt hat.[166] Dementsprechend konnte die Rechtsphilosophie Hegels keine für sich bestehende und allein aus sich heraus verständliche Theorie werden, selbst wenn sie in den Vorlesungen weiter ausgeführt wurde, weil sie „ganz eingebettet in die Gesamtentwicklung des Systems ist,

---

161 *G. W. F. Hegel*, Wissenschaft der Logik, 1832, in: Sämtliche Werke (ed. H. Glockner, Band 5), Teil II, S. 326.
162 *J. Habermas*, Zu Hegels Politischen Schriften, in: *ders.*, Theorie und Praxis, 1963, 4. Auflage 1971, S. 148, 155.
163 *G. W. F. Hegel*, Grundlinien der Philosophie des Rechts, § 129.
164 Siehe aber auch *J. Seifert*, Verfassung in Hegels Philosophie des Rechts, Festschrift für H. Klenner, Band II, 1998, S. 240.
165 *D. Henrich*, Logische Form und reale Totalität. Über die Begriffsform von Hegels eigentlichem Staatsbegriff, in: Hegels Philosophie des Rechts. Die Theorie der Rechtsformen und ihre Logik (Hg. D. Henrich/R.-P. Horstmann), 1982, S. 428, 438.
166 *N. Hartmann*, Die Philosophie des deutschen Idealismus, Teil II (Hegel), 3. Auflage 1974, S. 509; zuerst publiziert als Band 8 der „Geschichte der Philosophie", 1923–1929.

von dem sie eine Phase, die ‚Theorie des objektiven Geistes', in der Isolation eines eigenen Vorlesungskurses darstellt."[167]

1 Sichtbarmachen der Auslassungen

Daraus folgt zugleich die besondere Herausforderung des Interpreten, der die systematisch sinnvollen Auslassungen wiederherstellen bzw. sichtbar machen muss, um dasjenige in die Rechtsphilosophie hineinlesen und mitberücksichtigen zu können, was Hegel in den *Grundlinien* – entsprechend ihrem Begriff – weggelassen hat: „Im Grundriss wie in den Vorlesungen selbst muss also auch die eigentlich notwendige durchgängige Bezugnahme auf die theoretischen Fundamente des Systems fehlen, die in der ‚Wissenschaft der Logik' unverkürzt aufgeführt sind."[168] Aus dieser Einordnung erklärt sich auch das zuvor im Text wiedergegebene Hegel-Zitat aus der *Wissenschaft der Logik*,[169] das freilich vor diesem Hintergrund nur exemplarisch sein kann und nur einen Fingerzeig auf dasjenige dargestellt, das beständig zu berücksichtigen ist.[170]

2 Rechtswissenschaft als Teil der Philosophie

Das entspricht Hegels Wort, wonach die Rechtswissenschaft ein Teil der Philosophie ist.[171] Wenn das Bild von der Eule der Minerva einerseits von „der Philosophie" handelt, andererseits aber gleichsam vor der Klammer dessen steht, was als Rechtswissenschaft Teil der Philosophie ist, so ist das Bild auch und gerade auf die Rechtsphilosophie bezogen. Die Rechtswissenschaft ist aber nur dann Teil der Philosophie, wenn sie wirklich vom Recht handelt und den Begriff des Rechts entsprechend fasst, wie gleich der erste Satz der Einleitung erkennen lässt: „Die

167 *D. Henrich*, Einleitung: Vernunft in Verwirklichung, in: Hegel, Philosophie des Rechts, Die Vorlesung von 1819/1820 in einer Nachschrift (Hg. ders.), 1983, S. 9 f.

168 *D. Henrich*, ebenda. Siehe auch *M. Pawlik*, Der Staat 41 (2002) 183, 186 f.

169 *G. W. F. Hegel*, Wissenschaft der Logik, 1832, in: Sämtliche Werke (ed. H. Glockner, Band 5), Teil II, S. 326.

170 Siehe auch *H. F. Fulda*, Das Problem einer Einleitung in Hegels Wissenschaft der Logik, 1965; ferner mit perspektivischen Schlussbemerkungen zum Staat *M. Theunissen*, Sein und Schein. Die kritische Funktion der Hegelschen Logik, 1978, S. 472 ff.; *W. Albrecht*, Hegels Gottesbeweis. Eine Studie zur „Wissenschaft der Logik", 1958; *L. Eley*, Hegels Wissenschaft der Logik, 1976; *D. Henrich*, Anfang und Methode der Logik, in: Hegel im Kontext, 2. Auflage 1975, S. 73; *W. Krohn*, Die formale Logik in Hegels ‚Wissenschaft der Logik', 1972.

171 *G. W. F. Hegel*, Grundlinien der Philosophie des Rechts, Einleitung, § 2.

philosophische Rechtswissenschaft hat die *Idee des Rechts*, den Begriff des Rechts und dessen Verwirklichung zum Gegenstande.“[172]

Das bedeutet aber, dass sie sich nicht in Einzelheiten verliert, wie vordem eine Stelle aus der Vorrede zeigt – wiederum gleichsam vor der Klammer –, die in ironischer Abgrenzung von bedeutenden Vorläufern veranschaulicht, was Hegel verzichtbar erschien: „Plato konnte es unterlassen, den Ammen anzuempfehlen, mit den Kindern nie stille zu stehen, sie immer auf den Armen zu schaukeln, ebenso Fichte die Vervollkommnung der Passpolizei bis dahin, wie man es nannte, zu konstruieren, dass von den Verdächtigen nicht nur das Signalement in den Pass gesetzt, sondern das Portrait darin gemalt werden solle.[173] In dergleichen Ausführungen ist *von Philosophie keine Spur* mehr zu sehen, und sie kann dergleichen Ultraweisheit um so mehr lassen, als sie über diese unendliche Menge von Gegenständen gerade am liberalsten sich zeigen soll.“[174] Das zeigt sehr deutlich, was für Hegel gerade nicht „Gegenstand der Philosophie“ ist: Es geht um „dieses unendliche Material und seine Regulierung“. Recht im Sinne seiner Rechts*philosophie* ist nicht die blinde Faktizität und die Summe aller Ge- und Verbotsnormen, sondern die Verwirklichung des Rechtsbegriffs und damit die Entfaltung des Rechts als „Dasein der Freiheit“.[175]

3 „Eule der Minerva“ als Kristallisationspunkt

Zugleich wird damit deutlich, welcher Zusammenhang zwischen der Theorie des objektiven Geistes innerhalb der *Encyclopädie*, der *Phänomenologie des Geistes* und den *Grundlinien der Philosophie des Rechts* und insbesondere ihrer Vorrede besteht. Wie wenig diese systematische Stellung jedoch bislang berücksichtigt wurde, hat das Schrifttum immer wieder beklagt und damit implizit zugleich zu einem dringenden Desiderat der Hegel-Forschung erklärt.[176] Immerhin bildet die

---

172 *G. W. F. Hegel*, ebenda, Einleitung, § 1. Dazu *P. Stekeler-Weithofer*, Eine Kritik juridischer Vernunft. Hegels dialektische Stufung von Idee und Begriff des Rechts, 2014.

173 Siehe zum erstgenannten Philosophen *M. B. Foster*, The Political Philosophies of Plato and Hegel, 1935; *St. Rosen*, Self-Consciousness and Self-Knowledge in Plato and Hegel, Hegel-Studien 9 (1974) 109; zum zweiten *J. Petersen*, Fichtes Versuch, Machiavelli Gerechtigkeit widerfahren zu lassen, Festschrift für M. Kloepfer, 2013, S. 927.

174 *G. W. F. Hegel*, ebenda, Vorrede, S. 34, Hervorhebung nur hier. Es ist dies wohl zugleich eine jener Stellen, in denen Nietzsche, wie am Ende der Abhandlung (unter § 4) noch zu zeigen ist, Hegels Esprit bewundert haben könnte.

175 *G. W. F. Hegel*, ebenda, § 104; 155 und öfter.

176 *H. F. Fulda*, Georg Wilhelm Friedrich Hegel, in: Klassiker der Philosophie (Hg. O. Höffe), Band 2, 2. Auflage 1985, S. 62, 84 f.

Rechtsphilosophie ursprünglich eine ins Detail gehende Ausführung der das Recht betreffenden Teile der Philosophie des objektiven Geistes in der *Encyclopädie*,[177] in denen die Theorie des objektiven Geistes den zweiten von drei Teilen der Philosophie des Geistes darstellt und thematisch einiges von dem Systementwurf von 1800 beinhaltet haben könnte.[178] Man muss nämlich Hegels soeben behandelten Einleitungssatz, wonach die philosophische Rechtswissenschaft die Idee des Rechts, seinen Begriff und dessen Verwirklichung zum Gegenstand hat,[179] auch im Hinblick auf die *Encyclopädie* würdigen. Das geschieht am besten durch Hervorhebung der „philosophischen Rechts*wissenschaft*". Die Rede ist dann nämlich von der in der Neuzeit zur *Wissenschaft* werdenden Philosophie.[180]

Auch diese Verschränkung der Grundlinien mit der *Encyclopädie* veranschaulicht, dass der Gegenstand der Rechtsphilosophie über die Grundlinien hinaus geht.[181] Daher muss auch das Bild von der Eule der Minerva im Zusammenhang mit Hegels Theorie des objektiven Geistes gesehen werden. Zugleich zeigt sich daran erneut, dass die notwendigen Verkürzungen in den *Grundlinien* nur vor dem Hintergrund der *Phänomenologie des Geistes* und der *Wissenschaft der Logik* zu verstehen sind. Vor allem aber im methodologischen Gleichklang mit der Geschichtsphilosophie und, zumindest nach einer überzeugenden Meinung,[182] der Religionsphilosophie erweist sich gerade das Bild der Eule der Minerva, das nicht von ungefähr von der Philosophie handelt, als Kristallisationspunkt.

VI Systematische Bedenken

Allerdings müssen noch die Bedenken derer berücksichtigt werden, die auf implizite Brüche und Hypertrophien in der Systembildung im Hinblick auf Hegels Rechtsphilosophie hingewiesen haben. Denn dies könnte auch für das Verständnis des Bildes von Bedeutung sein, zumal es dann möglicherweise affirmativ

---

177 *G. W. F. Hegel*, Encyclopädie, §§ 486 ff.

178 *H. F. Fulda*, Georg Wilhelm Friedrich Hegel, ebenda, S. 62, 84 f.: „Die Erforschung der Hegelschen Philosophie und die Auseinandersetzung mit ihr weiß dazu bisher kaum Erhellendes zu sagen."

179 *G. W. F. Hegel*, Grundlinien der Philosophie des Rechts, Einleitung, § 1.

180 *G. W. F. Hegel*, Encyclopädie, § 572 ff.

181 *H. F. Fulda*, Die Entwicklung des Begriffs in Hegels Rechtsphilosophie, in: Dialektischer Negativismus, Michael Theunissen zum 60. Geburtstag (Hg. R.-P. Horstmann), 2. Auflage 1989, S. 304.

182 *V. Hösle*, Hegels System, Der Idealismus der Subjektivität und das Problem der Intersubjektivität, 2. Auflage 1998, S. 436; dazu oben § 1.

etwas zur Geltung brächte, das im System nicht hinlänglich oder überdeutlich begründet wurde.[183]

1 „Rechtsphilosophie als Phänomenologie des Bewusstseins der Freiheit"

Karl-Heinz Ilting hat die Rechtsphilosophie Hegels als Phänomenologie des Bewusstseins der Freiheit gekennzeichnet.[184] Ausgangspunkt dieser Beschreibung ist der Befund, dass es nicht nur um die gesamte praktische Philosophie geht,[185] sondern diese um die Geschichtsphilosophie erweitert ist. Jedoch vermisst er die Beantwortung der Frage nach der systematischen Konzeption. Demnach ist die praktische Philosophie Hegels, wie auch schon verschiedentlich hervorgehoben, Philosophie des objektiven Geistes, die als solche eine Etappe des Denkens ist „zum Begreifen seiner selbst."[186]

Allerdings bemängelt Ilting, dass Hegels normative Aussagen mitunter der erforderlichen Voraussetzungen entbehrten, so dass sich die Frage stelle, worin sie letztlich gründeten.[187] Will man diesen Grund in der *Encyclopädie* als dem Ort suchen, wo Hegel die Lehre vom objektiven Geist skizziert hat,[188] so stellt sich für Ilting „die nicht leicht zu beantwortende Frage nach der Kohärenz von *Encyclopädie* und *Rechtsphilosophie*",[189] die im übrigen Schrifttum ebenfalls aufgeworfen wird,[190] zumal in der Vorrede der Rechtsphilosophie der Begriff des Geistes nicht

---

183 Vgl. *Th. W. Adorno*, Drei Studien zu Hegel, 1963, 4. Auflage 1970, S. 111: „So erschlafft Hegel selber zuweilen, begnügt sich mit formalen Anzeigen, Thesen, dass etwas so sei, wo es erst geleistet werden müsste. Unter den Aufgaben einer fälligen Interpretation ist nicht die geringste und nicht die einfachste, solche Passagen von denen zu unterscheiden, wo es wirklich gedacht wird".

184 *K.-H. Ilting*, Rechtsphilosophie als Phänomenologie des Bewusstseins der Freiheit, in: Hegels Philosophie des Rechts. Die Theorie der Rechtsformen und ihre Logik (Hg. D. Henrich/R.-P. Horstmann), 1982, S. 225 (nachfolgend zitiert: *K.-H. Ilting*, Rechtsphilosophie als Phänomenologie).

185 Zu ihr grundlegend *R. Pippin*, Hegel's Practical Philosophy, Rational Agency as Ethical Life, 2008 (dazu *M. Thibodeau*, The Owl of Minerva 43, 2011–12, 185); *Ch. Taylor*, Hegel and the Philosophy of Action, in: Selected Papers on G.W.F. Hegel (Hg. L. Stepelevich), 1993, S. 168; *M. Quante*, Hegels Begriff der Handlung, 1993 (englische Übersetzung: Hegel's Concept of Action, 2004); *E. Rosza*, Modern Individuality in Hegel's Practical Philosophy, 2012.

186 *K.-H. Ilting*, Rechtsphilosophie als Phänomenologie, S. 225.

187 *K.-H. Ilting*, ebenda, S. 243.

188 So *H. A. Reyburn*, The ethical theory of Hegel, 1921, S. 90 ff.

189 *K.-H. Ilting*, Rechtsphilosophie als Phänomenologie, S. 243. Siehe auch *J. Beaufort*, Die drei Schlüsse. Untersuchungen zur Stellung der „Phänomenologie" in Hegels System der Wissenschaft, 1983.

190 *D. Emundts/R.-P. Horstmann*, Hegel. Eine Einführung, 2002, S. 100.

entwickelt worden sei.[191] Hegel hat demnach seine Konzeption einer Philosophie des Geistes zwischen 1817 und 1820 zu einer Phänomenologie des Bewusstseins der Freiheit umgestaltet „und dadurch seiner Grundlegung der praktischen Philosophie als einer Entwicklung der Idee der Freiheit keinen Dienst erwiesen."[192] Gewiss ist gerade die Vorrede mit der gealterten „Gestalt des Lebens" eine Bezugnahme auf die *Encyclopädie*, insbesondere die Sphäre des absoluten Geistes. Das späte Bild der Eule könnte hier in einer zu affirmativen Weise den Perspektivenwechsel betont haben. Insoweit ist etwas Wahres an Blochs leicht ironischer Kennzeichnung der „Spät-Eule"[193], allerdings weniger in dem von ihm gemeinten politisch gefärbten Sinne als vielmehr in systematischer Hinsicht.

2 Einbeziehung der *Logik* und *Encyclopädie*

Aber auch diese Sicht ist wohl noch nicht hinreichend zur Entschlüsselung des werkimmanenten Zusammenhangs, da sie die zur Diskussion gestellte Inkohärenz zwischen *Encyclopädie* und Rechtsphilosophie nicht vollständig erklärt.

a) Begriffsbestimmung des Staates aus der *Encyclopädie*

Dieter Henrich hat die auf den Staat zulaufende Rechtsphilosophie Hegels zu dem inneren Aufbau seiner *Logik* in Beziehung gesetzt und in das rechte Licht gerückt: „Hegels Rekonstruktion des Staates als Schlussfolge entwickelt wirklich die Logik des sittlichen Staates in einer Form, die dessen eigentliche Systemform ausspricht."[194] Dieses Verständnis hat den entscheidenden Vorzug, dass es nicht nur auf die systematische Abstimmung von *Encyclopädie* und Rechtsphilosophie ausgerichtet ist, sondern die Struktur der *Wissenschaft der Logik* Hegels in die

---

191 *K.-H. Ilting*, Rechtsphilosophie als Phänomenologie, S. 244. Zu Problemen der Wandlung in Hegels Jenaer Systemkonzeption *R.-P. Horstmann*, Philosophische Rundschau 19 (1972) 87.
192 *K.-H. Ilting*, ebenda, S. 252. Siehe auch *P. Landau*, Hegels Begründung des Vertragsrechts, in: Materialien zu Hegels Rechtsphilosophie (Hg. M. Riedel), 1975, Band 2, S. 176 ff. (= ARSP 59, 1973, 117).
193 *E. Bloch*, Subjekt – Objekt. Erläuterungen zu Hegel, 1952, S. 246. Siehe auch *E. Rózsa*, in: Hegel-Studien 32 (1997) 137, 157 ff., 160; *J. Agar*, Post-secularism, Realism and Utopia: Transcendence and Immanence from Hegel to Bloch, 2014.
194 *D. Henrich*, Logische Form und reale Totalität. Über die Begriffsform von Hegels eigentlichem Staatsbegriff, in: Hegels Philosophie des Rechts. Die Theorie der Rechtsformen und ihre Logik (Hg. D. Henrich/R.-P. Horstmann), 1982, S. 428, 443 f., mit dem erklärenden Nachsatz: „es gab aber Gründe dafür, dass diese Form im Werk der Rechtsphilosophie nicht in gleicher Deutlichkeit heraustritt."

Betrachtung einstellt[195] und damit zugleich die Inkohärenz zwischen Rechtsphilosophie und *Encyclopädie* überwindet:[196] „So bleibt eigentlich nur die Möglichkeit, die Schlusstrias der Enzyklopädie als eine Begriffsbestimmung des Staates aufzufassen, die der Logik des inneren Staatsrechtes und der spekulativen Zuordnung der Institutionen seiner Verfassung noch voraus – und die der Systematik dieser Institutionen intern noch zugrunde liegt."[197] Auf diese Möglichkeit wird am Ende noch einmal zurückzukommen sein, wenn es darum geht, die Rechtsphilosophie in den Übergang von der Stufe des objektiven Geistes zum absoluten Geist innerhalb der *Encyclopädie* einzuordnen.

b) Abstufung des Institutionalismus'

Erst diese institutionelle Verankerung in der *Encyclopädie* könnte den Staat, den Hegel voraussetzte und dessen Wirklichkeit er abbilden wollte, darstellen: „Hegels Theorie ist die eines *starken* Institutionalismus: Sie lehrt, dass sich die Freiheit des einzelnen Willens nur in einer Ordnung verwirklichen kann, die als objektive selbst die Form des vernünftigen Willens hat und die insofern den einzelnen Willen ganz in sich einbegreift und unter ihre eigenen Bedingungen, wie immer ohne Entfremdung subsumiert."[198] Allerdings muss man einschränkend festhalten, dass Hegels Rechtsphilosophie an sich zugleich durchaus individualistisch geprägt ist,[199] indem sie bei aller Wertschätzung des Staates der Selbstverwirkli-

---

195 Ebenso *J. Ritter*, Hegel und die französische Revolution, 1965, S. 9. Siehe zur allfälligen Einbeziehung der Logik und ihrer Kompatibilität mit der Rechtsphilosophie Hegels auch *V. Hösle*, Die Stellung von Hegels Philosophie des objektiven Geistes in seinem System und ihre Aporie, in: Anspruch und Leistung von Hegels Rechtsphilosophie (Hg. Ch. Jermann), 1987, S. 11, 13.

196 Zur ‚Logik' von Hegels Rechtsphilosophie ähnlich *K. Hartmann*, Linearität und Koordination in Hegels Rechtsphilosophie, in: Hegels Philosophie des Rechts. Die Theorie der Rechtsformen und ihre Logik (Hg. D. Henrich/R.-P. Horstmann), 1982, S. 305, 316: „Hierin liegt die anzuerkennende Prinzipiierung der sozialen Sphäre durch die in der *Wissenschaft der Logik* grundgelegten Logik der *Rechtsphilosophie*." Zu ihr im Übrigen *L. de Vos*, Die Logik der Hegelschen Rechtsphilosophie: Eine Vermutung, in: Hegel-Studien 16 (1981) 99 ff.

197 *D. Henrich*, Logische Form und reale Totalität. Über die Begriffsform von Hegels eigentlichem Staatsbegriff, in: Hegels Philosophie des Rechts. Die Theorie der Rechtsformen und ihre Logik (Hg. D. Henrich/R.-P. Horstmann), 1982, S. 445 f.

198 *D. Henrich*, Einleitung: Vernunft in Verwirklichung, in: Hegel, Philosophie des Rechts, Die Vorlesung von 1819/1820 in einer Nachschrift (Hg. ders.), 1983, S. 9, 31.

199 *J. Ritter*, Person und Eigentum. Zu Hegels „Grundlinien der Philosophie des Rechts", §§ 34–81, in: *ders.*, Metaphysik und Politik. Studien zu Aristoteles und Hegel, 1969, S. 256, 275; *M. Riedel*, Nature and Freedom in Hegel's Philosophy of Right, in: Hegel's Political Philosophy (Hg. Z. A. Pelczyński), 1971, S. 144 f.

chung des Individuums Vorschub leistet:[200] „Dem Recht liegt die Freiheit des Einzelnen zugrunde und das Recht besteht darin, dass ich den Anderen als ein freies Wesen behandele."[201]

Henrich leitet aus der Akzentuierung des betonten Institutionalismus auch eine wichtige – weil das Systemdenken betreffende – „Grundfrage" ab: „Kann innerhalb von Hegels Systembegriff eine andere Form von Institutionalismus gewonnen werden, oder muss diesem System als Ganzem eine Theorie von ganz anderer Fundierung und Konstruktionsweise entgegengestellt werden?"[202] Er erörtert auf dieser Grundlage die Möglichkeit, einen „moderaten Institutionalismus" bei Hegel zu entdecken, mit dem sich seine politische Theorie von ihren Zweideutigkeiten befreien ließe".[203] Doch ist er letztlich skeptisch, weil ein solches Unterfangen „unmittelbar zu einer Korrektur auch an den Ableitungsprinzipien der Rechtsphilosophie zwingt".[204] In der Tat läuft jede Vermittlungsbemühung im Hinblick auf die für anfechtbar gehaltenen Prämissen der Vorrede der Rechtsphilosophie Gefahr, gerade aufgrund der systematischen Stringenz die Basiswertungen des Systems in Frage zu stellen und sich damit letztlich außerhalb dessen zu bewegen, eine Gefahr, der sich anspruchsvolle Reaktualisierungskonzepte durchaus bewusst sind.[205]

c) Versöhnung der Rechtsphilosophie mit der *Encyclopädie*

Man muss diese Überlegungen zum – unterschiedlich stark ausgeprägten – Institutionalismus in Hegels Rechtsphilosophie berücksichtigen, um die eingangs erörterte Möglichkeit anzunehmen, den Schluss *Encyclopädie* „als eine Begriffsbestimmung des Staates aufzufassen, die der Logik des inneren Staatsrechtes und der spekulativen Zuordnung der Institutionen seiner Verfassung noch voraus –

---

200 *P. Landau*, Hegels Begründung des Vertragsrechts, ARSP 59 (1973) 117, 120.

201 *G. W. F. Hegel*, Philosophische Propädeutik, 1808 – 1811, in: Sämtliche Werke (ed. H. Glockner, Band 3), Rechtslehre § 3, S. 55.

202 *D. Henrich*, Einleitung: Vernunft in Verwirklichung, in: Hegel, Philosophie des Rechts, Die Vorlesung von 1819/1820 in einer Nachschrift (Hg. ders.), 1983, S. 9, 32.

203 *D. Henrich*, Einleitung: Vernunft in Verwirklichung, in: Hegel, Philosophie des Rechts, Die Vorlesung von 1819/1820 in einer Nachschrift (Hg. ders.), 1983, S. 9, 33.

204 *D. Henrich*, ebenda, S. 9, 34.

205 *A. Honneth*, Leiden an Unbestimmtheit. Eine Reaktualisierung der Hegelschen Rechtsphilosophie, 2001, S. 16: „wer auf die rationale Rekonstruktion der Begriffe des ‚objektiven Geistes' und der ‚Sittlichkeit' verzichtet, so lautet die Behauptung, hat zugunsten einer vordergründigen Plausibilisierung des Textes seinen substantiellen Gehalt geopfert."

und die der Systematik dieser Institutionen intern noch zugrunde liegt."[206] Diese Begriffsbestimmung hätte den Vorzug, dass sich „so auch keine Spannung ergeben würde zwischen Hegels Gebrauch der Form der Schlussdreiheit im Allgemeinen, seiner Erklärung in der Enzyklopädie, dass die Schlussdreiheit den Begriff des Staates entfaltet, und dem systematischen Korrelat dieser Erklärung im System und in den ‚Grundlinien' der Rechtsphilosophie."[207] Diese Sichtweise besticht durch ihre innere Folgerichtigkeit, weil sie die Rechtsphilosophie Hegels – jedenfalls soweit dies angesichts der weiter oben bereits angedeuteten teilweise unterschiedlichen Behandlung des objektiven Geistes in beiden Werken möglich ist[208] – mit der *Encyclopädie* in Einklang bringt.[209]

3 Hypertrophie des Systems?

Darüber hinaus muss sich die vorliegende Erörterung einem wichtigen obiter dictum von Michael Theunissen stellen, der den weiter oben skizzierten Bedenken zugestimmt und darüber hinaus zu bedenken gegeben hat:[210] „Ich halte es für grundsätzlich nicht hinreichend, auf ‚systemkonforme Plausibilität' zu verweisen. Dass die *Rechtsphilosophie* sich der systematischen Einheit des subjektiven, objektiven und absoluten Geistes gut einfügt – wer wollte das bestreiten? Das Problem ist, dass sie sich dem System *zu* gut einfügt."[211]

---

206 *D. Henrich*, Logische Form und reale Totalität. Über die Begriffsform von Hegels eigentlichem Staatsbegriff, in: Hegels Philosophie des Rechts. Die Theorie der Rechtsformen und ihre Logik (Hg. D. Henrich/R.-P. Horstmann), 1982, S. 445 f.

207 *D. Henrich*, ebenda.

208 *D. Emundts/R.-P. Horstmann*, G. W. F. Hegel. Eine Einführung, 2002, S. 100, unter Verweis auf *G. W. F. Hegel*, Encyclopädie, § 514; dazu oben § 2 II 1 b.

209 Insofern treffend die beiden lakonischen Schlusssätze seines Beitrags: „Hegel selbst hat an für die Begriffsbestimmung formaler Verhältnisse besser geeigneten Orten wenigstens mit einiger Deutlichkeit erklärt, in welcher Logik diese Begriffsform aufgebaut werden muss. Die Interpretation seiner Rechtstheorie darf sie nicht mehr aus den Augen verlieren." (*D. Henrich*, Logische Form und reale Totalität. Über die Begriffsform von Hegels eigentlichem Staatsbegriff, in: Hegels Philosophie des Rechts. Die Theorie der Rechtsformen und ihre Logik (Hg. D. Henrich/R.-P. Horstmann), 1982, S. 450).

210 *K.-H. Ilting*, Rechtsphilosophie als Phänomenologie, S. 225; dazu oben unter 1.

211 *M. Theunissen*, Die verdrängte Intersubjektivität in Hegels Rechtsphilosophie, in: Hegels Philosophie des Rechts. Die Theorie der Rechtsformen und ihre Logik (Hg. D. Henrich/R.-P. Horstmann), 1982, S. 345 Fußnote 33; Hervorhebungen auch dort.

a) Brüche in der systematischen Einheit

Dieser Beobachtung entspricht der bereits in der Einleitung zugrunde gelegte Ausgangspunkt, dass es trivial wäre, die Rechtsphilosophie und mit ihr das Wort von der Eule der Minerva einfach nur als Anwendungsfall und Ausprägung des Systems Hegels zu verstehen. Es geht darüber hinaus darum, die möglichen Brüche ausfindig zu machen, welche die systematische Einheit der Theorie des subjektiven, objektiven und absoluten Geistes in der Rechtsphilosophie in Frage stellen. Gerade wenn man die im ersten Abschnitt aufgestellte Hypothese weiterverfolgt, wonach letztlich die Entfaltung des absoluten Geistes in der Geschichte die Gestalt des Lebens im Sinne des Bildes darstellt,[212] gelangt man zu einem solchen möglichen Bruch, der im letzten Abschnitt beschrieben wird.[213]

Bevor dies aber unternommen wird, sei im Folgenden kontrastierend und dadurch womöglich erst weiterführend der denkbar konträre Standpunkt innerhalb der Philosophiegeschichte vorgestellt, aus dessen Reflexion sich der angesprochene Bruch ableiten könnte und die ihn zumindest besser sichtbar macht. Es handelte sich dann gleichsam um eine Kontrastfolie, die Nahtstellen sichtbar macht, an denen sich die Rechtsphilosophie im Sinne des wiedergegebenen Zitats *zu* gut ins System passt. Auf diese Einsicht Theunissens wird am Ende der Abhandlung noch einmal zurückzukommen sein.

b) Misstrauen gegenüber dem System

Gerade die monierte Überakzentuierung der systematischen Stimmigkeit, die eine Hypertrophie des Systems nach sich ziehen kann, führt Nietzsches radikale Skepsis ins Bewusstsein, die dem ganzen deutschen Idealismus und damit insbesondere Hegel gilt:[214] „Ich misstraue allen Systematikern und gehe ihnen aus dem Weg. Der Wille zum System ist ein Mangel an Rechtschaffenheit.“[215] Diese

212 Unter § 1 a. E. Anders *E. Rózsa*, in: Hegel-Studien 32 (1997) 137, 157.

213 Unter § 5.

214 Zur Vermeidung von Missverständnissen *R. Kroner*, Von Kant bis Hegel, Band II, 1924, 4. Auflage 2007, S. 299: „Hegels System will nicht bloß ein *wissenschaftliches* Ganzes sein; vielmehr ist der Geist sich selbst System und das System sich selbst Geist: *das System ist das Absolute*, weil das Absolute Geist ist.“ Siehe auch *D. Henrich*, Between Kant an Hegel. Lectures on German Idealism, 2008; *E. Förster*, Die 25 Jahre der Philosophie, 2011 (dazu *J. Haag*, Grenzbegriffe, Deutsche Zeitschrift für Philosophie 60, 2012, 993).

215 *F. Nietzsche*, Götzen-Dämmerung oder Wie man mit dem Hammer philosophiert, 1889, Kritische Studienausgabe Band 6 (Hg. G. Colli/M. Montinari), Sprüche und Pfeile, 26. Dazu *J. Petersen*, Nietzsches Genialität der Gerechtigkeit, 2008, S. 16 f. Hegel definiert übrigens in den *Grundlinien* Rechtschaffenheit einprägsam als die „einfache Angemessenheit des Individuums an die

nahezu sprichwörtliche Ablehnung bräuchte hier nicht erneut zitiert werden,[216] wenn sich in ihr nicht etwas speziell auf die Deutung des Bildes von der Eule der Minerva ergeben könnte, die ihren Flug in der Dämmerung beginnt. Weniger pointiert ist ein Aphorismus Nietzsches aus der *Morgenröte*, der dafür umso deutlicher das trifft, was Theunissen Unbehagen bereitet und in dem Nietzsche zur „Vorsicht vor den Systematikern!“ mahnt: „Es gibt eine Schauspielerei der Systematiker: indem sie *ein System ausfüllen wollen und den Horizont darum rund machen*, müssen sie versuchen, ihre schwächsten Eigenschaften im Stile ihrer stärkeren erscheinen zu lassen, – sie wollen vollständige und einzigartig starke Naturen darstellen.“[217]

Bereits an dieser Stelle sei die Betonung des Umstandes gestattet, dass diese Warnung vor den Systematikern gerade in der *Morgenröte* ihren Platz hat, die schon begrifflich das akkurate Gegenteil der Abenddämmerung ist, deren Einbruch für Hegel den Beginn philosophischer Reflexion markiert. Diese Entgegensetzung wird im nächsten Abschnitt näher dargestellt. In diesem Sinne kann man wohl auch den tiefgründigen Gedanken Eric Voegelins deuten, der über Nietzsches Blick auf Hegel sagte: „Sein Protest gegen das ‚System‘, gegen ‚Deduktion und Dialektik‘ richtet sich gegen die Systematisierung der Geschichte im Werk Hegels; er für seinen Teil nimmt Zuflucht zur unmittelbaren Erfahrung des Individuums als der Substanz der Zukunft.“[218] Auf diese Stelle wird am Ende der Abhandlung noch zurückzukommen sein.[219]

Pflichten der Verhältnisse, denen es angehört“; *G. W. F. Hegel*, Grundlinien der Philosophie des Rechts, § 150.

216 *E. Voegelin*, Nietzsche und Pascal, in: Das jüngste Gericht: Friedrich Nietzsche (Hg. P. Opitz), 2007, S. 61, 83.

217 *F. Nietzsche*, Morgenröte. Gedanken über die moralischen Vorurteile, 1881, Kritische Studienausgabe Band 3 (Hg. G. Colli/M. Montinari), IV 318; Hervorhebung nur hier.

218 *E. Voegelin*, ebenda, S. 83.

219 Sub § 5 V 3.

§ 4 Nietzsches *Morgenröte* versus Hegels Dämmerung

Betrachtet man die Metapher der Eule der Minerva in einem größeren Zusammenhang, so ist vor allem der Weg von Hegel zu Nietzsche weiterführend,[1] um den Titel des berühmten Buches von Karl Löwith aufzugreifen.[2]

I Kontrastrierende Entgegensetzung

Im Zusammenhang mit den unterschiedlichen Zeitdimensionen hat der Nietzsche-Spezialist Mihailo Djurić auf den größtmöglichen Kontrast hingewiesen und zugleich eine vertiefende Deutung des Bildes ermöglicht.[3]

1 Unüberbrückbarer Gegensatz

Djurićs Bemerkung sei im Folgenden deswegen ausführlich wörtlich wiedergegeben,[4] weil sie nur scheinbar und lediglich im Ausgangspunkt deskriptiv verfährt, während sie in Wahrheit einen unüberbrückbaren Gegensatz freilegt:[5] „Seine Auffassung der Philosophie fordert auffallend die Hegelsche Auffassung heraus. (...) Während Hegel die Philosophie als nachträgliche Erkenntnis oder verspätete Erklärung der vergangenen Wirklichkeit auffasste, erblickte Nietzsche

---

1 Aus dem schwer überschaubaren Schrifttum *R. F. Beerling*, Hegel und Nietzsche, in: Hegel-Studien 1 (1961) 229; *St. Houlgate*, Hegel, Nietzsche and the Criticism of Metaphysics, 1986; *D. Breazeale*, The Hegel-Nietzsche-Problem, in: Nietzsche-Studien 4 (1975) 146; *H. Lefebvre*, Hegel, Marx, Nietzsche ou le royaume des ombres, 1975; *G. Gamm*, Komödie oder Tragödie. Die moderne Welt im Lichte Hegels und Nietzsches, Lettre International 27 (1994) 67; *R. Williams*, Tragedy, Recognition, and the Death of God: Studies in Hegel and Nietzsche, 2012.

2 *K. Löwith*, Von Hegel zu Nietzsche. Der revolutionäre Bruch im Denken des neunzehnten Jahrhunderts, 1941 (zitiert nach der Meiner-Ausgabe, 1995).

3 Zum Gesichtspunkt der kontrastierenden Entgegensetzung bei Nietzsche auch *J. Petersen*, Nietzsches Genialität der Gerechtigkeit, 2008, S. 116 ff.

4 *M. Djurić*, Standpunkt der Unzeitgemäßheit, in: Nietzsche und Hegel (Hg. ders./J. Simon), 1992, S. 25; siehe auch *A. Jachmicyk*, Reading Hegel After Nietzsche, 2013.

5 In diese Richtung auch *G. Deleuze*, Nietzsche et la philosophie, 1962 (deutsch: Nietzsche und die Philosophie, 1975, S. 210: „Zwischen Hegel und Nietzsche ist jeder Kompromiss ausgeschlossen."); zu ihm auch *K. Houle/J. Vernon/J.-C. Martin*, Hegel and Deleuze: Together Again For the First Time, 2013; *H. Sommers-Hall*, Hegel, Deleuze, and the Critique of Representation: Dialectics of Negation and Difference, 2012.

in ihr nur den verfrühten Einfall oder die vorausgehende Projektion der künftigen Welt. Insofern ist eine Vermittlung zwischen diesen ganz entgegengesetzten Auffassungen kaum möglich. Gemäß dem berühmten Hegelschen Bild von der Eule der Minerva, welche ihren Flug erst mit der einbrechenden Dämmerung beginnt, kommt die Philosophie immer zu spät, um die Welt zu belehren, wie sie sein solle."[6] Man kann an dieser Stelle einwerfen, dass auch der andere Teil des Bildes, wonach die Philosophie ihr Grau in Grau malt, schon für sich genommen den Gegensatz schlechthin zu Nietzsches Prinzip der kontrastierenden Entgegensetzung darstellt.[7] Denn wo Nietzsche regelrecht aufrüttelt, indem er gleichsam in grellen Farben zeichnet, malt nach Hegel die Philosophie grau in grau, also kontrastarm.

Verfolgen wir aber Djurićs Beschreibung des Gegensatzes weiter, weil er seinerseits in der kontrastierenden Entgegensetzung Hegels und Nietzsches zu einer weiterführenden Einsicht im Hinblick auf das Verhältnis von Theorie und Praxis bei Hegel führt:[8] „Denn der Gedanke bleibt unvermeidlich hinter der Wirklichkeit zurück, er kann sie niemals erreichen, er fällt nie mit ihr zusammen. Das Begriffene ist mit dem Wirklichen nicht nur nicht gleichzeitig, sondern ist mit ihm auch nicht identisch. Die Wirklichkeit muss zuerst sein, um überhaupt begriffen zu werden, und wenn sie begriffen ist, dann ist sie aus dem puren Dasein in ihr Wesen hinübergegangen; das Wesen ist das Gewesene. Also befasst sich die Philosophie, Hegel zufolge, nur mit dem vergangenen, freilich zeitlos vergangenen Sein und ist deshalb als rein theoretisches Unterfangen möglich."[9]

---

6 Auf den Staat bezogen in diesem Sinne auch die Paraphrase von *K. Löwith*, Von Hegel zu Nietzsche. Der revolutionäre Bruch im Denken des neunzehnten Jahrhunderts, 1941 (zitiert nach der Meiner-Ausgabe, 1995), S. 59: „Die wahre Philosophie sei als ein ‚Ergründen des Vernünftigen' eben damit auch ein Erfassen des ‚Gegenwärtigen und Wirklichen', aber kein Postulieren von etwas Jenseitigem, von einem Idealstaat, der nur sein soll, aber nie da ist."

7 Zu ihm *J. Petersen*, Nietzsches Genialität der Gerechtigkeit, 2008, S. 66 ff. und passim.

8 Für den vorliegenden Zusammenhang bedeutsam *R. Pippin*, The Rose and the Owl: Some Remarks on the Theory-Practice Problem in Hegel, Independent Journal of Philosophy 3 (1979) 7; ferner *M. Riedel*, Theorie und Praxis im Denken Hegels, 1965; *M. Theunissen*, Die Verwirklichung der Vernunft. Zur Theorie-Praxis-Diskussion im Anschluss an Hegel, Philosophische Rundschau Beiheft 6 (1970); *W. Beyer*, Der Begriff der Praxis bei Hegel, Deutsche Zeitschrift für Philosophie VI (1958) 749.

9 *M. Djurić*, Standpunkt der Unzeitgemäßheit, in: Nietzsche und Hegel (Hg. ders./J. Simon), 1992, S. 25; skeptisch *M. Theunissen*, Hegels Lehre vom absoluten Geist als theologisch-politischer Traktat, 1970, S. 422: „Hegel entlarvt die abstrakt-reine Theorie, die sich durch Reinheit von Praxis unbefleckt halten möchte, als Schein."

2 Würdigung

Es ist interessant, dass diese profunde Interpretation des Wortes von der Eule der Minerva, die sich nicht mit der Paraphrase begnügt, dass die Philosophie erst im Nachhinein zum Zuge kommt, indem sie begreifend reflektiert, von einem ausgewiesenen Kenner Nietzsches stammt, während, wie eingangs dargestellt,[10] einige der Kommentatoren der Rechtsphilosophie Hegels eher einen Bogen um dieses Wort machen. So ist weiterführend, wie Djurić von daher den Gegensatz würdigt: „Hingegen hat Nietzsche die Philosophie auf das weite und unsichere Feld des unfertigen Seins gebracht und sie darauf verwiesen, nach neuen, unbekannten, bis jetzt noch unentdeckten Möglichkeiten des Lebens und Erfahrens zu fragen. (...) Und da der Gedanke immer schneller als das Geschehen, in das er verstrickt ist, vorankommt, ergibt sich unverzüglich die Folgerung, die Philosophie habe hauptsächlich praktische Bedeutung, ihr Wert liege nicht so sehr in der ‚Erkenntnissphäre' wie in der ‚Lebenssphäre'."[11] Größer könnte der Gegensatz in der Tat nicht sein. Diese Folgerung greift mit der Zuordnung zur ‚Erkenntnissphäre' Hegels im Bild ausgesprochene These auf, dass sich die Gestalt des Lebens nur *erkennen* lässt.[12]

3 Folgerung

Die von Hegel in den Mittelpunkt gestellte Gestalt des *Lebens* steht demnach dessen ungeachtet im Schatten der Erkenntnissphäre und betrifft entgegen ihrem Wortlaut nicht die zuletzt so genannte ‚Lebenssphäre'. Der soeben herausgearbeitete und zunächst lediglich deskriptive Befund erweist sich im Hinblick auf die Rechtsphilosophie Hegels als bedenklich, wenn man sich erneut vergegenwärtigt, was er in seinem *System der Sittlichkeit* postuliert hat: „Aber die Gerechtigkeit

---

10 Oben I.

11 *M. Djurić*, Standpunkt der Unzeitgemäßheit, in: Nietzsche und Hegel (Hg. ders./J. Simon), 1992, mit weiteren Nachweisen zu Nietzsche.

12 Darüber hinaus berührt sie das im Text genannte Problem des Verhältnisses von Theorie und Praxis bei Hegel, das *R. Pippin*, The Rose and the Owl: Some Remarks on the Theory-Practice Problem in Hegel, Independent Journal of Philosophy 3 (1979) 7, 15, dahingehend zusammenfasst, dass „the ‚rose' and the ‚owl' metaphors *are* consistent with Hegel's overall theory, but precisely that consistency illuminates the continuing difficulty in his understanding of the overcoming of the theory-pratice dualism". Hervorhebung auch dort.

muss selbst ein Lebendiges sein und die Person achten".[13] Die Betonung der Erkenntnissphäre gegenüber der Lebenssphäre indiziert mithin ein für die Bestimmung der Gerechtigkeit relevantes Defizit, wenngleich damit natürlich noch nicht entschieden ist, ob Hegels *Grundlinien* ihrem Gegenstand gerecht werden. Doch zeigt der kontrastierende Blick auf Nietzsche durch die Schärfung der Unterschiede, warum das im Bild der Eule zum Ausdruck Kommende letztlich mit der Gerechtigkeit im Zusammenhang steht.

II Dämmerung versus Morgenröte

Die zuletzt angestellte Überlegung führt zu der Frage, ob und gegebenenfalls auf welche Weise Nietzsche selbst diese Sicht mit einer gleichermaßen programmatischen wie pointierten Anspielung auf Hegels Eule der Minerva auf den Punkt gebracht hat.[14]

1 Morgenröte als Gegenbegriff

Soweit ersichtlich ist in der bisherigen Diskussion auf einen ganz naheliegenden, nachgerade trivialen Zusammenhang noch nicht aufmerksam gemacht worden. Die im Bild angesprochene Abenddämmerung ist gerade im Hinblick auf seinen möglichen Gegenbegriff, nämlich die *Morgenröte*, aufschlussreich. Das gilt nicht so sehr deshalb, weil die an der Helligkeit orientierten Metaphern seit jeher nicht nur in der Dichtung, sondern auch in der Wissenschaft verwendet werden,[15] was besonders für die Geschichtswissenschaft von Bedeutung ist.[16] Vielmehr eröffnet

---

13 *G. W. F. Hegel*, System der Sittlichkeit (Critik des Fichteschen Naturrechts), III B; Ausgabe Meiner (Hg. H. Brandt/K. R. Meist), S. 82; dazu bereits oben § 1 I 1 und öfter. Zum darin vorausgesetzten Begriff der Person allgemein *M. Quante*, Person, 2007, S. 59 und öfter.

14 Dabei ist freilich Nietzsches begrenzte Hegel-Lektüre in Rechnung zu stellen; vgl. *V. Gerhardt*, Geschichtlichkeit bei Hegel und Nietzsche, in: Nietzsche und Hegel (Hg. M. Djuric'/J. Simon), 1992, S. 29: „Nietzsche hat Hegel so gut wie gar nicht gelesen, er bemüht sich nirgendwo eingehend um ein gründliches Verständnis, sondern belässt es stets bei pauschalen Urteilen und wertet ihn darin, von wenigen Ausnahmen abgesehen, fortgesetzt ab." – Das Bild von der Eule der Minerva allerdings hat Nietzsche gewiss gekannt.

15 Vgl. nur *Th. Mommsen*, Römische Geschichte, 1856, Band 3, S. 630: „Die Morgenröte kehrt nicht wieder, bevor die Nacht völlig hereingebrochen ist."

16 *A. Demandt*, Metaphern für Geschichte. Sprachbilder und Gleichnisse im historisch-politischen Denken, 1978, S. 158; dort auch zum Bild der Eule der Minerva, mit der freilich eher vor-

die begriffliche Kontrastierung der Dämmerung durch die *Morgenröte* genuin neue Perspektiven, wenn man sie ins Verhältnis zu Nietzsches gleichnamigem Werk setzt. Es ist zwar gesehen worden, dass die Geschichtsphilosophie nach Hegel für Nietzsche erst in der Zeit der *Morgenröte* klarere Konturen annimmt.[17] Dass dieser Titel selbst aber schon programmatisch die entgegensetzende Kontrastierung auf einen Begriff bringt, blieb wohl unbeobachtet.

2 Hegels „Morgenröte eines gediegeneren Geistes"

Dabei darf freilich nicht übersehen werden, was die Deutung erschwert und im Schrifttum auch berücksichtigt worden ist,[18] dass nämlich Hegel selbst in seiner Berliner Antrittsvorlesung keine zwei Jahre vor der Niederschrift der Vorrede zur Rechtsphilosophie „den Geist der Jugend" als „schöne Zeit des Lebens", die „der Freiheit einer interesselosen wissenschaftlichen Beschäftigung fähig ist" beschworen und dabei ausdrücklich „die Morgenröte eines gediegeneren Geistes" proklamiert hat.[19] Auch in der Vorrede der *Encyclopädie* beschwört Hegel die „jugendliche Lust der neuen Epoche, die er euphorisch und mit „Taumel" als „Morgenröte" bezeichnet.[20] Der Gegensatz von Morgenröte und Dämmerung stammt also zunächst von Hegel selbst und hat zu der Frage geführt, ob diese „topische Differenz"[21] durch Zeitumstände, wie die Ermordung von Kotzebues beeinflusst sei und auf einen Bewusstseinswandel Hegels hindeuten könnte.[22]

dergründig-deskriptiven Deutung, dass sich bei Hegel „der Philosoph von einem Maler in einen Raubvogel verwandelt."

17 Vgl. *E. Voegelin*, Nietzsche und Pascal, in: Das jüngste Gericht: Friedrich Nietzsche (Hg. P. Opitz), 2007, S. 61, 83: „Daher wird die Philosophie der Existenz zum Mittelpunkt der neuen Geschichtsphilosophie nach Hegel. Das Problem ist klar, aber ausgedrückt wird es, wie gesagt, noch immer im Tone eines Vorspiels. (...) Erst die nächsten Jahre, die Zeit der *Morgenröthe*, zeigen, dass Nietzsche sein Problem besser in den Griff bekommt."

18 *H. Klenner*, Preußische Eule oder gallischer Hahn? Hegels Rechtsphilosophie zwischen Revolution und Reform, in: Preußische Reformen – Wirkungen und Grenzen. Sitzungsberichte der Akademie der Wissenschaften der DDR, Nr. 1/G, 1982, S. 128, der darauf aufmerksam macht, dass nicht erst in der Berliner, sondern bereits in der zwei Jahre zuvor gehaltenen Heidelberger Einleitungsvorlesung die Rede von der Morgenröte ist.

19 *G. W. F. Hegel*, Konzept der Rede beim Antritt des philosophischen Lehramts an der Universität Berlin vom 22. Oktober 1818; abgedruckt in der Suhrkamp-Werkausgabe (1970), Band 10, S. 400.

20 *G. W. F. Hegel*, Encyclopädie, § 8.

21 Historisch-kritisches Wörterbuch des Marxismus (HG. W. F. Haug), Band III, 2008, ‚Eule der Minerva'.

22 *K.-H. Ilting*, Georg Wilhelm Friedrich Hegel. Vorlesungen über Rechtsphilosophie 1818–1831, Edition und Kommentar, Band 1, 1973, S. 42 f.

Paradigmatisch für die in diesem Punkt eher kursorisch geführte Diskussion ist der Surrogationsgedanke von Schnädelbach: „So tritt an die Stelle der ‚Morgenröte' einer neuen philosophischen Epoche, die Hegel noch 1818 in seiner Berliner Antrittsvorlesung glaubte begrüßen zu können, in den GPR (sc. Grundlinien der Philosophie des Rechts) die ‚Dämmerung', in der die ‚Eule der Minerva' allererst ihren Flug beginnt."[23] Haben wir es hier gar mit einem Verrat an den eigenen Gedanken zu tun: „Hatte die Dämmerung die Morgenröte, die preußische Eule den gallischen Hahn verscheucht?"[24] Ilting sieht die Gegenüberstellung als Beleg dafür, „wie groß der Abstand zwischen Hegels Äußerungen am Beginn seiner Berliner Lehrtätigkeit und – genau 20 Monate später – in der Vorrede von 1820 ist. (...) Dringlicher scheint es zu sein, die Frage zu beantworten, wie dieser Wandel zu deuten und zu erklären sei. (...) War am Ende die Kluft zwischen Vernunft und Wirklichkeit inzwischen so groß geworden, dass Hegel sich veranlasst sah, das Fortbestehen dieser Kluft zu leugnen?" Demnach weist es hin auf „einen durchgreifenden Wandel in Hegels Stellung zur geschichtlichen Gegenwart seiner Zeit und zu den Aufgaben der politischen Philosophie".[25]

3 Antithetischer Parallelismus

Aber womöglich ist auch ein weniger gesellschaftskritischer Ansatz der Hegel eigentümlichen Methode der Dialektik gemäß,[26] die Hegel selbst ‚spekulative Methode' nannte[27] und aus der *Wissenschaft der Logik* auch in die Rechtsphilosophie hinein übernahm.[28] Wenn man hier nicht von einer ganz zufälligen Ko-

---

23 *H. Schnädelbach*, Hegels praktische Philosophie. Ein Kommentar der Texte in der Reihenfolge ihrer Entstehung, 2000, S. 353.

24 *H. Klenner*, Preußische Eule oder gallischer Hahn? Hegels Rechtsphilosophie zwischen Revolution und Reform, in: Preußische Reformen – Wirkungen und Grenzen. Sitzungsberichte der Akademie der Wissenschaften der DDR, Nr. 1/G, 1982, S. 128.

25 Siehe ferner *R.-P. Horstmann*, Ist Hegels Rechtsphilosophie das Produkt der politischen Anpassung eines Liberalen?, in: Hegel-Studien 9 (1974) 241; *H. Denis*, Hegel penseur politique, 1989; *St. B. Smith*, Hegels critique of liberalism, 1989.

26 Zu ihr *E. v. Hartmann*, Die dialektische Methode, 1868 (2. Auflage 1910); *A. Sarlemijn*, Hegelsche Dialektik, 1971; *D. Henrich*, Kant und Hegel. Versuch der Vereinigung ihrer Grundgedanken, in: Selbstverhältnisse. Gedanken und Auslegungen zu den Grundlagen der klassischen deutschen Philosophie, 1982, S. 173, 176; *H. Röttges*, Der Begriff der Methode in der Philosophie Hegels, 1976.

27 *G. W. F. Hegel*, Encyclopädie, § 238. Siehe dazu etwa *M. Quante*, Die Wirklichkeit des Geistes, 2011, S. 64 ff. („Spekulative Philosophie als Therapie").

28 *G. W. F. Hegel*, Grundlinien der Philosophie des Rechts, § 31; zu dieser Stelle lesenswert *J. Braun*, Einführung, in: E. Gans, Naturrecht und Universalgeschichte: Vorlesungen nach G. W. F. Hegel (Hg. J. Braun), 2005, S. XXXVII.

inzidenz ausgehen möchte, was angesichts des überschaubaren zeitlichen Zusammenhangs nicht unbedingt wahrscheinlich ist, kann man – gleichsam umgekehrt – auch Ansätze des für Hegel typischen dialektischen Denkens am Werk sehen:[29] der These, wonach die wissenschaftlich inspirierte Jugend, die „noch nicht in dem System der beschränkten Zwecke der Not befangen ist“ und somit „die Morgenröte eines gediegeneren Geistes“ vorstellt, steht die Antithese der Philosophie gegenüber, die „ihr Grau in Grau malt“ und darin „alt geworden ist“, was sich gleichfalls antithetisch zur Jugend verhält, so dass sich gleichsam ein antithetischer Parallelismus ergibt. Dann würde sich freilich zugleich die Frage stellen, worin die Synthese bestünde.[30]

4 Philosophie als „Hahnenschlag eines neu anbrechenden Morgens“

Erwähnung verdient in diesem Zusammenhang der zeitgenössische Bericht von Carl Ludwig Michelet,[31] der im Jahre 1827, also wenige Jahre nach Niederschrift der *Grundlinien*, Hegel in aller gebotenen Vorsicht unter Bezugnahme auf die Eule der Minerva entgegengehalten hat, dass „die Philosophie aber auch der Hahnenschlag eines neu anbrechenden Morgens ist, der eine verjüngte Gestalt der Welt ankündigt.“[32] Dem habe sich Hegel nicht widersetzt. Der Hahnenschlag des anbrechenden Morgens weckt im Übrigen Erinnerungen an den gallischen Hahn,[33] der wiederum als Chiffre für die Französische Revolution gelten kann,[34] die Hegel seinerzeit als „herrlichen Sonnenaufgang“ pries.[35] Beiläufig sieht man an dieser

---

29 Dazu *W. Becker*, Hegels Begriff der Dialektik und das Problem des Idealismus, 1969.

30 Siehe aber auch *G. E. Mueller*, The Hegel-Legend or „Thesis-Antithesis-Synthesis“, Journal of the History of Ideas 19 (1958) 411.

31 *C. L. Michelet*, Wahrheit aus meinem Leben, 1884, S. 90; von seinen Werken sind des weiteren zu nennen: *ders.*, Geschichte der letzten philosophischen Systeme von Kant bis Hegel, 2 Bände, 1837–1838; *ders.*, Anthropologie und Psychologie oder die Philosophie des subjektiven Geistes, 1840; Naturrecht oder Rechts-Philosophie als die praktische Philosophie, 2 Bände, 1866; *ders.*, Hegel, Der unwiderlegte Weltphilosoph, 1870.

32 *E. Zeller*, Die Philosophie und die Praxis. Einige Worte über das Verhältnis beider, in: Jahrbücher der Gegenwart I, 1834, S. 321, 322.

33 Dazu noch unten § 5 I.

34 *H. Klenner*, Preußische Eule oder gallischer Hahn? Hegels Rechtsphilosophie zwischen Revolution und Reform, in: Preußische Reformen – Wirkungen und Grenzen. Sitzungsberichte der Akademie der Wissenschaften der DDR, Nr. 1/G, 1982, S. 125, 128.

35 *G. W. F. Hegel*, Vorlesungen über die Philosophie der Geschichte, 1822–1831, in: Sämtliche Werke (ed. H. Glockner, Band 11), 4. Teil, 3. Abschnitt, 3. Kapitel, S. 557; dazu oben § 1 II 5 a.

Anekdote, dass der Zeitgenosse die Gestalt des Lebens offenbar mit der Gestalt der Welt gleichsetzte, wovon bereits weiter oben die Rede war.[36]

Bereits relativ kurz nach Hegels Tod hat übrigens Zeller den Satz über die Eule der Minerva mit einer aufschlussreichen Deutung nur teilweise für richtig gehalten: „Die Philosophie ist nicht bloß der Nachtvogel, welcher uns den Untergang eines alten, sie ist ebenso das prophetische Wesen, welches die Morgendämmerung eines neuen Tages verkündigt.“[37] Der scheinbare Gegensatz zwischen Morgenröte und Dämmerung als Ausgangspunkt der Philosophie wäre dann aufgehoben, so dass die Denkbewegung auch dort, wo sie im Sinne der Vorrede der Rechtsphilosophie ex post ansetzt, immer zugleich am Anfang ist.[38]

III Nietzsches „Philosophie des Vormittags“ und Hegels Philosophie der „Dämmerung“?

Vor diesem Hintergrund kann nun nochmals der Gedanke aufgegriffen werden, dass Nietzsche mit der *Morgenröte* unausgesprochen, aber ihm selbst jedenfalls gegenwärtig an Hegel anknüpft.[39]

1 Morgenröte als Verheißung

Während Hegel jedoch, wie soeben gesehen, trotz der Hinwendung der Dämmerung als Tätigkeitsfeld der Philosophie letztlich keinen zwangsläufigen Widerspruch zwischen Morgen und Abend sieht, sofern nur das im Wirklichen Vernünftige gesucht und kein gleichwie geartetes Sollen postuliert wird,[40] ist es bei Nietzsche nur mehr die Morgenröte, die den Horizont bestimmt und an deren

---

36 Unter § 1 II 1 b.

37 *E. Zeller*, Die Philosophie und die Praxis. Einige Worte über das Verhältnis beider, in: Jahrbücher der Gegenwart I, 1834, S. 321, 322. Ähnlich *V. Hösle*, Hegels System. Der Idealismus der Subjektivität und das Problem der Intersubjektivität, 2. Auflage 1998, S. 437 f.

38 Im Ergebnis insoweit ähnlich *V. Hösle*, Hegels System. Der Idealismus der Subjektivität und das Problem der Intersubjektivität, 2. Auflage 1998, S. 438 („Michelets Konzeption durchaus kompatibel mit Hegels Diktum von der Eule der Minerva“); *Sh. Avineri*, Hegel's Theory of the Modern State, 1972, S. 129 f. Klarer noch *M. Theunissen*, Die verdrängte Intersubjektivität in Hegels Philosophie des Rechts, in: Hegels Philosophie des Rechts. Die Theorie der Rechtsformen und ihre Logik (Hg. D. Henrich/R.-P. Horstmann), 1982, S. 317 f.

39 Siehe auch *K. Löwith*, Von Hegel zu Nietzsche. Der revolutionäre Bruch im Denken des neunzehnten Jahrhunderts, 1941 (zitiert nach der Meiner-Ausgabe, 1995), S. 192 ff., 260 ff.

40 *G. W. F. Hegel*, Grundlinien der Philosophie des Rechts, Vorrede.

Beginn im Übrigen, wohl nicht von ungefähr, eine grundlegende Reflexion über das Recht steht,[41] die in nuce einiges von Nietzsches Rechtsverständnis enthält.[42] Dabei wird nicht übersehen, dass Nietzsche selbst den Titel der *Morgenröte* einleitend in einer großen Selbstbespiegelung, die den Individualismus hervorhebt,[43] so erklärt: „Dass er vielleicht seine eigene lange Finsternis haben will, sein Unverständliches, Verborgenes, Rätselhaftes, weil er weiß, was er auch haben wird: seinen eigenen Morgen, seine eigene Erlösung, seine eigene *Morgenröte?*"[44] Diese Verheißung ist ersichtlich der entscheidende Antrieb, so dass man die *Morgenröte* gewiss nicht allein als Abgrenzung gegenüber Hegel zu verstehen hat.

2 Zarathustras neue Wahrheit „zwischen Morgenröte und Morgenröte"

Es ist aber zugleich ein Gegenprogramm, wie es auch im *Zarathustra* aufscheint:[45] „Zwischen Morgenröte und Morgenröte kam mir eine neue Wahrheit".[46] Ebenso wie die *fröhliche Wissenschaft* ist die *Morgenröte* für Nietzsche gleichsam ein Kommentar zum *Zarathustra*, in dem Grundgedanken des einen wie des anderen Werkes buchstäblich verdichtete, wovon sogleich noch näher die Rede sein wird.[47] So ist die Wahrheitsfindung, die zugleich ein Weg zur Gerechtigkeit ist,[48] nicht von ungefähr zwischen der jeweiligen Morgenröte angesiedelt. Damit wird gleich in doppelter Hinsicht die größtmögliche Äquidistanz zur Dämmerung bemessen, von der die eine Morgenröte gleich weit entfernt ist wie die andere.[49] Dagegen kann wohl auch nicht vorgebracht werden, dass die Dämmerung geradezu die zeitliche Mitte des Erkenntnisprozesses darstellt, in den die Wahrheitsfindung mithin fiel. Vielmehr ist wohl die Morgenröte der Bezugspunkt der neuen Wahrheit selbst. Das wird sogleich noch deutlicher, wenn vom Verhältnis zwischen Wahrheit, Weltgeschichte[50] und Weltgericht die Rede ist.[51]

---

41 *F. Nietzsche*, Morgenröte I 9.
42 *J. Petersen*, Nietzsches Genialität der Gerechtigkeit, 2008, passim.
43 Siehe auch *Ch. Taylor*, Nietzsche's Legacy, Lonergan Review 2 (1993) 171.
44 *F. Nietzsche*, Morgenröte, Vorrede, 1.
45 Dazu *R. Pippin*, Introduction to Nietzsche's Thus Spoke Zarathustra, 2006, S. viii ff.
46 *F. Nietzsche*, Also sprach Zarathustra, erster bis vierter Teil, 1883–1885, Kritische Studienausgabe Band 4 (Hg. G. Colli/M. Montinari), Erster Teil, Vorrede, 9.
47 Unter 3.
48 *F. Nietzsche*, Menschliches, Allzumenschliches, I, 636.
49 Über die Abenddämmerung auch *F. Nietzsche*, Also sprach Zarathustra, Dritter Teil, Von der Seligkeit wider Willen: „Da naht schon der Abend: die Sonne sinkt. Dahin – mein Glück!".
50 Zum Verhältnis beider *St. Houlgate*, Freedom, Truth and History. An Introduction to Hegel's Philosophy, 1991.

3 Dichterische Distanz zur Eule der Minerva im *Zarathustra*

Zugleich vermittelt das Zarathustra-Wort – jedenfalls dann, wenn man Heideggers hellsichtiger Einschätzung folgt, wonach Nietzsche im Zarathustra *dichtete*, was sich nicht mehr sagen lässt[52] – gleichsam zwischen Hegels Metapher und ihrer bereits besprochenen assoziativen Umkehrung durch Paul Celans Neologismus der Eulenflucht.[53] Für diese Deutung lässt sich auch ein vorderhand unscheinbares Wort aus dem *Zarathustra* ins Feld führen: „Hier sind Höhlen und Dickichte: wir werden uns verirren! – Halt! Steh still! Siehst Du nicht Eulen und Fledermäuse schwirren?"[54]

Dass hier die Eule im unmittelbaren Zusammenhang mit der Verirrung genannt wird, könnte als rein zufällig abgetan werden, wenn es nicht wenige Zeilen weiter heißen würde: „Da drüben sind Schafe und Abendröten."[55] Auch diese seltsame Gleichordnung, welche die Inkonzinität umso stärker zum Ausdruck bringt, würde für sich betrachtet wenig aussagen und durchaus nicht an Hegels Eule der Minerva erinnern. In einem gegenläufigen Chiasmus passen die Schafe besser zu den Verirrungen, während die Eulen zur Abendröte gehören würden, womit zugleich das Verquere deutlich wird, das für Nietzsche in der Dämmerung als Aufbruchszeitpunkt des philosophischen Denkens liegt. So verstiegen diese Deutung anmuten mag, ist sie doch zumindest nicht fernliegender als der Verweis auf die „Eulenflucht" Celans, wie sie im Schrifttum mit gutem Grund vertreten wird,[56] und zeigt ebenso wie diese eine dichterische Distanz zur Eule der Minerva.

---

51 Unter 5; Siehe zu Hegels Weltgeschichte als Weltgericht auch die theologische Deutung von *E. Biser*, Das Antlitz. Christologie von innen, 1999, S. 212.

52 *M. Heidegger*, Nietzsche, Band I, 1961, S. 266, 284 ff., insbesondere S. 288 („hier sind philosophische Gedanken dichterisch dargestellt").

53 Dazu bereits oben § 1 I 2 b.

54 *F. Nietzsche*, Also sprach Zarathustra, Dritter Teil, Das andere Tanzlied.

55 *F. Nietzsche*, ebenda. Dazu *St. Braun*, Nietzsche und die Tiere oder: Vom Wesen des Animalischen, 2009; *ders.*, Zoologie – Nietzsches Tiere und die Grenzen der Moderne, in: Bilder – Sprache – Künste: Nietzsches Denkfiguren im Zusammenhang (Hg. R. Reschke), 2011, S. 105 unter Bezugnahme auf die hier entwickelte These zum Verhältnis von Hegels Dämmerung zu Nietzsches Morgenröte (S. 108).

56 *R. André*, Gespräche von Text zu Text. Celan – Heidegger – Hölderlin, 2001, S. 61.

4 „Bis in die Logik hinein Pessimisten"

Interessant ist an dem weiter oben zitierten Wort aus der Vorrede zur *Morgenröte* auch, dass sich Nietzsche im Folgenden vordringlich gegen Kant wendet,[57] wenngleich es am Ende vielsagend – und wiederum nicht von ungefähr auf die Wahrheit bezogen[58] und unter ausdrücklicher und durchaus ironisch gefärbter Nennung Hegels – heißt: „aber auch heute noch (...) wittern wir Deutsche von heute, späte Deutsche in jedem Betracht – etwas von Wahrheit, von Möglichkeit der Wahrheit hinter dem berühmten realdialektischen Grund-Satze, mit welchem Hegel seiner Zeit dem deutschen Geiste zum Sieg über Europa verhalf –, der Widerspruch bewegt die Welt, alle Dinge sind sich selbst widersprechend' – wir sind eben, sogar bis in die Logik hinein, Pessimisten."[59]

Interessant ist in diesem Zusammenhang die von Habermas aufgeworfene Frage: „Ist Hegels Pessimismus, der sich am Ende seines Lebens, wie Briefe bezeugen, zur Unsicherheit steigert, vielleicht Symptom einer tieferen Unruhe, einer Beunruhigung, die nicht auf den privaten Lebensbereich eingeschränkt ist, sondern, Hegel noch kaum bewusst, von beginnenden Zweifeln an der Theorie selbst herrühren mochte."[60] Dann hätte Nietzsche, dessen psychologische Genialität nicht nur von Georg Simmel gerühmt wurde,[61] den Nerv getroffen. Hegel galt Nietzsche also als der Inbegriff des deutschen Philosophen, der auch noch in seiner *Wissenschaft der Logik* einen Weg fand, Pessimist zu sein und damit für Nietzsche jenen „Geist der Schwere" personifizierte, den er im Zarathustra bekämpfte.[62] Ihm kreidete er auch „das Missverständnis großer Menschen und Zeiten" an.[63] Womöglich ist sogar Nietzsches Wendung „*späte* Deutsche in jedem Betracht"[64] noch eine versteckte Anspielung auf Hegels Bild von der Eule, wenn

57 *F. Nietzsche*, Morgenröte, Vorrede, unter 3.

58 Dazu sogleich unter 5.

59 *F. Nietzsche*, Morgenröte, Vorrede, 3 a. E.

60 *J. Habermas*, Zu Hegels Politischen Schriften, in: *ders.*, Theorie und Praxis, 1963, 4. Auflage 1971, S. 148, 165 f.; *G. Simmel*, Schopenhauer und Nietzsche, in: Gesamtausgabe Band 10, 1995, S. 188.

61 *G. Simmel*, Schopenhauer und Nietzsche, in: Gesamtausgabe Band 10, 1995, S. 188; dazu *J. Petersen*, Nietzsches Genialität der Gerechtigkeit, 2008, S. 35 f. Siehe auch *R. Pippin*, Nietzsche, Psychology, and first Philosophy, 2010.

62 *F. Nietzsche*, Also sprach Zarathustra, Erster Teil, Die Reden Zarathustras, Vom Lesen und Schreiben. Siehe auch *P. Stekeler-Weithofer*, Bildgestütztes Folgern. Nietzsche und die metaphorische Tiefenstruktur von Sprache und Wissenschaft, Dialektik. Zeitschrift für Kulturphilosophie 1 (2000) 53.

63 *F. Nietzsche*, Ecce homo, Warum ich so klug bin, 3.

64 *F. Nietzsche*, Morgenröte, Vorrede, 3 a. E.

und weil die von ihm so genannte „deutsche Philosophie“,[65] als deren exemplarischen Vertreter er eben Hegel benennt, nur im Wege der „nachfolgenden Reflexion“[66] erkennt,[67] zumal da Hegel den Absatz über die Eule der Minerva so einleitet: „Um noch über das Belehren, wie die Welt sein soll, ein Wort zu verlieren, *so kommt dazu ohnehin die Philosophie immer zu spät.*“[68]

5 „Abkunft aus der Unvernunft“

Wie eine implizite Entgegnung auf die Vorrede der *Grundlinien* Hegels liest sich gleich der erste Aphorismus der *Morgenröte:* „Alle Dinge, die lange leben, werden allmählich so mit Vernunft durchtränkt, dass ihre Abkunft aus der Unvernunft dadurch unwahrscheinlich wird.“[69] Im *Zarathustra* findet sich ein aufschlussreicher Anklang, wo es – nicht von ungefähr im Abschnitt ‚Vor Sonnenaufgang‘, also jener Tageszeit, die der Morgenröte unmittelbar vorangeht – heißt: „bei Allem ist Eins unmöglich – Vernünftigkeit!“[70] Es ist geradezu die Antithese zu der These, dass alles Vernünftige wirklich und alles Wirkliche vernünftig sei,[71] weil es dem für die gerechte Beurteilung im Sinne Nietzsches so wichtigen Herkommen[72] Rechnung trägt und von daher die Irrationalität dessen was ist, betont.[73]

a) Hegels vorgeblich ahistorischer Begriff des Rechts

Dieses Herkommen wird bei Hegel, wie verschiedentlich bemerkt, eher terminologisch („Gesetze als „Gesetztes von Menschen Herkommendes“[74]) und weniger historisch betrachtet, auch wenn er der Herkunft als solcher stets besonderen

---

65 *F. Nietzsche*, Ecce homo, Warum ich so klug bin, 3, über Hippolyte Taine und diejenigen, „die allesamt durch deutsche Philosophie verdorben sind“.

66 *G. Patzig*, Der Unterschied zwischen subjektiven und objektiven Interessen und seine Bedeutung für die Ethik, Band 1 der Gesammelten Schriften 1966–1990, 1994, S. 72.

67 Siehe aber auch *H. Plessner*, Die verspätete Nation, 1974, der sich auf dieses Nietzsche-Wort zur Absicherung seiner Theorie hätte berufen können; zu Nietzsche ebenda, S. 165 ff.

68 *G. W. F. Hegel*, Grundlinien der Philosophie des Rechts, Vorrede, S. 36; Hervorhebung nur hier.

69 *F. Nietzsche*, Morgenröte, I 1.

70 *F. Nietzsche*, Also sprach Zarathustra, Dritter Teil, Vor Sonnenaufgang.

71 *G. W. F. Hegel*, Grundlinien der Philosophie des Rechts, Vorrede, S. 33.

72 Näher *J. Petersen*, Nietzsches Genialität der Gerechtigkeit, 2008, passim.

73 Ähnlich *F. Nietzsche*, Morgenröte, II 123: „Wie die Vernunft in die Welt gekommen ist? Wie billig, auf eine unvernünftige Weise, durch einen Zufall. Man wird ihn erraten müssen wie ein Rätsel.“

74 *G. W. F. Hegel*, Grundlinien der Philosophie des Rechts, Vorrede, Fußnote 1.

Respekt zollte.[75] Daher trifft es zu, wenn Hasso Hofmann betont, „dass Hegels dialektischer Dreischritt von These, Antithese und Synthese sich als spekulative Begriffsentwicklung aus der Sicht philosophischer Betrachtung versteht, nicht als eine Art von Rechts- oder Verfassungsgeschichte."[76] Auch wenn dies nicht ausdrücklich auf die Eule der Minerva bezogen ist, erweist sich der Nachsatz gerade auch im Hinblick auf die Deutung dieses Bildes weiterführend: „Vielmehr sucht Hegel einen ahistorischen (‚vernünftigen') Begriff von Recht und Verfassung, der sich eben weder in juristischer Weise empirisch auf die bunte Fülle historischer Rechtsgestaltungen einlässt, noch aber abstrakt-naturrechtlich das ‚Gegenwärtige und Wirkliche' in einseitigem Räsonnement *überfliegt*, sondern jedes ‚Zeitliche und Vorübergehende' durch die Hereinnahme der Geschichtlichkeit in die Idee des Rechts als eines geistigen Aufstiegs überholt."[77] Das Überfliegen wird hier hervorgehoben, um die unwillkürliche Anlehnung an den Flug der Eule zu kennzeichnen, die Hegel selbst ausweislich der bereits oben gewürdigten Vorlesungsmitschrift von 1819/1820 aufgegriffen hat:[78] „Nicht überfliegen soll die Philosophie ihre Zeit."[79]

b) Nietzsches Antwort

Im Übrigen zeigt die den Aphorismus Nietzsches abschließende Frage („Widerspricht der gute Historiker im Grunde nicht fortwährend?"), dass er von der Geschichte her denkt, wobei von dem die Historie Deutenden gerade nicht die Vernünftigkeit des Geschehens betont wird, so dass es sich auch insoweit nachgerade um eine Antwort auf die Vorrede der Grundlinien zu handeln scheint. Auch die für Hegels Theorie des objektiven Geistes zentrale Bildung, die im Schrifttum gerade zum Bild von der Eule der Minerva in Beziehung gesetzt wurde,[80] stößt in der *Morgenröte* auf Ablehnung, wobei Nietzsche neben Schiller, Wilhelm von Humboldt[81] und anderen auch Hegel als Kronzeugen benennt.[82]

75 *Th. W. Adorno*, Drei Studien zu Hegel, 1963, 4. Auflage 1970, S. 56.

76 *H. Hofmann*, Einführung in die Rechts- und Staatsphilosophie, 4. Auflage 2008, S. 184.

77 *H. Hofmann*, ebenda, unter Verweis auf *R. Bubner*, Geschichtsprozesse und Handlungsnormen, 1984, S. 184. Siehe von ihm in diesem Zusammenhang auch *R. Bubner*, „Philosophie ist ihre Zeit, in Gedanken erfasst", in: Hermeneutik und Dialektik (Hg. ders./K. Cramer/R. Wiehl), 1970, S. 317 ff.

78 § 1 II 1 d.

79 *G. W. F. Hegel*, in: Hegel, Philosophie des Rechts, Die Vorlesung von 1819/1820 in einer Nachschrift (Hg. D. Henrich), 1983, S. 43, 48.

80 Vgl. *J. Mittelstraß*, Der Flug der Eule, Von der Vernunft der Wissenschaft und der Aufgabe der Philosophie, 2. Auflage 1976, S. 43, 48; *T. Unger*, Bildungsidee und Bildungsverständnis, 2007, S. 31.

81 Näher zu seinem Bildungsbegriff *J. Petersen*, Wilhelm von Humboldts Rechtsphilosophie, 2. Auflage 2007, S. 24 ff.; 187 ff.

6 Philosophie des Vormittags

Daraus erklärt sich auch, warum Nietzsche sich am Ende des ersten Teils von *Menschliches, Allzumenschliches* zu einer „Philosophie des Vormittags" bekennt:[83] „Aber dann kommen, als Entgelt, die wonnevollen Morgen anderer Gegenden und Tage, wo er schon im Grauen des Lichtes die Musenschwärme im Nebel des Gebirges nahe an sich vorübertanzen sieht, wo ihm nachher, wenn er still, in dem Gleichmaß der Vormittagsseele, unter Bäumen sich ergeht (...) die Geschenke aller jener freier Geister (...) – sie suchen die Philosophie des Vormittags." Diese beinahe poetische – und gerade dadurch sich an Hegels Bild formal anlehnende[84] – Beschreibung der Stimmung des hellen Vormittags ist das akkurate Gegenteil jenes Grau in Grau, das Hegels Philosophie der Dämmerung beherrscht. Auch wenn die Philosophie des Vormittags ebenso wenig explizit gegen Hegel konzipiert wurde, wie es bei der *Morgenröte* der Fall sein dürfte, ist sie doch eine unwillkürliche Abwendung davon.

IV Nietzsches „großer Mittag" gegen Hegels Dämmerung

Nietzsches Morgenröte als Gegenentwurf erklärt sich teilweise auch aus dem entsprechenden Kapitel aus *Ecce homo.*[85] Darin finden sich weitere, das heißt über das Vorwort der gleichnamigen Schrift hinausgehende Beweggründe: „Weder großes noch kleines Geschütz: ist die Wirkung des Buchs negativ, so sind es seine Mittel umso weniger, diese Mittel, aus denen die Wirkung wie ein Schluss, nicht wie ein Kanonenschuss folgt."[86]

1 Nietzsches „Kampf gegen die Entselbstungs-Moral"

Negativ ist die Wirkung in der Tat nicht zuletzt im Hinblick auf Hegel. Das erklärt zugleich, warum sich Nietzsche nicht explizit gegen Hegel und seine Philosophie der Dämmerung wendet, obwohl sie das genaue Gegenteil seines eigenen Denkens darstellt. Dennoch wird deutlich, warum Nietzsche auf ausdrückliche Polemik

82 *F. Nietzsche*, Morgenröte, III 190.
83 *F. Nietzsche*, Menschliches, Allzumenschliches, I, 638.
84 Zur Bedeutung der poetisch anmutenden Form des Bildes der Eule der Minerva eingehend unter § 1 I.
85 *F. Nietzsche*, Ecce homo, Morgenröthe.
86 *F. Nietzsche*, ebenda, 1.

weitgehend verzichtet, da es ihm wichtig ist, „dass im ganzen Buch kein negatives Wort vorkommt, kein Angriff, keine Bosheit, – dass es vielmehr in der Sonne liegt“.[87] Man kann sich fragen, ob nicht schon dieser ausdrücklich bejahende Grundzug der *Morgenröte* eine unausgesprochene Anspielung auf die Hegelsche Dialektik darstellt.[88]

Das würde erklären, warum ein Werk, das frei von jeder direkten Polemik ist und das mit Nietzsches Worten ein „*jasagendes* Buch ist“,[89] gleichwohl eine negative Wirkung haben kann, wie sie Nietzsche in Kauf nimmt. Zwar bezieht sich dies ausdrücklich auf den „Feldzug gegen die Moral“, den Nietzsche erklärtermaßen führt. Doch ist dies implizit auch gegen Hegel gerichtet, wie sogleich zu zeigen sein wird.[90] Es ist überdies sein Kampf gegen die „Entselbstungs-Moral“,[91] die man von dem ihr zugrunde liegenden Individualitätskonzept her durchaus auf Hegel beziehen kann, der gerade im Hinblick auf seine Staatsphilosophie einen institutionalistischen Standpunkt eingenommen hat.[92]

2 „Wirklichkeit der sittlichen Idee“ versus „organisierte Unmoralität“

Innerhalb dieser aus der *Morgenröte* kommenden Philosophie des Vormittags ist dasjenige, was für Hegel „die Wirklichkeit der sittlichen Idee“ bedeutet,[93] nämlich der Staat,[94] nicht von ungefähr – weil wiederum nach dem Prinzip der größtmöglichen Entgegensetzung und Abstoßung – das größte Übel und der Gegenbegriff des wirklichen Lebens und erst recht der Sittlichkeit: „Hegel: seine populäre Seite die Lehre vom Krieg und den großen Männern. Das Recht ist bei dem

---

87 *F. Nietzsche*, ebenda, 1.

88 Vgl. auch *G. Gentile*, La riforma della dialettica hegeliana, 1913; *H. F. Fulda*, Unzulängliche Bemerkungen zur Dialektik, in: Seminar: Dialektik in der Philosophie Hegels (Hg. R.-P. Horstmann), 2. Auflage 1989, S. 33.

89 *F. Nietzsche*, Ecce homo, Morgenröthe, 1, Hervorhebung auch dort.

90 Unter 2.

91 *F. Nietzsche*, Ecce homo, Morgenröthe, a. E.

92 *D. Henrich*, Einleitung: Vernunft in Verwirklichung, in: Hegel, Philosophie des Rechts, Die Vorlesung von 1819/1820 in einer Nachschrift (Hg. ders.), 1983, S. 9, 31. Siehe aber auch *E. Rosza*, Modern Individuality in Hegel's Practical Philosophy (dazu *A. Mohseni*, Hegel-Studien 47, 2013, 221).

93 *G. W. F. Hegel*, Grundlinien der Philosophie des Rechts, § 257. Wichtig ist allerdings die Feststellung von *J. Ritter*, Hegel und die französische Revolution, 1965, S. 9, dass Aussagen wie diese für Hegel „metaphysische Aussagen sind“.

94 Zu ihm *V. Hösle*, Der Staat, in: Anspruch und Leistung von Hegels Rechtsphilosophie (Hg. Ch. Jermann), 1987, S. 183 ff.

Siegreichen: er stellt den Fortschritt der Menschheit dar. Versuch, die Herrschaft der Moral aus der Geschichte zu beweisen. (...) Hegel: eine nachweisbare Entwicklung, Sichtbarwerdung des moralischen Reiches. Wir wollen uns weder auf die Kantische noch Hegelsche Manier betrügen lassen – wir *glauben* nicht mehr, wie sie, an die Moral und haben folglich auch keine Philosophien zu gründen, *damit* Moral recht behalte."[95]

So bezeichnete Nietzsche den Staat in größtmöglicher Kontrastierung zu – und womöglich impliziter Anspielung auf – Hegel als „organisierte Unmoralität",[96] als „Sünde an Rechten und Sitten", als „Erzeugnis der Anarchisten"[97] und ließ Zarathustra sagen: „Staat nenn ich's, wo alle Gifttrinker sind, Gute und Schlimme: Staat, wo der langsame Selbstmord aller – ‚das Leben' heißt."[98] Nietzsches Losung heißt nicht von ungefähr: „So wenig als möglich Staat!"[99] Es lässt sich schwerlich eine schrillere Dissonanz vorstellen als die zwischen der Vorstellung des Staates als „organisierte Unmoral" bei Nietzsche und derjenigen „als Wirklichkeit der sittlichen Idee" im Sinne Hegels. Was Ritter über Haym sagt – übrigens nicht von ungefähr unter vorangehender Bezugnahme auf Nietzsches Ablehnung der spekulativen Philosophie – lässt sich daher ebenso gut oder womöglich besser über Nietzsche sagen, dass nämlich „Hegel zum Gegenspieler schlechthin wird".[100]

3 Nietzsches „großer Mittag" und Hegels „Mittag des Lebens"

Nietzsche sieht in der autobiographischen Rückschau auf die *Morgenröte* seine Aufgabe darin, „einen Augenblick höchster Selbstbesinnung der Menschheit vorzubereiten, einen *großen Mittag*, wo sie zurückschaut und hinausschaut, wo sie aus der Herrschaft des Zufalls und der Priester hinaustritt", zu denen er im Übrigen

95 *F. Nietzsche*, Der Wille zur Macht, 1906 (zitiert nach der Kröner-Ausgabe) Fragment 415. Zu dieser Stelle auch *O. Pöggeler*, Der junge Hegel und die Lehre vom weltgeschichtlichen Individuum, in: Hegels Philosophie des Rechts. Die Theorie der Rechtsformen und ihre Logik (Hg. D. Henrich/R.-P. Horstmann), 1982, S. 17 f., der die Ambivalenz von Nietzsches Verhältnis zu Hegel betont und für die Rechtsphilosophie folgert: „Hegels Rechtsphilosophie aber könnte etwas anderes meinen, als jene Popularisierung heraushebt, von der Nietzsche spricht." Siehe zu der zitierten Nietzsche-Stelle auch *J. Petersen*, Nietzsches Genialität der Gerechtigkeit, 2008, S. 196 mit Fußnote 959.

96 *F. Nietzsche*, Der Wille zur Macht, 1906 (zitiert nach der Kröner-Ausgabe) Fragment 717.

97 *F. Nietzsche*, Morgenröte, III 184.

98 *F. Nietzsche*, Also sprach Zarathustra, Erster Teil, Von neuen Götzen.

99 *F. Nietzsche*, Morgenröte, III 179.

100 *J. Ritter*, Hegel und die französische Revolution, 1965, S. 12.

nicht zuletzt die „*versteckten* Priester, die Philosophen“ zählt.[101] Von der *Morgenröte* über die Philosophie des Vormittags ist also der „große Mittag“ das Ziel. Dieser Scheitelpunkt unterscheidet sich von der Rückschau in der Abenddämmerung wiederum denkbar deutlich: Zwar ist auch dort der Punkt gefunden, „wo sie zurückschaut“, also zumindest zur Hälfte in die Richtung schaut, die auch im Rückblick aus der Dämmerung gesehen wird. Doch ist die Perspektive eine weiterreichende:[102]

Denn das Entscheidende ist für Nietzsche das zugleich gewährleistete Hinausschauen und damit der Austritt aus der von ihm verschmähten „Winkelperspektive“.[103] Dieser perspektivische Gesichtspunkt, der überhaupt bezeichnend ist für Nietzsche,[104] steht in einem untrennbaren Zusammenhang zu seinem Gerechtigkeitsverständnis,[105] da er die Gerechtigkeit nicht zuletzt als „Funktion einer weitumherschauenden Macht“ versteht.[106]

a) Hegels „Mittag des Lebens“ in der Differenzschrift

Was Adorno über die Erhellung der Hegelschen *Logik* sagte, nämlich dass frühere Texte wie die *Differenz-Schrift* programmatisch dasjenige formulieren, was die späteren Werke einlösen,[107] gilt mutatis mutandis auch für die Rechtsphilosophie. So ist zu berücksichtigen, dass das tageszeitliche Bild des Mittags auch in Hegels Differenzschrift begegnet: „Und in dieser Nacht der bloßen Reflexion und des raisonnirenden Verstandes, die der Mittag des Lebens ist, können sich beide begegnen.“[108] Betrachtet man zunächst nur die ‚Nacht der bloßen Reflexion‘, so ist

---

101 *F. Nietzsche*, Ecce homo, Morgenröthe, 2; Hervorhebungen auch dort.

102 Siehe auch die von *P. Stekeler-Weithofer*, Die Eule der Minerva oder: die Macht der Reflexion, Allgemeine Zeitschrift für Philosophie 25 (2000) 63, 72, gestellte Frage: „Oder bedeutet dies nicht vielmehr folgendes: Relevante Formen und Muster und Paradigmen kann man immer nur aus einer bestimmten Höhe, immer nur aus einer abstrakt-idealen Perspektive betrachten?“ – Diese abstrakt-ideale Perspektive gibt es für Nietzsche jedenfalls nicht.

103 *F. Nietzsche*, Nachgelassene Fragmente, 1884–1885, Kritische Studienausgabe Band 11 (Hg. G. Colli/M. Montinari), August–September 1885, 40 [65], S. 663 f.

104 Vgl. nur *K. M. Hingst*, Perspektivismus und Pragmatismus. Ein Vergleich auf der Grundlage der Wahrheitsbegriffe und der Religionsphilosophien von Nietzsche und James, 1998.

105 *J. Petersen*, Nietzsches Genialität der Gerechtigkeit, 2008, S. 228 ff.

106 *F. Nietzsche*, Nachgelassene Fragmente, 1884–1885, Kritische Studienausgabe Band 11 (Hg. G. Colli/M. Montinari), Sommer–Herbst 1884, 26 [149], S. 188.

107 *Th. W. Adorno*, Drei Studien zu Hegel, 1963, 4. Auflage 1970, S. 160.

108 *G. W. F. Hegel*, Differenz des Fichte'schen und Schelling'schen Systems der Philosophie, 1801, in: Sämtliche Werke (ed. H. Glockner, Band 1), S. 60; dazu *L. Siep*, Der Weg der Phänomenologie des Geistes. Ein einführender Kommentar zu Hegels „Differenzschrift“ und „Phänomenologie des Geistes“, 2000.

es nicht weit zum Bild der Eule, die ihren Flug mit der einbrechenden Dämmerung beginnt und die Reflexion symbolisiert.

Dabei ist freilich zu berücksichtigen, dass die „Nacht der bloßen Reflexion" durchaus auch peiorativen Charakter hat, wie überhaupt ‚Verstand' und ‚Reflexion' bei Hegel tendenziell negativ besetzt sind,[109] während es sich bei ‚Vernunft' und ‚Spekulation' umgekehrt verhält.[110] In diesem Sinne ist in der *Encyclopädie* von der „bloßen Verstandes-Ansicht der Vernunft-Gegenstände" die Rede.[111] Die „bloße Reflexion", die dem Verstand zugeordnet ist,[112] verharrt im Dunkel. Im gleichordnenden („und") Zusammenhang mit dem nur „raisonnirenden Verstand" zeigt sich die Beschränkung des reflektierenden Verstandesgebrauchs,[113] der gerade nicht die spekulative Vernunft darstellt,[114] von der Hegel später in der *Rechtsphilosophie* sagt, dass dadurch „die Freiheit ihr Dasein erhalte."[115]

b) Rudimentäre Vorahnung der „Gestalt des Lebens"?

Schwieriger wird es, wenn man dies in Übereinstimmung mit der nachfolgenden Präzisierung zu bringen sucht, die vorderhand das Entgegengesetzte bedeutet, indem von dieser Macht zugleich als dem „Mittag des Lebens" gesprochen wird. Hegel und Nietzsche scheinen sich hier näher als zunächst angenommen. Indes ergibt der systematische Zusammenhang der kryptischen Stelle,[116] die innerhalb

---

109 *Th. W. Adorno*, Drei Studien zu Hegel, 1963, 4. Auflage 1970, S. 144 („als wäre die Spekulation ein esoterisches Vermögen, nicht die kritische Selbstbesinnung der Reflexion, dieser feindlich verschwistert wie nur bereits bei Kant die Vernunft dem Verstande").

110 *R.-P. Horstmann*, Den Verstand zur Vernunft bringen? Hegels Auseinandersetzung mit Kant in der *Differenz-Schrift*, in: Das Interesse des Denkens. Hegel aus heutiger Sicht (Hg. W. Welsch/ K. Vieweg), 2003, S. 89 ff.

111 *G. W. F. Hegel*, Encyclopädie, § 27; näher dazu *R.-P. Horstmann*, Wahrheit aus dem Begriff. Eine Einführung in Hegel, 1990, S. 24 f.

112 *R.-P. Horstmann*, Die Grenzen der Vernunft. Eine Untersuchung zu Zielen und Motiven des Deutschen Idealismus, 1991, 3. Auflage 2004, S. 131, unter der sinnfälligen Überschrift der „Verbannung des Verstandes aus dem Reich der Wahrheit".

113 Vgl. nur zum früheren Hegel *R.-P. Horstmann*, Jenaer Systemkonzeptionen, in: Hegel (Hg. O. Pöggeler), 1977, S. 43, 50 f.: „Darstellung der Erkenntnisleistungen der Vernunft (Spekulation) mit den Mitteln des Verstandes (Reflexion)".

114 *Th. W. Adorno*, Drei Studien zu Hegel, 1963, 4. Auflage 1970, S.131.

115 *G. W. F. Hegel*, Grundlinien der Philosophie des Rechts, § 99 a. E.

116 *Th. W. Adorno*, Drei Studien zu Hegel, 1963, 4. Auflage 1970, S. 108, mit der (selbst-)ironischen Einleitung: „Nur die ingeniöse und exakte Phantasie eines passionierten Seminarteilnehmers wird ohne Gewaltsamkeit dem letzten Satz, der es mit der exponiertesten Prosa Hölderlins aus denselben Jahren aufnimmt, sein Licht entzünden." – Neben der genannten Prosa Hölderlins wäre

der *Differenz-Schrift* dem Abschnitt über die Relation des gesunden Menschenverstandes zur Spekulation zugeordnet ist, dass der ‚Mittag des Lebens‘ die Spekulation darstellt. Darüber hinaus kann aber der in der Frühschrift genannte und zur Nacht der Reflexion ins Verhältnis gesetzte ‚Mittag des Lebens‘ als eine rudimentäre Vorahnung der späteren ‚Gestalt des Lebens‘ verstanden werden, die freilich mehr als eine bloß assoziative Anleihe ist, sondern in den ausgereiften systematischen Bau des Hegelschen Systems, wie es sich in der *Encyclopädie* darstellt,[117] integriert ist und nur vor dem Hintergrund der Theorie des objektiven und absoluten Geistes begriffen werden kann.

4 Nietzsches ambivalente Wertschätzung Hegels

Der Blick auf Nietzsche und seine implizite Hegel-Kritik in der *Morgenröte* verändert im Wortsinne die Perspektive, deren Einschränkung Nietzsche selbst so sehr zu schaffen machte, dass er die „Winkelperspektive“ überwinden musste.[118] So wirkt die *Morgenröte* und der daraus entspringende „große Mittag“ im Sinne Nietzsches wie eine Kontrastfolie, die Hegels Sicht kritisch zur Geltung bringt. Dessen ungeachtet darf aber nicht ausgeblendet werden, was Nietzsche in der *Morgenröte* an Hegel schätzte, nämlich erstaunlicherweise seinen esprit: „Von den berühmten Deutschen hat vielleicht niemand mehr esprit gehabt, als Hegel – aber er hatte dafür auch so eine große Angst vor ihm, dass sie seinen eigentümlichen schlechten Stil geschaffen hat.“[119] Zu „Hegel als Stilist“ bemerkt Nietzsche an anderer Stelle, aber auf den vorliegenden Zusammenhang passend, dass – im Unterschied zu Heine – „bei Hegel alles nichtswürdiges Grau ist“.[120]

Das Kompliment über Hegels esprit ist freilich bei aller Aufrichtigkeit vergiftet, wie die Betonung der Unlesbarkeit zeigt:[121] „Dessen Wesen ist nämlich, dass ein Kern umwickelt und nochmals und wiederum umwickelt wird, bis er kaum noch hindurchblickt, verschämt und neugierig (...): jener Kern ist aber ein witziger, oft vorlauter Einfall über die geistigsten Dinge, eine feine gewagte Wortverbindung,

---

aber auch an sein Gedicht *Hälfte des Lebens* zu denken, das gleichsam auch der ‚Mittag des Lebens‘ ist und zugleich die ‚Macht der bloßen Reflexion‘ versinnbildlicht.

117 *G. W. F. Hegel*, Encyclopädie, §§ 553 ff.

118 *F. Nietzsche*, Nachgelassene Fragmente, 1884–1885, Kritische Studienausgabe Band 11 (Hg. G. Colli/M. Montinari), August–September 1885, 40 [65], S. 663 f.

119 *F. Nietzsche*, Morgenröte, III 193.

120 *F. Nietzsche*, Nachgelassene Fragmente, 1875–1879, Kritische Studienausgabe Band 8 (Hg. G. Colli/M. Montinari), Frühling 1876, 15 [10], S. 281.

121 Vgl. auch *Th. W. Adorno*, Drei Studien zu Hegel, 1963, 4. Auflage 1970, S. 108.

wie so etwas in die Gesellschaft von Denkern gehört, also Zukost der Wissenschaft, – aber in jenen Umwicklungen präsentiert es sich als abstruse Wissenschaft selber und durchaus als höchste moralische Langeweile!“[122] Ein Beispiel für diesen esprit dürfte jene weiter oben im Rahmen des „nur erkennen“ behandelte Stelle Hegels darstellen,[123] in der er über das Erkenntnisvermögen selbst postuliert: „Man soll das Erkennntnisvermögen erkennen, ehe man erkennt; es ist dasselbe wie mit dem Schwimmenwollen, ehe man ins Wasser geht.“[124]

Auch die gealterte Gestalt des Lebens lässt sich in diesem Sinne nur erkennen. Hegels esprit dürfte sich aber aus Nietzsches Sicht nicht zuletzt in der Vorrede der Rechtsphilosophie offenbart haben. Wenn die konservativ-quietistische und resignative Grundstimmung im Schrifttum betont wird, so übersieht man gerne die mitunter glänzende Polemik,[125] mit der sie im Unterschied zu den mitunter trockenen Ausführungen der *Grundlinien* selbst geschrieben wurde.[126] Auch wenn sich die Auffassungen Nietzsches und Hegels buchstäblich wie Tag und Nacht voneinander unterscheiden, sind Ton und Ductus der Vorrede Nietzsche näher als die *Grundlinien* selbst. Man denke nur an die Stelle der Vorrede, wonach das „Ergründen des Vernünftigen“ Sache der Philosophie ist und „nicht das Aufstellen eines Jenseitigen, das Gott weiß wo sein sollte“.[127] Gerade weil die Metapher der Eule der Minerva einerseits inhaltlich von der Philosophie handelt und andererseits im Ausdruck dichterisch-literarische Züge trägt, durfte sich Nietzsche dadurch herausgefordert fühlen.

---

122 *F. Nietzsche*, Morgenröte, III 193.

123 Oben unter § 3 II 1.

124 *G. W. F. Hegel*, Vorlesungen über die Geschichte der Philosophie, 1805/1806, 1816–1831, in: Sämtliche Werke (ed. H. Glockner, Band 19), S. 555; zu dieser Stelle auch *J. Habermas*, Erkenntnis und Interesse, 1968, 2. Auflage 1973, S. 15.

125 Hegels Polemik gegen Fries („Heerführer dieser Seichtigkeit“) gibt davon ebenso beredtes Zeugnis wie sein Verweis auf die Logik (Grundlinien der Philosophie des Rechts, Vorrede, S. 26 f.); vgl. die später gestrichene und in der sonst hier zitierten Ausgabe von H. Glockner nicht mehr enthaltene Anmerkung von *G. W. F. Hegel*, Wissenschaft der Logik (Nürnberg 1812), Einleitung, S. XVII (abgedruckt nur in Wissenschaft der Logik, 1832, in: Sämtliche Werke (ed. G. Lasson, Band 3), Einleitung, S. 34 Fußnote 1). Treffend *J. Habermas*, Zu Hegels Politischen Schriften, in: *ders.*, Theorie und Praxis, 1963, 4. Auflage 1971, S. 148, 156: „Philosophie kann an Fries und Burschenschaften Kritik üben, nicht an Institutionen des Staates.“

126 Siehe auch *R.-P. Horstmann*, Ist Hegels Rechtsphilosophie das Produkt der politischen Anpassung eines Liberalen?, in: Hegel-Studien 9 (1974) 241.

127 *G. W. F. Hegel*, Grundlinien der Philosophie des Rechts, Vorrede, S. 32.

V Weltgeschichte oder Wahrheit als Weltgericht?

Für diese These der kontrastierenden Entgegensetzung kann noch ein weiteres großes Wort herangezogen werden. Hegel begriff bekanntlich in Anlehnung an Schillers Gedicht „Resignation"[128] die Weltgeschichte als das Weltgericht.[129]

1 Weltgericht als Vollstreckung der Gerechtigkeit?

Dem entspricht letztlich auch die eingangs vorgestellte Deutung des Wortes von der Eule der Minerva. Für Hegel steht damit über dem staatlichen Recht noch das Recht der Geschichte.[130] Das Weltgericht ist also die Instanz der Weltgeschichte, da in ihr die partikularen Volksgeister mit ihren widerstreitenden Interessen miteinander versöhnt werden, indem nicht die Macht, sondern die vernünftige Notwendigkeit waltet.[131]

a) Gerechtigkeit und absolutes Recht

Das zeigt sich in den *Grundlinien* dort, wo zunächst nur die unvollkommene Gerechtigkeit behandelt wird: „Gerechtigkeit und Tugend, Unrecht, Gewalt und Laster, Talente und ihre Taten, die kleinen und die großen Leidenschaften, Schuld und Unschuld, Herrlichkeit des individuellen Volkslebens, Selbständigkeit, Glück und Unglück der Staaten und der Einzelnen haben in der Sphäre der bewussten Wirklichkeit ihre bestimmte Bedeutung und Wert und finden darin ihr Urteil und ihre – jedoch unvollkommene – Gerechtigkeit."[132] Doch liegt gerade in der Parenthese die wesentliche Einschränkung, welche die ohnehin etwas beliebige Aufzählung dessen, was Gerechtigkeit findet, noch gleichgültiger erscheinen lässt, weil es immer nur relative Bedeutung im Hinblick auf das Recht hat und das

---

128 *F. Schiller*, Resignation, 1784, 17. Strophe: „Wer dieser Blumen eine brach, begehre / Die andre Schwester nicht. / Genieße, wer nicht glauben kann. Die Lehre / Ist ewig, wie die Welt. Wer glauben kann, entbehre! / Die Weltgeschichte ist das Weltgericht." Zu diesem Gedicht im Hinblick auf die zitierte Stelle Hegels *E. Jüngel*, Ganz werden: Theologische Erörterungen, 2003, S. 323, 327.

129 *G. W. F. Hegel*, Die Vernunft in der Geschichte (Hg. J. Hoffmeister), 1917, 5. Auflage 1955, S. 35; vgl. auch Grundlinien der Philosophie des Rechts, § 340; Enzyklopädie, § 548.

130 *J. Braun*, Einführung in die Rechtsphilosophie, 2006, S. 340.

131 *G. W. F. Hegel*, Grundlinien der Philosophie des Rechts, §§ 341 f.; siehe auch *M. Baum/ K. R. Meist*, Recht-Politik-Geschichte, in: Hegel. Einführung in seine Philosophie (Hg. O. Pöggeler), 1977, S. 124.

132 *G. W. F. Hegel*, ebenda, § 345. Siehe auch *F. Ruda*, Hegel's Rabble. An Investigation in Hegel's Philosophy of Right (dazu *T. Rojek*, Hegel-Studien 47, 2013, 224).

Absolute nicht erreicht, das erst und nur in der Weltgeschichte zu finden ist: „Die Weltgeschichte fällt außer diesen Gesichtspunkten; in ihr erhält dasjenige notwendige Moment der Idee des Weltgeistes, welches gegenwärtig *seine* Stufe ist, sein *absolutes* Recht, und das darin lebende Volk und dessen Taten erhalten ihre Vollführung und Glück und Ruhm."[133]

Gerade dieser Nachsatz über das „darin lebende Volk" dürfte wohl im Zusammenhang mit der Vorrede als selbstgefällig verstanden worden sein und wäre scheinbar am ehesten verzichtbar, damit das Absolute und Allgemeingültige besser zur Geltung komme. Doch ist gerade diese präzisierende adverbiale Bestimmung des Ortes im Sinne des „*darin* lebenden Volkes" wichtig. Denn der Weltgeist hat sein Dasein gerade im jeweiligen Volksgeist und seiner sittlichen Wirklichkeit.[134]

b) Selbstbewusstsein, objektive Wirklichkeit und Weltgeist

Auch in den *Grundlinien* und nicht nur in seinen genuin geschichtsphilosophischen Schriften hat Hegel die Weltgeschichte als das Weltgericht vorausgesetzt. Die Stelle, von der die Rede ist, veranschaulicht zugleich den stufenweisen Übergang vom subjektiven Geist über den objektiven Geist zum absoluten Geist:[135] „Die Prinzipien der Volksgeister sind um ihrer Besonderheit willen, in der sie als existierende Individuen ihre objektive Wirklichkeit und ihr Selbstbewusstsein haben, überhaupt beschränkte, und ihre Schicksale und Taten in ihrem Verhältnisse zueinander sind die erscheinende Dialektik der Endlichkeit dieser Geister, aus welcher der allgemeine Geist, der Geist der Welt, als unbeschränkt ebenso sich hervorbringt, als er es ist, der sein Recht – und sein Recht ist das allerhöchste – an ihnen in der Weltgeschichte, als dem Weltgerichte, ausübt."[136]

---

133 *G. W. F. Hegel*, ebenda, § 345. Vgl. auch *H. Klenner*, Hegels Rechtsphilosophie: Zeitgeist oder Weltgeist?, in: Hegels Philosophie des Rechts. Die Theorie der Rechtsformen und ihre Logik (Hg. D. Henrich/R.-P. Horstmann), 1982, S. 206, 208 f., mit 26 von ihm aufgelisteten „politisch-juristischen Orakelsprüchen."

134 Vgl. dazu auch *F. Dittmann*, Der Begriff des Volksgeistes bei Hegel. Zugleich ein Beitrag zur Geschichte des Begriffs der Entwicklung im 19. Jahrhundert, 1909.

135 Dazu *R. Kroner*, Von Kant bis Hegel, Band II, 1924, 4. Auflage 2007, S. 517.

136 *G. W. F. Hegel*, Grundlinien der Philosophie des Rechts, § 340; dazu *H. Hofmann*, Einführung in die Rechts- und Staatsphilosophie, 4. Auflage 2008, S. 187. Erhellend zu dieser Stelle auch *H. F. Fulda*, Georg Wilhelm Friedrich Hegel, 2003, S. 260 f.: „Der Weltgeist übt das ‚Gericht seiner Macht' (§ 342) nicht als unwandelbarer aus, sondern als Weltgeschichte (§ 340), in welcher er, obwohl er von Anfang an allgemein *ist*, sich selber *als* ein unbeschränkter erst ‚hervor', d. h. zum Wissen bringt. (. . .) So wird vom höchsten Recht des Weltgeistes für jede Hauptepoche der Weltgeschichte ein rekonstruierbares Rechtssystem in einer Reihe aufeinanderfolgender Rechts-

Der erste Teil des Zitats bestätigt eine an das Frühwerk anknüpfende Beobachtung von Jürgen Habermas, die ihrerseits auf das Bild der Eule der Minerva gemünzt scheint: „Schon zeichnet sich jene in der *Logik* begründete Arbeitsteilung zwischen den Philosophen und den Geschäftsführern des Weltgeistes ab, mit der Hegel in seinen geschichtsphilosophischen Vorlesungen eine Rückwirkung der Theorie auf die Praxis ausschließen wird. *Die Reflexion auf das Schicksal ist zur Nachträglichkeit verurteilt*, sie kann dessen objektive Gewalt nicht mehr brechen."[137]

Vor diesem Hintergrund veranschaulicht das Hegel-Zitat gerade die Fortentwicklung des Frühwerks und die weichenstellende Bedeutung der *Wissenschaft der Logik* für die *Rechtsphilosophie* Hegels und deren Verbindung durch das Bild von der Eule der Minerva. Die notwendigerweise nachträgliche Reflexion wird durch das Bild zumindest deklaratorisch, in gewisser Hinsicht aber wohl auch konstitutiv zur Geltung gebracht, indem das in den *Grundlinien* Ausgeführte nur unter Rekurs auf das gleichsam vor der Klammer festgelegte methodische Prinzip zu verstehen ist.

Zudem scheint in dem zitierten Satz aus den *Grundlinien* das Selbstbewusstsein als subjektiver Geist, die objektive Wirklichkeit als objektiver Geist und schließlich der allgemeine Geist als absoluter Geist angesprochen zu werden. Dieser wird uns noch am Ende der Abhandlung beschäftigen, wenn es erneut um die Bestimmung der ‚Gestalt des Lebens' im Sinne der Vorrede gehen wird. Der Weltgeist steht dabei – entsprechend dem Grundanliegen der Rechtsphilosophie – unter der Bedingung der Verwirklichung der Freiheit.[138] Darauf wird am Ende zurückzukommen sein. Einstweilen aber interessiert uns vor allem die bei Hegel vorausgesetzte Bestimmung der Weltgeschichte als dem Weltgericht.

---

systeme autorisiert. Die Systeme (...) bilden mit ihrer Aufeinanderfolge einen Prozess des Daseins betätigter Freiheit, in welchem Freiheit zum Wissen ihrer selbst kommt" (Hervorhebungen auch dort). Gerade die letztgenannte Folge bestätigt – auf den Weltgeist bezogen – das, was oben unter § 2 (das Selbstbewusstsein als Prinzip des Rechts) und § 3 (Verwirklichung der Freiheit) behandelt wurde.

137 *J. Habermas*, Zu Hegels Politischen Schriften, in: *ders.*, Theorie und Praxis, 1963, 4. Auflage 1971, S. 148, 159; Hervorhebung nur hier. Siehe auch *R. Pippin*, The Rose and the Owl: Some Remarks on the Theory-Practice Problem in Hegel, Independent Journal of Philosophy 3 (1979) 7.

138 *H. F. Fulda*, Georg Wilhelm Friedrich Hegel, 2003, S. 235.

c) Weltgeschichte, Welt und Wahrheit als Weltgericht

Die These, dass die Weltgeschichte das Weltgericht sei, ist seit jeher diskutiert worden.[139] Dabei ist aus unterschiedlicher Perspektive in Abrede gestellt worden, dass das Weltgericht gleichsam die Vollstreckung der Gerechtigkeit sein könne.[140] Das entspricht auch der bereits weiter oben referierten Ansicht von Horkheimer und Adorno,[141] die mit gutem Grund zu bedenken gegeben haben, dass eine solche Gerechtigkeit letztlich konstruiert ist.[142] Gewiss kann man dies nicht allein mit den zahllosen Ungerechtigkeiten innerhalb der Weltgeschichte begründen, weil Hegels Geschichtsverständnis kein Unrecht rechtfertigen soll oder einer gleichwie gearteten Teleologie das Wort reden will, geht es ihm doch nur um das philosophische Begreifen und nicht das teleologische Erklären.[143]

Für den vorliegenden Zusammenhang interessanter noch ist aber die Entgegensetzung, die das Wort womöglich über Schopenhauer bis hin zu Nietzsche erfahren hat. Schopenhauer sah schlicht die Welt als Weltgericht.[144] Nietzsche ging darüber hinaus und erhob in einem gleichermaßen auf die Historie angewandten,[145] aber in diesem Zusammenhang erstaunlich wenig beachteten Wort die Wahrheit zum Weltgericht, indem er über den Gerechten sagt: „denn Wahrheit will er, doch nicht nur als kalte folgenlose Erkenntnis, sondern als die ordnende und strafende Richterin, Wahrheit nicht als egoistischen Besitz des Einzelnen, sondern als die heilige Berechtigung, alle Grenzsteine egoistischer Besitztümer zu verrü-

139 Zum eschatologischen Gehalt des Schiller-Wortes im Hinblick auf Hegel siehe *C. F. v. Weizsäcker*, Der Garten des Menschlichen, 4. Auflage 1978, S. 397: „Aber wenn dies auch biographisch und insofern realiter ein Motiv für Hegel gewesen sein mag, von der inneren Konsequenz seines Denkens aus spielt die christliche Eschatologie keine tragende Rolle." Daher kann diese Dimension für die weitere Deutung und Gegenüberstellung mit Nietzsche auch außer Betracht bleiben.

140 Bündig und zutreffend *V. Hösle*, Hegels System, 2. Auflage 1998, S. 679: „Zwar wird ihm niemand verargen, dass er die Erschütterungen des 20. Jahrhunderts nicht vorhergesehen hat; aber das nach den Greueln dieses Jahrhunderts und angesichts der Gefahren des nächsten eine unbekümmerte Anknüpfung an seine Geschichtsphilosophie nach Art *F. Fukuyamas* (The End of History and the Last Man, 1992) abwegig ist, versteht sich eigentlich von selbst". Vgl. auch *H. Küng*, Was ich glaube, 2009, S. 310.

141 Oben unter § 3 IV 4.

142 *M. Horkheimer/Th. W. Adorno*, Dialektik der Aufklärung (1947), Nachträge und Aufzeichnungen: Zur Kritik der Geschichtsphilosophie.

143 *H. F. Fulda*, Georg Wilhelm Friedrich Hegel, 2003, S. 239 f.

144 *A. Schopenhauer*, Die Welt als Wille und Vorstellung, Band I, (ed. W. Fr. v. Löhneysen), 1976, S. 415 f.

145 Allgemein dazu *A. Wittkau-Horby*, Historismus, 1989, S. 46.

cken, *Wahrheit mit einem Wort als Weltgericht* (...).[146] Das scheint auf dasselbe hinauszulaufen wie bei Hegel, wenn auch bei diesem erst über die Weltgeschichte, die jedoch zugleich den Weg zur Wahrheit weist, wie weiter oben behandelt wurde.[147]

2 Metaphysiker des Geistes und des Abendlandes

Bemerkenswert an der Wendung von der Wahrheit als dem Weltgericht bei Nietzsche, die den Ausgangspunkt der vorstehenden Betrachtung darstellte, ist noch etwas weiteres, das sich erst im Spiegel des Denkens eines Dritten zeigt. Es darf nämlich nicht übersehen werden, dass gerade in diesem Zusammenhang auch Martin Heideggers berühmtes Wort steht, das Nietzsche als den „letzten Metaphysiker des Abendlandes" entlarvt: „Aber *dass* gerade dieser griechische Gedanke der Gerechtigkeit (...) bei Nietzsche zündete und durch sein ganzes Denken immer verborgener und verschwiegener weiterglühte und sein Denken befeuerte, das hat seinen Grund nicht in jener ‚historischen' Beschäftigung mit den vorplatonischen Philosophen, sondern in der geschichtlichen Bestimmung, der sich der letzte Metaphysiker des Abendlandes fügt."[148] Heidegger sah immerhin einen „wesentlichen Zusammenhang" und nicht schlechterdings einen unüberbrückbaren Gegensatz zwischen Hegel und Nietzsche.[149]

a) Unüberbrückbarer Gegensatz trotz scheinbarer Nähe

Gewiss würde es zu weit gehen, in dieser Charakterisierung eine Nähe zu Hegels Metaphysik des Geistes zu diagnostizieren,[150] auch wenn die von Heidegger so genannte „geschichtliche Bestimmung" geradezu auf das Bild von der Eule der

146 *F. Nietzsche*, Unzeitgemäße Betrachtungen II, Vom Nutzen und Nachteil der Historie für das Leben, 1874, Kritische Studienausgabe Band 1 (Hg. G. Colli/M. Montinari), 6; Hervorhebung nur hier. Dazu etwa *J. Geijsen*, Geschichte und Gerechtigkeit, 1997, S. 40 f.; *J. Petersen*, Nietzsches Genialität der Gerechtigkeit, 2008, S. 30 f.

147 Unter § 3 IV 2.

148 *M. Heidegger*, Nietzsche, Band I, 1961, S. 570. Zu dieser Stelle auch *J. Petersen*, Nietzsches Genialität der Gerechtigkeit, 2008, S. 220.

149 *M. Heidegger*, Nietzsches Wort „Gott ist tot", in: Holzwege, 1957, S. 193 ff.; 196.

150 Näher zum Folgenden *R.-P. Horstmann*, Metaphysikkritik bei Hegel und Nietzsche, in: Hegel-Studien 28 (1993) 285, der bei allen diagnostizierten Gemeinsamkeiten, zu denen insbesondere ihr jeweiliges Verhältnis zur „wahren Welt" und damit die Frage nach dem notwendigen Maß der Objektivität für den Menschen gehört, streng zwischen solchen im Ansatz und in den Konsequenzen unterscheidet.

Minerva gemünzt zu sein scheint[151] und gerade Hegels *Grundlinien der Philosophie des Rechts* mitunter als „letzte große Metaphysik des Rechts“ bezeichnet werden.[152] Interessant ist immerhin, dass ein angloamerikanischer Exeget des Bildes der Eule der Minerva ihren genuin *abendländischen* Charakter betont, weil es der Ort ist, wo die Sonne untergeht und damit die Folge des Prozesses der Vernunft der Weltgeschichte sowie der Ort, an dem sich der Geist seiner selbst ganz bewusst ist; in diesem Zwielicht könne die Eule der Minerva ihren Flug beginnen.[153]

Doch sollte man diesen metaphorischen Aspekt nicht zu stark gewichten. Deshalb ist auch der Versuch eines anderen Interpreten gewagt, der die Eule der Minerva dem Adler des Zarathustra kontrastierend entgegensetzt: „Während die Eule der Minerva erst in der Nacht der Geschichte ihre Flügel ausstreckt und nach festem Land zu suchen beginnt, steigt der Adler von Nietzsche erst hier richtig mit dem kräftigen Elan zum Wahrheitshimmel empor.“[154] Mag man diese Kombination typischer Bilder auch für etwas schief halten, so verbirgt sich dahinter immerhin die zutreffende Erkenntnis, dass in beiden Fällen letztlich die Problematik der Gerechtigkeit den Zurechnungsendpunkt markiert.

b) Kunstvoller Verweis auf die Sphäre des absoluten Geistes

Hölderlins *Hyperion* hat über zwei Jahrzehnte zuvor eine ahnungsvoll anmutende Andeutung gemacht,[155] die das zuletzt Angesprochene in dichterischer Vollen-

---

151 Aufschlussreich auch *R. Pippin*, The Rose and the Owl: Some Remarks on the Theory-Practice Problem in Hegel, Independent Journal of Philosophy 3 (1979) 7, 15: “It is also obviously related to a more fundamental ‘duality’ in Hegel apparent to anyone who has studied him seriously: that the philosopher most responsible for connecting philosophy to the actual world is also the ‘last metaphysician’ in the Western Tradition. Or: given the way he understands the ‘rose in the cross of presence’, it is inevitable that such understanding is as problematically dissatisfied as the ‘owl’ metaphor suggests”.

152 *M. Riedel*, Tradition und Revolution in Hegels ‚Philosophie des Rechts‘, in: Studien zu Hegels Rechtsphilosophie, 1969, S. 103.

153 *G. Shapiro*, The Owl of Minerva and the Colors of the Night, Philosophy and Literature 1 (1977) 276, 280: „In this scheme Europe, the home of the Germanic peoples who fulfil the destiny of spirit, is the *Abendland*; it is the place of the setting sun, the conclusion of the rational process of world history, and the place where spirit is fully self-conscious. It is in this twilight that the Owl of Minerva can take flight.“ Siehe auch *H. S. Harris*, Hegel’s Development: Toward the Sunlight 1770 – 1801, 1972.

154 *D.-J. Yang*, Die Problematik des Begriffs der Gerechtigkeit in der Philosophie von Friedrich Nietzsche, 2005, S. 40 f.

155 Vgl. auch *F. G. Nauen*, Revolution, Idealism and Human Freedom: Schelling, Hölderlin and Hegel and the Crisis of Early German Idealism, 1971; *E. Förster*, ‘To lend wings to physics once

dung veranschaulicht und vielleicht ebenso gut von Nietzsche hätte stammen können: „Guter Gott! Da will die Eule die jungen Adler aus dem Neste jagen, will ihnen den Weg zu Sonne zeigen!“[156] Diesen Ausdruck aufrichtiger Entrüstung kann man dahingehend deuten, dass die Wissenschaft im Ringen um letztgültige Erkenntnis die Kunst nicht verdrängen darf. So passte das Zitat auch zu jenem anderen aus dem *Hyperion*, von dem bereits die Rede war: „Die Dichtung, sagt' ich, meiner Sache gewiss, ist der Anfang und das Ende dieser Wissenschaft (sc. der Philosophie). Wie Minerva aus Jupiters Haupt, entspringt sie aus der Dichtung eines unendlichen göttlichen Seyns.“[157]

Dies könnte ein Beispiel für „Hölderlins vorangehendes Nachdenken“ sein, das Dieter Henrich für das Verhältnis beider zueinander herausgearbeitet hat.[158] Es ist im Übrigen aufschlussreich, dass Nietzsche den Trieb zur Metaphernbildung betonte,[159] die gerade beim von ihm so genannten intuitiven Menschen zur „Herrschaft der Kunst über das Leben“ führen kann,[160] einer Dominanz dessen also, was für Hegel in die Sphäre des absoluten Geistes fällt, so dass man sich in Anlehnung an die Feststellung Heideggers, wonach Nietzsche im *Zarathustra* das dichtete, was sich mit Worten nicht mehr sagen ließ,[161] durchaus fragen kann, ob Hegel am Ende seiner Vorrede der *Grundlinien* nicht auch deshalb in einer nachgerade poetisch-bildhaften Weise sprach, um buchstäblich kunstvoll auf die angesprochene Sphäre des absoluten Geistes zu verweisen. Diese Überlegung entspricht der Sache nach dem bereits weiter oben Bedachten, wo es um die Einwirkung des Bildes der Eule der Minerva auf die Kunst ging.[162]

c) Hegels und Nietzsches Gerechtigkeit

Nietzsches Suche nach der Gerechtigkeit und Wahrheit als Weltgericht weist einen ebenso unentrinnbaren wie uneingestandenen metaphysischen Ausgangs- und Endpunkt auf. So sehr er sich unausgesprochen gegen Hegel wendet, so wenig

again'. Hölderlin and the 'Oldest System-Programme of German Idealism', European Journal of Philosophy 3 (1995) 174.

156 *F. Hölderlin*, Hyperion, Erstes Buch, 1796.

157 *F. Hölderlin*, ebenda; die erste Beschäftigung mit dem Hyperion-Stoff fiel noch in die gemeinsame Zeit im Tübinger Stift.

158 *D. Henrich*, Hegel und Hölderlin, in: Hegel im Kontext, 1971, S. 9, 11.

159 *R.-P. Horstmann*, Metaphysikkritik bei Hegel und Nietzsche, in: Hegel-Studien 28 (1993) 285, 298 f.

160 *F. Nietzsche*, Nachgelassene Schriften, 1870 – 1873, Kritische Studienausgabe Band 1 (Hg. G. Colli/M. Montinari), Über Wahrheit und Lüge im außermoralischen Sinne, 2, S. 889.

161 *M. Heidegger*, Nietzsche, Band I, 1961, S. 266, 284 ff.

162 Oben § 1 II.

erscheint er trotz aller Rede gegen den Staat, die Systematiker und der Relativierung der Weltgeschichte als sein unbedingter Antipode. Das veranschaulicht Hegels verschiedentlich zitiertes Wort: „Es ist um Gerechtigkeit zu tun, d. i. um Vernunft – d. i., dass die *Freiheit* ihr Dasein erhalte.“[163] Ungeachtet aller unterschiedlichen Prämissen im Verständnis der Freiheit und Vernunft scheint dieses Postulat Nietzsche keineswegs fremd, auch wenn er die Freiheit als eine solche vom Staat begriff und diesen mitnichten als Verwirklichung der sittlichen Idee.

Gerade in dieser konditionalen Verknüpfung liegt jedoch der unüberbrückbare Gegensatz. Auch dort wo Nietzsche und Hegel Gemeinsamkeiten in der Betonung des Herkommens aufweisen, wie dies gerade in der Vorrede der *Grundlinien* am Beispiel der Gesetze[164] und bei Nietzsche im Rechtsverständnis überhaupt nachweisbar ist,[165] darf nicht übersehen werden, dass auch dort der jeweilige Standpunkt – bei Nietzsche gleichsam ex ante, bei Hegel ex post gedacht – ein denkbar unterschiedlicher ist.[166]

3 Sittlichkeit und Freiheit zwischen Dämmerung und Morgenröte

Von daher stellt sich die Frage, ob auch in der *Morgenröte* Nietzsches nicht nur eine Gegenbewegung im Verhältnis zu Hegel erkennbar ist, sondern auch spezifisch rechtsphilosophische Gedanken darin enthalten sind, die gerade im Verständnis der Sittlichkeit wurzeln, welche die gleichsam staatstragende Größe der *Grundlinien* Hegels darstellt.[167]

a) Sittlichkeit in der *Morgenröte*

Es geht nicht zuletzt darum, welches Verständnis der Sittlichkeit Nietzsche dem Antipoden Hegel entgegensetzt. Von der Stelle, um die es im Folgenden geht, war bereits implizit verschiedentlich die Rede. Danach ist „das Gefühl der Sittlichkeit so versteinert, so in die Höhe getragen, dass es ebenso gut als verflüchtigt be-

163 *G. W. F. Hegel*, Grundlinien der Philosophie des Rechts, § 99 a. E.

164 *G. W. F. Hegel*, ebenda, Vorrede, Fußnote 1: „Die Rechtsgesetze sind *Gesetztes* von Menschen *Herkommendes*“; Hervorhebungen auch dort. Siehe zur Fundierung im Hergebrachten bei Hegel auch *E. Tugendhat*, Vorlesungen über Ethik, 1993, S. 35.

165 *F. Nietzsche*, Menschliches, Allzumenschliches, I, 96; *ders.*, Zur Genealogie der Moral, II. Abhandlung 2; dazu *R. Pippin*, Agent and Deed in Nietzsche's *Genealogy of Morals*, in: A Companion to Nietzsche (Hg. K. A. Pearson), 2006, S. 371.

166 *J. Petersen*, Nietzsches Genialität der Gerechtigkeit, 2008, S. 96 f.

167 *G. W. F. Hegel*, Grundlinien der Philosophie des Rechts, §§ 142 ff.

zeichnet werden kann."[168] Schon diese beklagte Versteinerung des sittlichen Gefühls erscheint als Kontrast im Verhältnis zu Hegels Verständnis der Sittlichkeit, welche „die Idee der Freiheit" ist.[169] Nun wäre es trivial zu behaupten, dass Nietzsche Sittlichkeit grundlegend anders versteht als Hegel. Wie bereits dargestellt, begreift Nietzsche die Sittlichkeit entscheidend vom Herkommen,[170] das – wie ebenfalls erinnerlich – auch für Hegel wesentlich ist, jedoch in anderer Weise. Für Nietzsche ist Sittlichkeit „nichts anderes (also namentlich nicht mehr!), als Gehorsam gegen Sitten, welcher Art diese auch sein mögen."[171] Diese schlichte Obödienz hat nichts mit Hegels Verständnis des Sittlichen zu tun, welches das „System der Bestimmungen der Idee ist", die die Freiheit und damit zugleich die *Vernünftigkeit* des Systems ausmachen.[172]

b) Hegels Idee der Freiheit

Die demnach von Hegel hervorgehobene „Idee der Freiheit, als das lebendige Gute, das in dem Selbstbewusstsein sein Wissen, Wollen und durch dessen Handeln seine Wirklichkeit sowie dieses an dem sittlichen Sein seine an und für sich seiende Grundlage und bewegenden Zweck hat",[173] ist dem denkbar entgegengesetzt, zumal in der Zuspitzung Hegels, wonach Sittlichkeit „der zur vorhandenen Welt und zur Natur des Selbstbewusstseins gewordene Begriff der Freiheit" ist.[174]

Gerade in diesem für Hegel notwendigen Bezug zur Freiheit zeigt sich jedoch der Unterschied zu Nietzsche: „Der freie Mensch ist unsittlich, weil er in Allem von sich und nicht von einem Herkommen abhängen will."[175] So ist zuletzt die Idee Freiheit dasjenige, was den Gegensatz zwischen Hegel und Nietzsche zur Geltung bringt;[176] diese Idee besteht für Nietzsche, dem das Denken in Ideen und Idealen ohnehin fremd ist, ebenso wenig wie „das lebendige Gute". Für Hegel dagegen ist

---

168 *F. Nietzsche*, Morgenröte, I 9.
169 *G. W. F. Hegel*, Grundlinien der Philosophie des Rechts, § 142.
170 Dazu und zum Folgenden näher *J. Petersen*, Nietzsches Genialität der Gerechtigkeit, 2008, 2. Kapitel.
171 *F. Nietzsche*, Morgenröte, I 9.
172 *G. W. F. Hegel*, Grundlinien der Philosophie des Rechts, § 145 mit dem Zusatz; Hervorhebung auch dort.
173 *D. Henrich*, Hegels Theorie über den Zufall, in: Hegel im Kontext, 1971, S. 179, kennzeichnet die Rechtsphilosophie treffend als „System solcher substantiellen Zwecke".
174 *G. W. F. Hegel*, Grundlinien der Philosophie des Rechts, § 142.
175 *F. Nietzsche*, Morgenröte, I 9.
176 Zu Nietzsches Verständnis der Freiheit *R. Pippin*, How to Overcome Oneself: Nietzsche on Freedom, in: Nietzsche on Freedom and Autonomy (Hg. K. Gemes/S. May), 2009, S. 69.

die Idee eine Wirklichkeit, die nicht nur sämtliche spekulativ wirklichen, sondern auch die sich im geschichtlichen Prozess offenbarenden Gestalten des Bewusstseins umschließt.[177]

c) Willensfreiheit und „Freiheit des Willens"

Diese Beispiele ließen sich fortsetzen. Ein anderer Anwendungsfall der eingangs aufgestellten These ist die für die rechtsphilosophische Betrachtung zentrale und bei Hegel und Nietzsche entgegengesetzt beantwortete Frage der Willensfreiheit. Für Hegel ist die Willensfreiheit überhaupt Basis und Ausgangspunkt seiner Rechtsbestimmung: „Der Boden des Rechts ist überhaupt das *Geistige* und seine nähere Stelle und Ausgangspunkt der *Wille*, welcher *frei* ist, so dass die Freiheit seine Substanz und Bestimmung ausmacht und das Rechtssystem das Reich der verwirklichten Freiheit, die Welt des Geistes aus ihm selbst hervorgebracht als eine zweite Natur ist."[178] Diese Deutung des Rechtssystems als verwirklichter Freiheit ist weiter oben bereits behandelt worden.[179] Doch kommt hier die erste, von Hegel selbst nicht von ungefähr hervorgehobene Aussage der Willensfreiheit als Daseinsgrund des Rechts zur Geltung:[180] Recht ist „das Dasein des freien Willens"[181] so wie die Sittlichkeit im Sinne des vorausgesetzten Ganzen[182] die Wirklichkeit des freien Willens bedeutet.[183]

177 *W. Beierwaltes*, Distanz und Nähe der Geschichte: Hegel und Platon, Festschrift für H. H. Schmidt, 1995, S. 9.

178 *G. W. F. Hegel*, Grundlinien der Philosophie des Rechts, § 4; Hervorhebungen auch dort. Dazu *D. C. Schindler*, "The Free Will Which Wills the Free Will": On Marriage as a Paradigm of Freedom in Hegel's *Philosophy of Right*, The Owl of Minerva 44 (2012–13) 93; *A. Bergès*, Der freie Wille als Rechtsprinzip. Untersuchungen zur Grundlegung des Rechts bei Hobbes und Hegel, 2012 (dazu *H. Glinka*, Hegel-Studien 47, 2013, 173); zu gerade dieser Gegenüberstellung auch *L. Siep*, Der Kampf um Anerkennung: Zu Hegels Auseinandersetzung mit Hobbes in den Jenaer Schriften, Hegel-Studien 9 (1974) 155; *A. Laden*, Evaluating Social Reasons: Hobbes vs. Hegel, Journal of Philosophy 102 (2005) 327.

179 Unter § 3.

180 Zur rechtsphilosophischen Bedeutung der Willensfreiheit bei Hegel *M. Quante*, Die Wirklichkeit des Geistes, 2011, S. 185 ff. Speziell zur Willensfreiheit etwa *J. Haag*, Der Wille als Träger des Ethischen. Überlegungen zur Stellung des Willens in der Frühphilosophie Ludwig Wittgensteins, Acta Analytica 13 (1995) 131; *ders.*, Descartes über Willen und Willensfreiheit, Zeitschrift für philosophische Forschung 60 (2006) 483.

181 *G. W. F. Hegel*, Grundlinien der Philosophie des Rechts, § 29; dazu weiterführend *A. Honneth*, Leiden an Unbestimmtheit. Eine Reaktualisierung der Hegelschen Rechtsphilosophie, 2001, S. 30 f.

182 *G. W. F. Hegel*, Encyclopädie, § 515.

183 *D. Emundts/R.-P. Horstmann*, G. W. F. Hegel. Eine Einführung, 2002, S. 102.

Während also Hegel die Freiheit des Willens allenthalben voraussetzt, findet sie sich in Nietzsches *Morgenröte* nurmehr in Anführungsstrichen,[184] nachdem er sie zuvor bereits widerlegt zu haben glaubt.[185] Natürlich kann die *Morgenröte* nicht als unausgesprochene Erwiderung und Entgegensetzung der *Grundlinien der Philosophie des Rechts* begriffen werden, zumal die rechtsphilosophischen Fragen in ihr deutlich untergeordnet sind. Doch tauchen sie immerhin leitmotivartig auf und nehmen unausgesprochen durchweg den gegenteiligen Standpunkt im Verhältnis zu Hegel auf. Der Impetus, aus dem die *Morgenröte* entstanden ist, wird gerade an den rechtsphilosophisch relevanten Stellen sichtbar.

4 Die Vernünftigkeit des Rechts als Sache der philosophischen Rechtswissenschaft

Wenn Hegel in der Vorrede der Rechtsphilosophie im scheinbaren Einklang mit Nietzsche die Rechtsgesetze als „Gesetztes von Menschen Herkommendes" bezeichnet,[186] so geht dies zwar äußerlich in die Richtung dessen, was Nietzsche voraussetzt, doch liegt das Anliegen der *Grundlinien* in etwas buchstäblich fundamental Anderem: „Seine Vernunft muss dem Menschen im Rechte entgegenkommen; er muss also die Vernünftigkeit des Rechts betrachten und dies ist die Sache unserer Wissenschaft, im Gegensatz der positiven Jurisprudenz, die es oft nur mit Widersprüchen zu tun hat."[187] Soweit darin eine anthropologische Verortung aufscheint („dem Menschen entgegenkommen"),[188] würde diese durch eine ebensolche Deutung des Bildes der Eule der Minerva bestätigt, wie sie im Schrifttum einmal angedeutet wurde.[189]

Auch die dogmatisch ausgerichtete Rechtswissenschaft muss sich diesen Vorhalt an die Adresse der „positiven Jurisprudenz" zu Herzen nehmen, läuft sie doch in der Tat nicht selten Gefahr, in einen schlichten Positivismus zu verfallen und sich im Aufzeigen vermeintlicher oder echter Widersprüche zu verlieren. Nur dort, wo sie echte Wertungswidersprüche mit einer auf das System bezogenen und

---

184 *F. Nietzsche*, Morgenröte, II 112.

185 *F. Nietzsche*, Menschliches, Allzumenschliches, I 39; dazu näher *J. Petersen*, Nietzsches Genialität der Gerechtigkeit, 2008, S. 128 ff.

186 *G. W. F. Hegel*, Grundlinien der Philosophie des Rechts, Vorrede, Fußnote 1.

187 *G. W. F. Hegel*, ebenda, Vorrede, Fußnote 1.

188 Zur Anthropologie Hegels *C. Berry*, Hume, Hegel and Human Nature, 1982.

189 *H.-U. Nennen*, Philosophie in Echtzeit, 2003, S. 426.

von daher zu begreifenden Tragweite ermittelt,[190] verdient sie den Namen der Wissenschaft.[191] „Unsere Wissenschaft" im Sinne des zitierten Hegel-Wortes ist demgegenüber die „philosophische Rechtswissenschaft", welche „die Idee des Rechts, den Begriff des Rechts und dessen Verwirklichung zum Gegenstande hat."[192] Aber auch diese geht von der Philosophie selbst aus, von der Hegel im Bild der Eule der Minerva spricht.

5 Wahrheit und Gerechtigkeit

Weiter oben war die Rede davon, dass Nietzsche die Wahrheit als Weltgericht postuliert,[193] während es bei Hegel die Weltgeschichte ist.[194] Nimmt man hinzu, dass die Wahrheit für Nietzsche in einem untrennbaren Zusammenhang zur Problematik der Gerechtigkeit steht,[195] scheint einiges dafür zu sprechen, dass sich Nietzsche auch hier ganz bewusst von Hegel absetzte. Allerdings ist andererseits auch zu berücksichtigen, was Adorno als eine zeitversetzte Gemeinsamkeit diagnostizierte, wenn er über Hegel bildhaft sagte: „Er hat, wie nach ihm wohl nur noch der Nietzsche der Götzendämmerung, die Gleichsetzung des philosophischen Gehalts, der Wahrheit mit den höchsten Abstraktionen verworfen und die Wahrheit in eben jene Bestimmungen gesetzt, mit welchen die Hände zu beschmutzen die traditionelle Metaphysik zu edel war."[196] Diese Übereinstimmung ist umso bemerkenswerter, wenn man bedenkt, dass der Nietzsche der *Götzendämmerung* es war, der den Systematikern misstraute und aus dem Weg ging.[197] Darüber hinaus bringt diese auf den ersten Blick begrifflich vordergründige Divergenz aber eine weiter reichende Problematik zutage, welche die systematische Basis des Hegelschen Rechtsdenkens berührt.

---

190 Grundlegend *C.-W. Canaris*, Systemdenken und Systembegriff in der Jurisprudenz, 2. Auflage 1983.

191 *J. Petersen*, Max Webers Rechtssoziologie und die juristische Methodenlehre, 2. Auflage 2014, S. 137 f.

192 *G. W. F. Hegel*, Grundlinien der Philosophie des Rechts, § 1.

193 *F. Nietzsche*, Unzeitgemäße Betrachtungen II, Vom Nutzen und Nachteil der Historie für das Leben, 1874, 6.

194 Dazu *P. C. Hodgson*, Shapes of Freedom. Hegel's Philosophy of World History in Theological Perspective, 2012; dazu *T. Rojek*, Hegel-Studien 47 (2013) 195.

195 *J. Petersen*, Nietzsches Genialität der Gerechtigkeit, 2008, S. 9 ff.

196 *Th. W. Adorno*, Drei Studien zu Hegel, 1963, 4. Auflage 1970, S. 47.

197 *F. Nietzsche*, Götzen-Dämmerung oder Wie man mit dem Hammer philosophiert, 1889, Sprüche und Pfeile, 26.

a) Wahrheit und Weltgeschichte bei Hegel

Im Rahmen dieser Entgegensetzung muss freilich stets berücksichtigt werden, dass die Wahrheit immer zugleich auch Hegels – wie überhaupt aller Philosophie – eigentliches Thema ist,[198] so dass es nur einen scheinbaren Gegensatz bedeutet,[199] wenn darauf abgestellt wird, dass für Nietzsche die Wahrheit und für Hegel die Weltgeschichte das Weltgericht ist.

aa) Geschichte als Thema der Philosophie

Auch hierbei muss im Ausgangspunkt Hegels *Wissenschaft der Logik* berücksichtigt werden, die mit den Worten Henrichs „wirklich ein System von Formen und Formverhältnissen entwickelt, die allesamt dazu gebraucht werden können, Wirkliches in seinem Grundbestand und einem Gesamtzusammenhang in Begriffen aufzufassen."[200] Mit dem auf diese Weise begründeten Anspruch auf Wirklichkeitserkenntnis geht auch die Wahrheitsfähigkeit des Denkens einher.[201] Für den vorliegenden Zusammenhang wichtiger noch ist aber der bereits weiter oben behandelte Zusammenhang zwischen Wahrheit und Geschichte,[202] weil er gerade der politischen Philosophie und damit der Rechtsphilosophie den Weg ebnet.

In der Wertschätzung der geschichtlichen Entwicklung als maßgeblichem Faktor, übrigens auch im Hinblick auf das Recht,[203] sind sich Hegel und Nietzsche weitgehend einig.[204] In diesem Sinne kann Carl Friedrich von Weizsäcker sagen,

---

198 *W. Beierwaltes*, Distanz und Nähe der Geschichte: Hegel und Platon, Festschrift für H. H. Schmidt, 1995, S. 9 ff., 21.

199 Vgl. auch *M. Djurić*, Standpunkt der Unzeitgemäßheit, in: Nietzsche und Hegel (Hg. ders./ J. Simon), 1992, S. 13: „Bei näherem Zusehen kann vielmehr mit großer Zuversicht gefolgert werden, dass Nietzsche sich zwar grundsätzlich gegen Hegel gestellt hat, indem er dessen berühmten Spruch, Philosophie sei ‚ihre Zeit in Gedanken erfasst', verwarf, dass aber Nietzsches Programm der ‚unzeitgemäßen' Philosophie dennoch in vielen nicht ganz unbedeutenden Punkten der Hegelschen Philosophie sehr entgegenkommt oder entspricht."

200 *D. Henrich*, Kant und Hegel. Versuch der Vereinigung ihrer Grundgedanken, in: Selbstverhältnisse. Gedanken und Auslegungen zu den Grundlagen der klassischen deutschen Philosophie, 1982, S. 173, 189. vgl. auch *St. Rosen*, The Idea of Hegel's Science of Logic, 2013.

201 *K. Hartmann*, Hegels Logik, 1999.

202 Unter § 3 IV 2.

203 *J. Petersen*, Nietzsches Genialität der Gerechtigkeit, 2008, passim.

204 Zutreffend *V. Gerhardt*, Geschichtlichkeit bei Hegel und Nietzsche, in: Nietzsche und Hegel (Hg. M. Djuric'/J. Simon), 1992, S. 29, 33: „Hegel wird zwar als Geschichtsphilosoph verworfen, aber der Gedanke, der seiner Philosophie der Geschichte wie seinem spekulativen Denken überhaupt zu Grunde liegt, nämlich dass alles sich erst in der Geschichte entwickelt, der wird von Nietzsche vorbehaltlos anerkannt".

was bereits weiter oben zum Tragen kam,[205] dass Hegel die Wahrheit der Geschichte als Geschichte der Wahrheit dachte und dies gerade in der Philosophie der politischen Geschichte – und damit zugleich in der Rechtsphilosophie – als Weg zur freien Gesellschaft ausgeführt wurde, „denn Freiheit ist die Gestalt des Daseins der Wahrheit."[206] Mit diesem Bezug zur gleichsam „zeitlosen" Wahrheit wird auch dem ebenso trivialen wie naheliegenden Einwand begegnet, dass der Fortgang der Geschichte und damit übrigens auch der Rechtsgeschichte die Philosophie Hegels immer nur als vorläufige erscheinen lasse, die nach ihrer Zeit veraltet sei.

bb) Anwendung auf die Metapher der Eule der Minerva

Insoweit ist die Konsequenz, die Carl Friedrich von Weizsäcker an späterer Stelle aus seiner soeben wiedergegebenen Feststellung zieht, gerade vor dem Hintergrund der vorliegenden Themenstellung von besonderer Bedeutung: „Gewiss ist Hegel auch politisch nicht einfach veraltet. (...) Diese Seite der Philosophen muss man hervorheben, wenn man die aktuelle Relevanz der Beschäftigung mit ihnen einleuchtend machen will. Höher ehren wir sie und mehr lernen wir von ihnen, wenn wir in der harten Rückfrage die Stelle ihres Scheiterns aufsuchen.[207] ‚Ehe ... der Geist nicht *an sich* ist, nicht als Weltgeist sich vollendet, kann er nicht als selbstbewusster Geist seine Vollendung erreichen'[208] oder poetischer: ‚Die Eule der Minerva beginnt erst mit der einbrechenden Dämmerung ihren Flug' (Vorrede zur Rechtsphilosophie). Wenn ich dies oben richtig interpretiert habe,[209] verlangt Hegels Begriff von der Wahrheit der Geschichte dieses Ende."[210] An diesen für sein Systemverständnis grundlegenden Zusammenhang erinnert Hegel in dem Bild von der Eule der Minerva. Zu fragen bleibt freilich, ob darin nicht zugleich eine sys-

205 Unter § 3 III.

206 *C. F. v. Weizsäcker*, Der Garten des Menschlichen, 4. Auflage 1978, S. 362 f.; vgl. auch *dens.*, Bewusstseinswandel, 1988, S. 114 f., zur Einbettung des großen Wortes in das Verhältnis zur Ökonomie, das Hegel innerhalb der Rechtsphilosophie in seinem System der Bedürfnisse behandelt (ebenda, § 189); dazu noch unten § 5 I.

207 Ihm folgend *K. Larenz*, Richtiges Recht. Grundzüge einer Rechtsethik, 1979, S. 183: „Dieser endzeitliche Charakter der Hegelschen Philosophie, der nicht zufällig, sondern in ihrem Grundansatz beschlossen ist, wurde früh als ‚Stein des Anstoßes' empfunden und ist es, mit Recht, bis heute geblieben." Aus dem früheren Schrifttum bereits *R. Haym*, Hegel und seine Zeit. Vorlesung über Entstehung, Entwicklung, Wesen und Wert der Hegelschen Philosophie, 1857, S. 428 f.

208 *G. W. F. Hegel*, Phänomenologie des Geistes, 1807, in: Sämtliche Werke (ed. H. Glockner, Band 2), S. 614.

209 Unter Verweis auf die soeben zitierte Stelle.

210 *C. F. v. Weizsäcker*, Der Garten des Menschlichen, 4. Auflage 1978, S. 373 f.

temimmanente Beschränktheit der *Grundlinien* zum Ausdruck kommt, die in ihrer historischen Perspektive und dem systematischen Drang wurzelt, die Weltgeschichte als Gerechtigkeit stiftendes Weltgericht zu verstehen.

b) Weltgeschichte als „Lärm um die letzten Neuigkeiten“

Ohne sich ausdrücklich auf Hegel zu beziehen, mag Nietzsche dieses unzureichende Moment erkannt haben. Mit seiner Akzentuierung der Wahrheit als Weltgericht wendet sich Nietzsche folgerichtig implizit von der Weltgeschichte als dem maßgeblichen Bezugspunkt für die Wahrheitssuche ab, weil die für ihn wichtigere Menschheitsgeschichte ohnehin länger und älter ist als die so genannte „Weltgeschichte“.[211] Auch das wird wiederum in der *Morgenröte* deutlich, in der Nietzsche von der auch von ihm so bezeichneten „Weltgeschichte“ als „diesem lächerlich kleinen Ausschnitt des menschlichen Daseins redet; und selbst in dieser sogenannten Weltgeschichte, welche im Grunde ein Lärm um die letzten Neuigkeiten ist.“[212]

Der Weg zur Wahrheit führt für Hegel gewissermaßen über die Weltgeschichte, während diese für Nietzsche nur eine vergleichsweise geringfügige Zeitspanne darstellt:[213] „Übrigens wäre alles ganz schön, wenn es nicht so absurd wäre, von ‚Weltgeschichte‘ zu reden: gesetzt, es gäbe einen Weltzweck, so wäre es unmöglich, ihn zu wissen, weil wir Erdflöhe und nicht Weltregierer sind. Jede Vergötterung der abgezogenen Allgemeinbegriffe, Staat, Welt, Menschheit, Weltprozess, hat den Nachteil, die Bürde des Individuums kleiner zu machen und seine Verantwortung zu erleichtern. Wenn es auf den Staat ankommt, dann liegt wenig am Einzelnen: wie jeder Krieg zeigt.“[214] Nietzsches Postulat der Wahrheit als Weltgericht wendet sich damit gegen Hegels Interpretation der Weltgeschichte, indem

---

211 Ähnlich wie hier *C. F. v. Weizsäcker*, Wahrnehmung der Neuzeit, 1983, S. 29: „Marx und Nietzsche übernehmen von Hegel das Denken in Kategorien der realen Weltgeschichte. Aber sie sehen nicht mehr die Weltgeschichte als Bewegung des Begriffs, sondern die Bewegung des Begriffs als Symptom der Weltgeschichte.“

212 *F. Nietzsche*, Morgenröte, I 18, unter Betonung „der ungeheuren Zeitstrecken der ‚Sittlichkeit der Sitte‘, welche der ‚Weltgeschichte‘ vorausliegen. Zu dem Schlüsselbegriff der „Sittlichkeit der Sitte“ vgl. Morgenröte, I 9; dazu *J. Petersen*, Nietzsches Genialität der Gerechtigkeit, 2008, S. 68 ff.

213 Ebenso wohl *D. Henrich*, Konzepte, 1987, S. 131: „Es ist im übrigen ein Fehler zu denken, dass wir über unsere Lage und als Philosophen über die Lage der Philosophie nur in Beziehung auf wenige Jahrtausende nachzudenken haben. Die eigentlich entscheidende Wendung in der Geschichte der Menschheit ist im Neolithicum geschehen.“

214 *F. Nietzsche*, Nachgelassene Fragmente, 1869–1874, Kritische Studienausgabe Band 7 (Hg. G. Colli/M. Montinari), Sommer-Herbst 1873, 29 [74], S. 662; dazu auch *V. Gerhardt*, Geschichtlichkeit bei Hegel und Nietzsche, in: Nietzsche und Hegel (Hg. M. Djuric'/J. Simon), 1992, S. 29, 30.

die Gerechtigkeit nicht in ihr und über sie, sondern in der Wahrheit selbst gefunden wird.[215]

c) Epochale Vorrangstellung eines herrschenden Volkes als „Träger der gegenwärtigen Entwicklungsstufe des Weltgeistes"?

Nietzsches soeben wiedergegebene Relativierung des Begriffs der Weltgeschichte kann wohl sogar als ätzende Kritik an einer der heikelsten Stellen der Rechtsphilosophie Hegels verstanden werden, in dem er jeweils „Einem Volk" eine epochale Vorrangstellung, um nicht zu sagen Einzigartigkeit, zuerkennt: „Dem Volke, dem solches Moment als *natürliches* Prinzip zukommt, ist die Vollstreckung desselben in dem Fortgange des sich entwickelnden Selbstbewusstsein des Weltgeistes übertragen. Dieses Volk ist in der Weltgeschichte für diese Epoche – und es kann (§ 346) in ihr nur Einmal Epoche machen –, das herrschende. Gegen dies sein absolutes Recht, Träger der gegenwärtigen Entwicklungsstufe des Weltgeistes zu sein, sind die Geister der anderen Völker rechtlos, und sie, wie die, deren Epoche vorbei ist, zählen nicht mehr in der Weltgeschichte."[216] Nietzsches betonte Bagatellisierung der Weltgeschichte nimmt sich wohltuend aus gegen diese Verabsolutierung „Eines Volkes", demgegenüber alle anderen rechtlos sein sollen.[217]

6 „Bei Hegel ist alles nichtswürdiges Grau"

Nietzsches harte Rede gegen den Staat kann als ein wachrüttelndes Aufbegehren gegen den in Hegels Rechtsphilosophie verabsolutierten Staat verstanden werden, das nicht nur Nietzsches Misstrauen gegenüber den Systematikern, namentlich Hegel, begreiflich macht, sondern das Bild von der Eule der Minerva zum Kristallisationspunkt werden lässt, dessen Erhebung der *Dämmerung* Nietzsche die *Morgenröte* und eine „Philosophie des Vormittags" entgegensetzt. Dementsprechend postuliert Nietzsche nicht die Weltgeschichte, sondern schlicht die Wahr-

---

215 *F. Nietzsche*, Menschliches, Allzumenschliches, I 635.

216 *G. W. F. Hegel*, Grundlinien der Philosophie des Rechts, § 347.

217 Zutreffend *C. F. v. Weizsäcker*, Der Garten des Menschlichen, 4. Auflage 1978, S. 369: „Seine Einseitigkeit springt in die Augen, nicht nur in der überlieferten Identifizierung der europäischen Geschichte mit der Weltgeschichte, sondern auch in seiner willkürlichen Auswahl aus dieser Geschichte. Aber Hegel hat in seiner beleidigenden These, dass in jeder Epoche nur *ein* Volk in der Weltgeschichte sei (Rechtsphilosophie, § 347), selbst das Auswahlprinzip formuliert. (. . .) Unser Urteil über Hegels Auswahlprinzip wird also letztlich an unserer Auffassung über die Wahrheit in der Geschichte hängen."

heit als Weltgericht. Mit ihrem Bezug zur Gerechtigkeit entlarvt ihn Heidegger als „letzten Metaphysiker des Abendlandes".[218] Damit kommt er zwar Hegels Metaphysik des Geistes nicht näher, scheint sich aber im buchstäblich Entscheidenden nicht als sein unbedingter Antipode zu erweisen.

Doch auch für Nietzsche ist Hegel „ein europäisches Ereignis",[219] „ein für Europa mitzählender Geist".[220] Andererseits gilt für Nietzsche auch in einem weiteren, übertragenden Sinne das,[221] was er über Hegel als Stilist gesagt hat und was überdeutlich auf das „Grau in Grau" anspielt, das nach Hegel die Philosophie malt: „Bei Hegel ist alles nichtswürdiges Grau".[222]

---

218 *M. Heidegger*, Nietzsche, Band I, 1961, S. 570.

219 Vgl. auch *F. Nietzsche*, Der Fall Wagner. Ein Musikanten-Problem, 1888: „Hegel ist ein Geschmack (. . .). Und nicht nur ein deutscher, sondern ein europäischer Geschmack!".

220 *F. Nietzsche*, Götzen-Dämmerung oder Wie man mit dem Hammer philosophiert, 1889, Was den Deutschen abgeht 4; vgl. auch *R. Kroner*, Von Kant bis Hegel, Band II, 1924, 4. Auflage 2007, S. 262 mit Fußnote 1.

221 Vgl. *J. W. v. Goethe*, Materialien zur Geschichte der Farbenlehre, Einleitung (Münchener Ausgabe, Band 10), S. 477, wonach „man behauptet hat: schon der Stil eines Schriftstellers sei der ganze Mann".

222 *F. Nietzsche*, Nachgelassene Fragmente, 1875 – 1879, Kritische Studienausgabe Band 8 (Hg. G. Colli/M. Montinari), Frühling 1876, 15 [10], S. 281.

§ 5 Der beendete Flug der Eule?

Der Flug der Eule ist seit langem leitmotivisch in der Philosophiegeschichte verwurzelt.[1] Mitunter wird das Bild aber auch nur der Sache nach aufgegriffen. Michael Theunissen hat etwa die Perspektive der Hegelschen Philosophie treffend verdeutlicht, ohne ausdrücklich auf das Bild der Eule der Minerva Bezug zu nehmen: „Im Zurücksehen bedenkt die Philosophie Hegels diejenige Wirklichkeit der Versöhnung, die ihr das Vorstellen der Vergangenheit offeriert und die sie begreifend in lebendige Gegenwart überführt.“[2] Das Bild repräsentiert die Methode Hegels also auch und gerade dort, wo nicht eigens davon gesprochen wird. Hier leuchtet die bereits behandelte Versöhnung mit der Wirklichkeit auf, von der Hegel kurz vor dem genannten Bild spricht.[3]

Zugleich ist mit der lebendigen Gegenwart unwillkürlich ein Anklang an die Gestalt des Lebens gefunden, die am Ende dieses Abschnitts nochmals näher behandelt wird. Die Rückwärtsgewandtheit ist der Philosophie Hegels und damit – wie das einleitende Bild der Eule der Minerva unterstreicht – gerade auch seiner Rechtsphilosophie durchaus eigentümlich. Theunissen hat Hegels Philosophie und ihren Gegenstand in diesem Sinne dementsprechend so beschrieben: „Rückwärts gewandt, beschäftigt sie sich (...) mit der Versöhnung, die als eine selber ständig gegenwärtige Vergangenheit im absoluten Geist immer schon vollbracht ist und von ihm stets aufs neue vollbracht wird.“[4] Die Wendung des (immer) schon Vollbrachten kann sich auf eine Stelle der *Encyclopädie* berufen,[5] von der am Ende der Abhandlung noch die Rede sein wird.[6] Für unseren Zusammenhang bedeutsam ist an dieser treffenden Kennzeichnung die Wendung: „im absoluten Geist immer schon“. Denn bereits im ersten Paragraphen war im Zusammenhang mit der Gestalt des Lebens vermutet worden, dass sie aufs engste mit der Sphäre des absoluten Geistes zusammenhängt. Bevor dies vertieft werden kann,[7] müssen aber einige Bedenken gegen die Rechtsphilosophie Hegels referiert

---

1 Vgl. *J. Mittelstraß*, Der Flug der Eule, Von der Vernunft der Wissenschaft und der Aufgabe der Philosophie, 2. Auflage 1976, S. 43; *J. Abramson*, Minerva's Owl. The Tradition of Western Political Thought, 2009.

2 *M. Theunissen*, Hegels Lehre vom absoluten Geist als theologisch-politischer Traktat, 1970, S. 378.

3 *G. W. F. Hegel*, Grundlinien der Philosophie des Rechts, Vorrede. Siehe dazu im Zusammenhang mit dem Bild der Eule *E. Rózsa*, in: Hegel-Studien 32 (1997) 137, 157 ff.

4 *M. Theunissen*, Hegels Lehre vom absoluten Geist als theologisch-politischer Traktat, S. 377.

5 *G. W. F. Hegel*, Encyclopädie, § 573.

6 Am Ende von § 6.

7 Unter § 6.

werden, um auf dieser Grundlage den Blick für die Frage zu öffnen, welche möglichen Unzulänglichkeiten gerade mit dem Bild der Eule der Minerva ausgeräumt werden könnten und wo dieses im Verhältnis zur Rechtsphilosophie Hegels systematisch zu verorten ist.

I Kritik der Rechtsphilosophie Hegels

Seit jeher ist Hegels Rechtsphilosophie besonderer Kritik ausgesetzt.[8] Dabei soll Karl Marx' fundamentale Hegel-Kritik nur am Rande betrachtet werden,[9] weil sie von dem hier behandelten Thema eher abweichen würde,[10] andererseits aber an einer berühmten Stelle eine so augenfällige Antithese zum Bild der Eule der Minerva enthält, dass sie hier schlechterdings nicht außer Betracht bleiben kann.

1 Marx' gallischer Hahn versus Hegels Eule

Marx beginnt in seiner Kritik der Hegelschen Rechtsphilosophie erst mit der Staatsphilosophie Hegels,[11] woran vor allem interessant ist, dass er Hegels System der Bedürfnisse,[12] also den ökonomischen Teil der Rechtsphilosophie mit ihrem Verweis auf David Ricardo und Adam Smith, außer Betracht lässt.[13]

a) Die Eule der Minerva zwischen Adam Smith und Marx

Das dürfte daran liegen, dass seine Hegel-Kritik als vergleichsweise Frühschrift vor seinen ökonomischen Arbeiten entstand. Allerdings hat gerade Hegels Würdigung

---

8 Siehe bereits *R. Haym*, Hegel und seine Zeit. Vorlesung über Entstehung, Entwicklung, Wesen und Wert der Hegelschen Philosophie, 1857, S. 428 f.

9 Zum Hegelianischen Ursprung des Marxschen Denkens *Sh. Avineri*, The Hegelian origins of Marx's political thought, The Review of Metaphysics 21 (1967) 33.

10 Näher *S. Benhabib*, The 'Logic' of Civil Society: A Reconsideration of Hegel and Marx, Philosophy and Social Criticism 8 (1981) 151.

11 *G. W. F. Hegel*, Grundlinien der Philosophie des Rechts, § 261.

12 *G. W. F. Hegel*, ebenda, § 189.

13 Eingehend dazu *J. Petersen*, Adam Smith als Rechtstheoretiker, 2012, S. 30 ff. Siehe auch *C. Herrmann-Pillath/I. Boldyrev*, Hegel, Institutions, and Economics: Performing the social, 2014.; *K. de Boer*, Democracy out of Joint? The Financial Crisis in Light of Hegel's "Philosophy of Right", Bulletin of the Hegel Society of Great Britain 66 (2012) 36; *B. Gilbert*, The Vitality of Contradiction: Hegel, Politics, and the Dialectic of Liberal-Capitalism, 2013; *L. Herzog*, Inventing the Market: Smith, Hegel, and Political Theory, 2013.

von Adam Smith einen verborgenen Bezug zur vorliegenden Problematik, den Joachim Ritter aufgedeckt hat, indem er implizit an Marx anknüpft: „Für Hegel ist dieser Gedanke (sc. der unsichtbaren Hand) das große Beispiel der List der Idee. Er dient der Kritik am Ideal des Philosophenkönigs. Die Theorie, die Eule der Minerva, beginnt ihren Flug erst in der Abenddämmerung. Das Sein geht dem Bewusstsein voran.“[14] Interessant an diesem Gedanken ist nicht nur die Gleichsetzung des Bildes mit der Theorie im Verhältnis zur Praxis,[15] sondern vor allem die auf Marx anspielende zwischen Sein und Bewusstsein bestehende Reihenfolge, die das Bild der Eule der Minerva zur Geltung bringt.

Am repräsentativsten dürfte folgender Satz der Einleitung sein,[16] die Marx seiner Kritik der Hegelschen Rechtsphilosophie voranstellt:[17] „Die Kritik der deutschen Staats- und Rechtsphilosophie, welche durch Hegel ihre konsequenteste, reichste, letzte Fassung erhalten hat, ist beides, sowohl die kritische Analyse des modernen Staates und der mit ihm zusammenhängenden Wirklichkeit als auch die entschiedene Verneinung der ganzen bisherigen Weise des deutschen politischen Bewusstseins, dessen vornehmster, universellster zur Wissenschaft erhobener Ausdruck eben die spekulative Rechtsphilosophie selbst ist“.[18] Gerade die Kennzeichnung als *spekulative* Rechtsphilosophie ruft die Wortbedeutung in Erinnerung; danach entspricht der lateinischen Herleitung (speculari) gerade die Beobachtung von einer hohen Warte aus, worauf im Zusammenhang mit dem Bild der Eule der Minerva bereits im Schrifttum hingewiesen wurde.[19] Demnach wäre bereits in der Bezeichnung der spekulativen Rechtsphilosophie als solcher das Bild der Eule der Minerva im Zusammenhang mit der Rechtsphilosophie mitbedacht.

---

14 *J. Ritter*, Hegel und die französische Revolution, 1965, S. 53 ff.

15 Dazu auch *R. Pippin*, The Rose and the Owl: Some Remarks on the Theory-Practice Problem in Hegel, Independent Journal of Philosophy 3 (1979) 7.

16 Näher *Sh. Avineri*, The Social and Political Thought of Karl Marx, 1972, S. 15; dazu im Hinblick auf die Eule der Minerva *J. Abramson*, Minerva's Owl. The Tradition of Western Political Thought, 2009, S. 309.

17 Treffend dazu *O. Pöggeler*, Hegel. Einführung in seine Philosophie (Hg. ders.), 1977, S. 9, wonach Marx u. a. „Hegels Begreifen der Geschichte für die Zukunft öffnen und die Rechtsphilosophie als Absprungbrett für ein Verstehen der Zeit nehmen wollte.“

18 *K. Marx*, Zur Kritik der Hegelschen Rechtsphilosophie, 1844, Einleitung.

19 *P. Stekeler-Weithofer*, Die Eule der Minerva oder: Die Macht der Reflexion, Allgemeine Zeitschrift für Philosophie 25 (2000) 63, 77.

b) Symmetrie der Vorreden

Interessanter noch ist aber der Marxsche Schlusssatz der Einleitung seiner Kritik der Hegelschen Rechtsphilosophie, der eine offene Anspielung auf das Bild der Eule der Minerva enthält,[20] und als abschließende Provokation innerhalb der jeweiligen Einleitung bzw. Vorrede gleichsam symmetrisch das Vorhaben beschließt, da auch Hegels Bild am Ende der Vorrede angeordnet ist: „Wenn alle inneren Bedingungen erfüllt sind, wird der deutsche Auferstehungstag verkündet werden durch das Schmettern des gallischen Hahns."[21] Marx hebt mit dem gleichen Wort an, doch handelt es sich hier im Unterschied zu Hegels temporalem um ein konditionales „Wenn", wie sich aus den gestellten Bedingungen ergibt.

Gleichfalls kontrastierend ist die tageszeitliche Verankerung. Während Hegel die Erkenntnis in die einbrechende Dämmerung verlegt, will Marx den „Auferstehungs*tag*" sehen. Symbolisch verkündet der Hahn den Sonnenaufgang und steht damit ähnlich wie Nietzsches *Morgenröte* im größtmöglichen Kontrast zur Abenddämmerung Hegels. Zudem erscheint er als Inbegriff der Kampfbereitschaft gegenüber jenem Quietismus, den der späte Hegel für Viele verkörperte. Schließlich und vor allem liegt nahe, dass der „gallische" Hahn auf die Französische Revolution gemünzt ist; er soll nicht nur daran erinnern, dass Hegel sie einst als „herrlichen Sonnenaufgang" begrüßt hat,[22] sondern vor allem selbst die Notwendigkeit einer Revolution künden.[23] Das Schmettern erscheint so als ein Fanal.

c) Implizite Bestätigung der Ausgangsbeobachtung

Für den vorliegenden Zusammenhang bedeutsamer noch ist aber das factum brutum, dass Marx in seiner Kritik der Hegelschen Rechtsphilosophie, die er vor allem dem Abschnitt über den Staat widmet,[24] auf das berühmte Bild der Vorrede

20 *H. Klenner*, Preußische Eule oder gallischer Hahn? Hegels Rechtsphilosophie zwischen Revolution und Reform, in: Preußische Reformen – Wirkungen und Grenzen. Sitzungsberichte der Akademie der Wissenschaften der DDR, Nr. 1/G, 1982, S. 125, 132.

21 *K. Marx*, Zur Kritik der Hegelschen Rechtsphilosophie, 1844, Einleitung; dazu *W. Euchner*, Die Funktion der Verbildlichung in Politik und Wissenschaft, 2008, S. 88 ff. Der ehrgeizige Student Karl Marx schrieb übrigens seinem Vater, er sei im Begriff, „mit dem *Adlerauge des Gedankens* das Vergangene und Gegenwärtige zu betrachten, um so zum Bewusstsein unserer wirklichen Stellung zu gelangen" (*Karl Marx*, Werke – Schriften – Briefe in sieben Bänden (Hg. H.-J. Lieber), 1960, Band 1, S. 7; dazu auch *W. Schluchter*, Grundlegungen der Soziologie, 2. Auflage 2015, S. 19).

22 *G. W. F. Hegel*, Vorlesungen über die Philosophie der Geschichte, 1822–1831, in: Sämtliche Werke (ed. H. Glockner, Band 11), 4. Teil, 3. Abschnitt, 3. Kapitel, S. 557; dazu oben § 1 II 5.

23 *H. A. Winkler*, Der lange Weg nach Westen, 4. Auflage 2001, S. 94.

24 *G. W. F. Hegel*, Grundlinien der Philosophie des Rechts, §§ 261 ff.

Bezug nimmt.[25] Diese immanent geübte Kritik spricht dafür, dass auch Marx davon ausging, dass das Bild der Eule der Minerva gerade auch in der Rechtsphilosophie seinen Platz hat und nicht zuletzt auf den Staat bezogen ist.[26] Denn eine *Kritik der Hegelschen Rechtsphilosophie*, die bei Marx im Wesentlichen eine Kritik seiner Staatsphilosophie darstellt, müsste sich nicht eigens auf die Vorrede der *Grundlinien* beziehen, zumal da sie im Übrigen weitgehend kommentarmäßig und weniger systematisch verfährt, indem sie die einzelnen Paragraphen der Reihe nach abhandelt. Marx war offenbar gleichfalls der Ansicht, dass das berühmte Bild in der Weise vor der Klammer der eigentlichen Ausarbeitung in den *Grundlinien* steht, dass das systematische Ganze zugleich das Produkt der bildhaften Verdeutlichung und der Ausführung im Einzelnen ist.

2 „Schicksal der Hegelschen Philosophie"

Carl Friedrich von Weizsäcker hat stellvertretend die Kritik Vieler wiedergegeben, die nicht von ungefähr in dem hier im Mittelpunkt stehenden Wort gipfelt: „Der große Versuch, die Wahrheit der Geschichte als Geschichte der Wahrheit zu denken, hat sich 1830 festgefahren. Hegel ist nun eben ein interessanter Gegenstand der Philosophiegeschichte geworden. Die Eule der Minerva hat ihren Flug seit langem beendet."[27] Diese Sicht hat interessanterweise auch in den Reihen derer, die innerhalb der Rechtsphilosophie ursprünglich dem Neuhegelianismus zuzurechnen waren, Gefolgschaft gefunden.[28]

Namentlich Karl Larenz hat in später Abkehr von seiner schulmäßigen neuhegelianischen Herkunft[29] das „Schicksal der Hegelschen Philosophie" beispielhaft bemüht zum Beleg der Aussichtslosigkeit der Suche nach der absoluten Wahrheit im Recht: „Von ideell Gültigem vermögen wir, da unser Denken nur das Begrenzte, Endliche voll zu erfassen vermag, nur eine vorläufige Erkenntnis zu gewinnen, die revidierbar bleibt und, wie die Geschichte des Denkens lehrt, immer wieder einmal revidiert worden ist. Glaubt der Mensch, er habe das Absolute in der

25 Siehe auch *J. Abramson*, Minerva's Owl. The Tradition of Western Political Thought, 2009, S. 301 ff.

26 Grundlegend zur Wirkung Hegels auf Marx siehe *D. Henrich*, Karl Marx als Schüler Hegels, in: Hegel im Kontext, 2. Auflage 1975, S. 187, 193.

27 *C. F. v. Weizsäcker*, Der Garten des Menschlichen, 4. Auflage 1978, S. 374. Siehe zur Folgezeit auch *F. Beiser*, After Hegel: German Philosophy, 1840 – 1900, 2014.

28 Anders aber wohl *G. Dulckeit*, Philosophie der Rechtsgeschichte, 1950.

29 Zu der nationalsozialistischen Vereinnahmung Hegels – auch durch Larenz – oben § 3 III 2. Siehe auch *H. Kiesewetter*, Von Hegel bis Hitler. Eine Analyse der Hegelschen Machtstaatsideologie und der politischen Wirkungsgeschichte des Rechtshegelianismus, 1974 (2. Auflage 1995).

Weise seines Denkens erkannt, so ist es ihm in Wahrheit bereits entglitten."[30] Es ist interessant, dass damit der Sache nach ein Schlüsselgedanke Nietzsches aufscheint,[31] wonach die besondere Tragik der Suche nach Wahrheit und insbesondere Gerechtigkeit unweigerlich dazu führt, in Ungerechtigkeit umzuschlagen.[32]

a) Larenz' späte Hegel-Kritik

Für den vorliegenden Zusammenhang wichtiger als diese unwillkürliche Assimilierung ist aber Larenz' daran anschließende Hegel-Kritik:[33] „Man kann sagen, dass der Fortgang der Geschichte ihn selbst widerlegt hat; das Weltbild der heutigen Naturwissenschaft, der technische Fortschritt und seine Gefahren, die Befreiung eines großen Teils der Menschheit aus der Abhängigkeit des kolonialen Zeitalters und die weltweite Kommunikation, um nur einiges zu nennen, haben unser Dasein so gründlich verändert, dass es sich in Hegels System und Geschichtsbild keinesfalls einfügen lässt."[34] Diese Kritik entspricht der von Carl Friedrich von Weizsäcker zitierten und insbesondere naturwissenschaftlich belegten.[35]

So richtig dies einerseits ist, muss andererseits aber auch berücksichtigt werden, dass Hegel die genannten modernen Phänomene naturgemäß nicht kennen und daher einordnen konnte, dass jedoch sein Dictum, wonach die Philosophie „ihre Zeit in Gedanken erfasst" es mit sich bringt,[36] dass heutzutage insbesondere die genannte weltweite Kommunikation dazu gehören würde,[37] die mithin systemtheoretisch einzuordnen wäre.[38] Ohne das Bild der Eule der Minerva

---

30 *K. Larenz*, Richtiges Recht. Grundzüge einer Rechtsethik, 1979, S. 182. Siehe aber auch *A. Peperzak*, Selbsterkenntnis des Absoluten. Grundlinien der Hegelschen Philosophie des Geistes, 1987.

31 *F. Nietzsche*, Menschliches, Allzumenschliches, I, 32: „Wir sind von vornherein unlogische und daher ungerechte Wesen und können dies erkennen: dies ist eine der größten und unauflösbarsten Disharmonien des Daseins."

32 Näher *F. Kaulbach*, Nietzsches Idee einer Experimentalphilosophie, 1980; *J. Petersen*, Nietzsches Genialität der Gerechtigkeit, 2008.

33 Siehe aber auch *B. Rüthers*, Die Wende-Experten. Zur Ideologieanfälligkeit geistiger Berufe am Beispiel der Juristen, 2. Auflage 1995, S. 168, 194 ff.

34 *K. Larenz*, Richtiges Recht. Grundzüge einer Rechtsethik, 1979, S. 183.

35 *C. F. Weizsäcker*, Der Garten des Menschlichen, 4. Auflage 1978, S. 367 f.; 373 f.

36 *G. W. F. Hegel*, Grundlinien der Philosophie des Rechts, Vorrede, S. 35.

37 Dazu aus religionsphilosophischer Sicht *E. Biser*, Zur Situation des Menschen im Medienzeitalter, 1988.

38 Paradigmatisch und grundlegend *N. Luhmann*, Realität der Massenmedien, 3. Auflage 2004; dazu *J. Petersen*, Medienrecht, 5. Auflage 2010, § 1 Rz. 18.

ausdrücklich heranzuziehen, hebt sich Larenz davon ab: „Wir sehen daher heute, anders als Hegel, die Geschichte als einen zur Zukunft hin offenen Prozess, dessen Ziel, wenn es eines gibt, uns verborgen ist. Von solcher Sicht der Geschichte aus ist uns der Weg zu einem ‚absoluten Wissen' im Sinne Hegels versperrt."[39] Diese Bedenken gründen letztlich in Hegels Desinteresse an der Zukunft.[40]

b) Mangelnde Leistungsfähigkeit?

Auch wenn Larenz die Eule der Minerva hier nicht ausdrücklich nennt,[41] ist doch bemerkenswert, dass er in dieser impliziten Umkehrung unmittelbar den Bezug zum Juridischen herstellt: „Wir können daher auch unsere Erkenntnis von Prinzipien richtigen Rechts, denen wir als solchen eine ideelle Gültigkeit zuschreiben, nicht für die letztgültige, sondern bestenfalls für die heute bestmögliche hal-ten, die aber hinter der vollen Erfassung dieser Prinzipien immer wieder zurückbleibt."[42] Die unausgesprochene Zukunftsgewandtheit dieser Sichtweise veranschaulicht zugleich die immanente Beschränkung derjenigen Perspektive, die das Bild von der Eule der Minerva zum Ausdruck bringt: Sie ist nicht so sehr restaurativ, als vielmehr rückwärtsgewandt.

Interessanterweise war Hegels Schüler Eduard Gans in dieser Hinsicht im Wortsinne fortschrittlicher. Ihm zufolge geht der Gedanke des Rechts „immer nur

---

39 *K. Larenz*, Richtiges Recht. Grundzüge einer Rechtsethik, S. 183. Zum absoluten Wissen aus heutiger Sicht *V. Hösle*, Nach dem absoluten Wissen. Welche Erfahrungen des nachhegelschen Bewusstseins muß die Philosophie begreifen, bevor sie wieder absolutes Wissen einfordern kann?, in: Hegels Phänomenologie des Geistes. Ein kooperativer Kommentar zu einem Schlüsselwerk der Moderne (Hg. W. Welsch/K. Vieweg), 2008, S. 627; *R. Pippin*, The 'logic of experience' as 'absolute knowledge' in Hegel's Phenomenology of Spirit, in: Hegel's Phenomenology of Spirit: A Critical Guide (Hg. D. Moyar/M. Quante), 2010, S. 210.

40 *M. Theunissen*, Hegels Lehre vom absoluten Geist als theologisch-politischer Traktat, 1970, S. 440. Siehe auch *E. Rózsa*, in: Hegel-Studien 32 (1997) 137, 157, wonach Hegel „die alt gewordene Gestalt des Lebens (. . .) einer imaginären Welt der Zukunft gegenüberstellt, so dass die Dimension der Vergangenheit hier eine ausgezeichnete Stelle erhält." Siehe auch *V. Hösle*, Moral und Politik. Grundlagen einer politischen Ethik für das 21. Jahrhundert, 1997, S. 83: "Das Fehlen jeder Zukunftsperspektive bei Hegel führt zwangsläufig zur Verharmlosung der von den Staaten seiner Zeit nicht gelösten Probleme, wie etwa des Mangels an einer wirklichen Demokratie, der sich zuspitzenden sozialen Frage und des Fortbestehens von Kriegen (...)". Ferner *E. M. Dale*, Hegel, the End of History, and the Future, 2014.

41 Anders *K. Larenz*, Hegelianismus und preußische Staatsidee. Die Staatsphilosophie Joh. Ed. Erdmanns und das Hegelbild des 19. Jahrhunderts, 1940, S. 54; dazu oben § 3 III 2.

42 *K. Larenz*, Richtiges Recht. Grundzüge einer Rechtsethik, S. 183.

um wenige Schritte der wirklichen Rechtsgeschichte voraus".[43] Der Unterschied zum behaupteten restaurativen Grundzug der Hegelschen Staatsphilosophie besteht darin, dass der Hauptvorwurf, der sie trifft, nicht unbedingt das konservativ-quietistische Verdikt im Hinblick auf den Staat ist, sondern die damit der Sache nach behauptete mangelnde Leistungsfähigkeit des Ansatzes, der bezogen auf das Recht viele der gestellten Fragen schlichtweg nicht mehr aus sich heraus zu beantworten vermöge.[44]

c) Paradoxe Aktualität der Hegelschen Rechtsphilosophie

Zugleich bringt die Metapher auch dasjenige bildhaft zum Ausdruck, was ungeachtet – und wohl auch gerade wegen – seiner Konsistenz im Systemdenken Hegels dessen Problematik ausmacht: Es ist weniger das konservativ-quietistische Element, das anstößig erscheinen mag, aber im Wesentlichen unschädlich ist, auch wenn dies namentlich Ernst Bloch mit Bezug auf das Bild der Eule der Minerva anders sieht: „Wäre die Philosophie wirklich auf Dämmerung angewiesen, dann wäre die Hegelsche zu ihrer Zeit überhaupt nicht möglich gewesen, sondern sozusagen erst nach 1850. (...) Hegels Satz bleibt reaktionär, mindestens entsprach er dem starken Ruhebedürfnis seiner späten Jahre."[45]

Diese letztgenannte Abschwächung mag zutreffen, doch stellt sie noch nicht das eigentliche Problem dar. Vielmehr besteht dies in der möglicherweise begrenzten Gültigkeit der Hegelschen Rechtsphilosophie und der mangelnden Aussagekraft des auf die Rechtsphilosophie bezogenen Systems Hegels.[46] In eine ähnliche Richtung weist das unter ausdrücklichem Verweis auf die Vorrede der Rechtsphilosophie erhobene Monitum von Habermas: „Nach Hegels eigenen Maßstäben blamiert sich eine Philosophie, die an der Anstrengung, ihre Zeit in Gedanken zu erfassen, zerbricht, vor der unbezwungenen Gewalt des objektiven Geistes: wenn es sich herausstellt, dass sie ihre Epoche nicht auf den Begriff gebracht hat, ist sie als fadenscheinige Abstraktion entlarvt, die sich zwischen die

43 Vgl. die von *J. Braun* sachkundig eingeleitete Edition der Vorlesungen nach G.W. F. Hegel: in: *E. Gans*, Naturrecht und Universalgeschichte (Hg. J. Braun), 2005, S. LII.

44 Siehe auch *Ch. Taylor*, Hegel's Ambiguous Legacy for Modern Liberalism, Cardozo Law Review 10 (1989) 857.

45 *E. Bloch*, Subjekt – Objekt. Erläuterungen zu Hegel, 1952, S. 247.

46 Vgl. auch *H. J. Fulda*, Das Recht der Philosophie in Hegels Philosophie des Rechts, 1968, mit seiner These (ebenda S. 8): „Wenn Hegels Philosophie einen Skandal für unser praktisches Selbstverständnis darzustellen scheint und sie sich zu einem solchen, wie man weiß, erst im Laufe der Hegelschen Entwicklung ausgewachsen haben kann, lässt sich an ihr vielleicht sogar paradigmatisch erproben, welche praktische Funktion die Philosophie sich zuerkennen muss, wenn sie der Einsicht in das folgt, was sie ist und wissen kann."

Vernunft als selbstbewussten Geist und die Vernunft als vorhandene Wirklichkeit schiebt."[47]

Das führt freilich zu einer im Wortsinne grundlegenden Kritik an Hegels Rechtsphilosophie. Denn wenn sich mit der Endzeitlichkeit ein Ungenügen der Hegelschen Rechtsphilosophie in der Metapher abbildet, das weiter geht und tiefer reicht als die vergleichsweise oberflächliche Geißelung der Vorrede, dann können die *Grundlinien* eben nicht ohne weiteres von ihrer als problematisch empfundenen Vorrede abgelöst werden, weil das systematische Fundament selbst betroffen ist. Damit wird die Eule der Minerva unwillkürlich zum Sinnbild dafür, dass nicht nur eine Gestalt des Lebens, sondern auch Hegels Rechtsphilosophie selbst alt geworden ist. Zugleich ist darin merkwürdigerweise ihre zeitlose Gültigkeit begründet, wie Adorno sinnfällig gemacht hat: „Die Hegelsche Philosophie (...) beugt heute sich der Paradoxie, dass sie vor der Wissenschaft veraltet ist und zugleich gegen die Wissenschaft aktueller denn je."[48] Diese gleichzeitige Aktualität und Überkommenheit rückt ein Postulat in den Blickpunkt,[49] das man mit Theunissen kennzeichnen kann als das immer auch „rückschauende Durchschauen der Gründe gegenwärtiger Geschichtlichkeit",[50] dessen Sinnzusammenhang das Bild der Eule der Minerva unmittelbar erhellt.

Für die auf einem ontologischen Begriff des Geistes, um dessentwillen sie heute vielfach gescholten wird,[51] gründende Rechtsphilosophie Hegels könnte dann paradoxerweise dasjenige gelten, was wiederum Adorno, freilich in anderem Zusammenhang, über die Eule der Minerva gesagt hat: „Der Hegelsche Satz, die Eule der Minerva beginne am Abend ihren Flug, bewährt in der Geschichte des Geistes sich daran, dass der Gedanke sich auf Begriffe zu konzentrieren pflegt, wenn sie, wie man so sagt, problematisch geworden sind, wenn ihnen nicht mehr angemessen ist, was sie bezeichnen, und wenn sie zum Verschwinden verurteilt scheinen."[52] So spiegelt das Bild der Eule der Minerva die fortwirkende Bedeutung

---

47 *J. Habermas*, Zu Hegels Politischen Schriften, in: *ders.*, Theorie und Praxis, 1963, 4. Auflage 1971, S. 148.

48 *Th. W. Adorno*, Drei Studien zu Hegel, 1963, 4. Auflage 1970, S. 71.

49 Wichtig zur Problematik der Aktualität der Hegelschen Rechtsphilosophie ferner *H. Klenner*, Hegels Rechtsphilosophie: Zeitgeist oder Weltgeist?, in: Hegels Philosophie des Rechts. Die Theorie der Rechtsformen und ihre Logik (Hg. D. Henrich/R.-P. Horstmann), 1982, S. 206, 213; *ders.*, Greatness and Misery of Philosophy of Law, in: Sur la philosophie du droit (Hg. R. Lukić), 1978, S. 63.

50 *M. Theunissen*, Hegels Lehre vom absoluten Geist als theologisch-politischer Traktat, 1970, S. 386. Siehe auch *M. Pawlik*, Der Staat 41 (2002) 183, 199.

51 *A. Honneth*, Leiden an Unbestimmtheit. Eine Reaktualisierung der Hegelschen Rechtsphilosophie, 2001, S. 12 („uns . . . inzwischen völlig unverständlich").

52 *Th. W. Adorno*, Dissonanzen. Musik in der verwalteten Welt, 1956, S. 120.

der Hegelschen Rechtsphilosophie ebenso wider wie ihre systembedingte Begrenzung.

II Einwand aus der *Phänomenologie*

Der Vorwurf des Überkommenen trifft Hegels Rechtsphilosophie allerdings nur äußerlich, da man ihr nur dann Gerechtigkeit widerfahren lassen kann, wenn man sich ihrer Historizität und damit ihrer eigenen Zeitgemäßheit und Leistung innerhalb ihrer Zeit vergewissert.[53] So richtig es ist, die Hegelsche Rechtsphilosophie auf ihre heutige Leistungsfähigkeit zu überprüfen, darf daraus kein um jeden Preis verfochtener Aktualitätseifer entstehen,[54] zumal zu bedenken ist, dass die *actualitas* selbst Verwirklichung bedeutet.[55]

Die diesbezüglichen im Schrifttum unternommenen Versuche einer Reaktualisierung,[56] unter denen heute der von Axel Honneth hervorragt,[57] sind stets an den systemimmanenten Basissätzen zu messen,[58] so dass Abschwächungen und Relativierungen dessen, was uns heute anstößig erscheint, immer auch daraufhin zu überprüfen sind, ob es sich dann noch um das spezifische Anliegen Hegels handelt.[59] Daher muss auch die innere Teleologie der Grundlinien, das heißt ihr Anspruch als Rechts*philosophie* maßgeblich in Rechnung gestellt werden. So ist etwa der naheliegende Einwand, dass Hegel das in der Weltgeschichte geschehene Unrecht unzureichend würdige,[60] systematisch nicht durchgreifend, weil er es als

---

53 *H. Klenner*, Hegels Rechtsphilosophie: Zeitgeist oder Weltgeist?, in: Hegels Philosophie des Rechts. Die Theorie der Rechtsformen und ihre Logik (Hg. D. Henrich/R.-P. Horstmann), 1982, S. 206, 213 m. w. N.

54 Wohlabgewogen *R. Pippin*, The Rose and the Owl: Some Remarks on the Theory-Practice Problem in Hegel, Independent Journal of Philosophy 3 (1979) 7, 14: "The 'Owl of Minerva' metaphor does not mean that philosophy is resigned or indifferent to actuality; it means rather that philosophy's task is different than any *direct* practical concern with actuality. It is neither resigned, nor does it practically celebrate the actual. Philosophers just philosophize". Hervorhebung auch dort.

55 *J. Ritter*, Hegel und die französische Revolution, 1965, S. 9.

56 *M. O. Hardimon*, Hegel's Social Philosophy, The Project of Reconciliation, 1994.

57 *A. Honneth*, Leiden an Unbestimmtheit. Eine Reaktualisierung der Hegelschen Rechtsphilosophie, 2001, S. 12, dem es „ratsam scheint, den Text eher als eine Art von Steinbruch glänzender Einzelideen zu behandeln".

58 Siehe auch *A. Honneth*, Das Recht der Freiheit, 2011; dazu *Ch. Lamore*, Hegel-Studien 47 (2013) 145.

59 Vgl. *D. Henrich*, Einleitung: Vernunft in Verwirklichung, in: Hegel, Philosophie des Rechts, Die Vorlesung von 1819/1820 in einer Nachschrift (Hg. ders.), 1983, S. 9, 34.

60 Dazu bereits oben § 4 V 1 c.

Versöhnung mit dem Negativen und Fortschritt des Geistes im Bewusstsein seiner Freiheit deuten konnte.[61]

1 „Das Jetzt ist die Nacht"

Deshalb ist es wichtig, immer zugleich auch die systemimmanenten Anforderungen im Blick zu halten, die sich, wie bereits mehrfach gesehen, insbesondere aus der *Phänomenologie des Geistes* ergeben.[62] Dabei sei auf eine Stelle aufmerksam gemacht, die zwar vorderhand nichts mit der Rechtsphilosophie zu tun zu haben scheint, dafür aber Hegels Dialektik auf einer solchen Höhe zeigt,[63] dass es gerechtfertigt ist, die vorstehend geübte Kritik daran zu messen. Es geht buchstäblich um das Hier und Jetzt: „Auf die Frage: *Was ist das Jetzt?* Antworten wir also zum Beispiel: das *Jetzt ist die Nacht*".[64] Auch wenn es wegen des im Wortsinne exemplarischen Charakters der Antwort keine weitergehende Bedeutung zu haben scheint, ist im Hinblick auf das Bild von der Eule der Minerva, die ihren Flug mit der einbrechenden Dämmerung beginnt, aufschlussreich, dass Hegel ausgerechnet die Nacht zum Beispiel erhebt, also die Zeit der möglichen nachträglichen Erkenntnis.

Offenbar bezieht sich Shapiro auf diese Stelle, wenn er Hegels Behandlung des Diskurses dieses „Jetzt" in der *Phänomenologie des Geistes* für überraschend treffend hält. Doch macht er dies interessanterweise nicht unmittelbar bezüglich des aus Sicht seines gleichartigen Aufsatztitels nahe liegenden Bildes der Eule der Minerva, sondern am Beispiel des dreifachen „nun" am Ende von Hölderlins Gedicht „Brod und Wein".[65] Bei Shapiro bewendet es mit einer Gegenüberstellung, die jedoch weniger etwas über die Bedeutung des Bildes in Hegels (Rechts-)Philosophie aussagt als vielmehr über das Verhältnis von Poesie und Philosophie: Hegels Abschluss hat danach die Mehrdeutigkeit der Dämmerung, in der die Eule

---

61 *M. Baum/K. R. Meist*, Recht-Politik-Geschichte, in: Hegel. Einführung in seine Philosophie (Hg. O. Pöggeler), 1977, S. 125, mit der folgerichtigen Bemerkung, dass dies „nicht weniger als die Verwirklichung einer Theodizee auf dem Boden der Geschichte" bedeute.

62 Zur Deutung der Phänomenologie des Geistes *O. Pöggeler*, in: Hegel-Studien 1 (1961) 255.

63 *C. F. v. Weizsäcker*, Der Garten des Menschlichen, 4. Auflage 1978, S. 386, nennt den Kontext, in dem diese Stelle steht „einen der genialsten Texte Hegels".

64 *G. W. F. Hegel*, Phänomenologie des Geistes, 1807, in: Sämtliche Werke (ed. H. Glockner, Band 2), S. 84.

65 Siehe dazu nur *J. Schmidt*, Hölderlins Elegie „Brod und Wein". Die Entwicklung des hymnischen Stils in der elegischen Dichtung, 1968; im Hinblick auf die juristische Hermeneutik auch *E. Schumann*, Eigenständigkeit und Vielfalt der juristischen Hermeneutik – Zugleich zu Gadamers These über deren „Modellfunktion" –, Festschrift für C.-W. Canaris, 2007, S. 1367, 1396.

der Minerva ihren Flug beginnt, während Hölderlins Nacht eine Wiederkehr des Lichts vorwegnimmt.

In diesem Gegensatz zwischen Poesie und Philosophie können Shapiro zufolge verschiedene Konzeptionen von Natur und Poesie selbst gefunden werden.[66] Das ergibt sich auch mit Blick auf eine andere bereits betrachtete Sentenz Hegels zum „Mittag des Lebens", die gleichfalls vor dem Hintergrund der Dichtung Hölderlins („Hälfte des Lebens") betrachtet wurde[67] und vor diesem Hintergrund gleichfalls alles andere als zufällig erscheint: „Und in dieser Nacht der bloßen Reflexion und des raisonnirenden Verstandes, die der Mittag des Lebens ist, können sich beide begegnen."[68]

2 Gewissheit und Wahrheit

Dass die Stelle aus der *Phänomenologie* nicht beliebig ausgewählt wurde, ergibt sich daraus, dass es inhaltlich um die bereits angesprochene Frage der Gewissheit und Wahrheit geht: „Um die Wahrheit dieser sinnlichen Gewissheit zu prüfen, ist ein einfacher Versuch hinreichend. Wir schreiben diese Wahrheit auf; eine Wahrheit kann durch Aufschreiben nicht verlieren; ebenso wenig dadurch, dass wir sie aufbewahren." Hegel erhebt diese Frage zum Exempel seiner dialektischen Methode; die aufgeschriebene Wahrheit wird im doppelten Sinne aufgehoben. Es ist geradezu ein Lehrstück der Dialektik: „Das Jetzt, welches Nacht ist, wird *aufbewahrt*; d. h. es wird behandelt als das, für was es ausgegeben wird, als ein *Seiendes*; es erweist sich aber vielmehr als ein Nichtseiendes. Das Jetzt erhält sich wohl, aber als ein solches, das nicht Nacht ist; ebenso erhält es sich gegen den Tag, der es Jetzt ist, als ein solches, das auch nicht Tag ist, oder als ein *Negatives* überhaupt."[69]

---

66 *G. Shapiro*, The Owl of Minerva and the Colors of the Night, Philosophy and Literature 1 (1977) 276, 284: „Yet Hegel's completion has the ambiguity of the twilight in which Minerva's owl takes to wing, while Hölderlin's night anticipates a return of the light. In this opposition between poetry and philosophy can be found variant conceptions of the nature of poetry itself."

67 Oben unter § 4 IV 4 in der Fußnote. Grundlegend zum Verhältnis Hegels zu Hölderlin und dessen möglicher dichterischer Vorwegnahme zentraler Gedanken *D. Henrich*, Hegel und Hölderlin, in: Hegel im Kontext, 1971, 2. Auflage 1975, S. 9.

68 *G. W. F. Hegel*, Differenz des Fichte'schen und Schelling'schen Systems der Philosophie, 1801, in: Sämtliche Werke (ed. H. Glockner, Band 1), S. 60.

69 *G. W. F. Hegel*, Phänomenologie des Geistes, 1807, in: Sämtliche Werke (ed. H. Glockner, Band 2), S. 85; Hervorhebungen auch dort.

Am Rande sei in diesem Zusammenhang Hegels an Hölderlin gerichtetes Gedicht *Eleusis* aus dem Jahre 1796 erwähnt,[70] inmitten dessen Freiheit und Wahrheit stehen („der freien Wahrheit nur zu leben") und das die Nacht als Befreierin anruft: „Um mich, in mir wohnt Ruhe, – der geschäft'gen Menschen / Nie müde Sorge schläft, sie geben Freiheit / und Muße mir – Dank dir, du meine / Befreierin, o Nacht!" Dem stellt Hegel – wohl auch seiner Berner Hauslehrertätigkeit geschuldet – „des Tages langweil'gen Sermon entgegen".[71] Die innere Richtung des Gedichts geht „zu dir, o glänzendes Gestirn der Nacht!".[72] Beiläufig sieht man auch hieran wiederum, dass sich Nietzsches und Hegels Denken voneinander buchstäblich wie Tag und Nacht unterscheiden.

3 Außenverweisung in der Vorrede auf die *Phänomenologie*

Der mögliche Zusammenhang dieser Stelle der *Phänomenologie des Geistes* mit der Vorrede der Rechtsphilosophie zeigt sich anhand einer unscheinbar anmutenden, in Wahrheit aber wohl schlechterdings konstitutiven Parenthese eines Satzes der Vorrede, von dem bereits beiläufig die Rede war:[73] „Wenn man diese Vorstellung und das ihr gemäße Treiben sieht, so sollte man meinen, als ob noch kein Staat und Staatsverfassung in der Welt gewesen, noch gegenwärtig vorhanden sei, sondern als ob man *jetzt* – und dieses *Jetzt* dauert immer fort – ganz von vorne

70 Nach *D. Henrich*, Hegel und Hölderlin, in: Hegel im Kontext, 1971, S. 9, „das einzige Gedicht von Belang, das er schrieb". Zum Zusammenhang mit der Phänomenologie *B. Bowman*, ‚Die unterste Schule der Weisheit'. Hegels Eingang in die *Phänomenologie* im Fokus eines religionsgeschichtlichen Motivs, in: Hegels ‚Phänomenologie des Geistes' heute (Hg. A. Arndt/E. Müller), 2004, S. 14.

71 Zu dieser Stelle *P. Tillich*, Vorlesung über Hegel (Frankfurt 1931/32), Gesammelte Werke. Ergänzungs- und Nachlassbände, Band 8 (Hg. E. Sturm), 1995, S. 83. Vgl. auch *P. Sloterdijk*, Philosophische Temperamente, 2009, S. 78: Hegels „nachtnahes Grau".

72 Rechtsphilosophisch bedeutsam und hellsichtig ist die Feststellung von *V. Hösle*, Eine kurze Geschichte der deutschen Philosophie, 2013, S. 146 (dazu *J. Petersen*, ARSP 99, 2013, 434): „Die jugendliche Begeisterung für die Französische Revolution und das im Gedicht ‚Eleusis' Hölderlin gegebene Versprechen, ‚Frieden mit der Satzung,/ die Meinung und Empfindung regelt, nie nie einzugehen', sind nur scheinbar vom preußischen Staatsphilosophen aufgegeben worden. In Wahrheit konnte Hegel durchaus meinen, dass wichtige Ideen der Französischen Revolution, zumal Rechtsgleichheit, in Preußen nach den Stein-Hardenbergschen Reformen verwirklicht worden waren". Wichtig weiter *V. Hösle*, ebenda: „ Entscheidend für einen legitimen Staat ist die Verwirklichung der Rechtsidee; und in der Ausarbeitung einer materialen Gerechtigkeitstheorie im ersten Teil der ‚Grundlinien', ‚Das abstrakte Recht', besteht Hegels Vollendung der Naturrechtstradition, die er gegen die historische Rechtsschule verteidigt". Siehe ferner *G. A. Kelley*, Hegel's Retreat from Eleusis: Studies in Political Thought, 1978

73 Oben § 3 III 1 vor a) in der Fußnote.

anzufangen, und die sittliche Welt nur auf ein solches *jetziges* Ausdenken und Ergründen und Begründen gewartet habe."[74] Bereits die originalen Hervorhebungen machen sinnfällig, dass es um genau dasjenige geht, was in der *Phänomenologie* angesprochen ist, wenn die Frage nach dem Jetzt gestellt und dialektisch beantwortet wird.[75] So gesehen ist der buchstäblich zentrale Inhalt der Parenthese („dieses Jetzt dauert immer fort") nur eine bewusst verkürzende Außenverweisung auf die *Phänomenologie*.

4 Das „Hier" in der Phänomenologie und Rechtsphilosophie

Eine entsprechende Außenverweisung ergibt sich aber nicht nur im Hinblick auf das angesprochene „Jetzt", sondern auch bezüglich des in der Phänomenologie genannten „Hier": „Nehmen wir es in der gedoppelten Gestalt seines Seins, als das *Jetzt* und das *Hier*, so wird die Dialektik, die es an ihm hat, eine so verständliche Form erhalten, als es selbst ist."[76]

a) Hic Rhodus, hic saltus

Auch wenn es im Folgenden vor allem um das angesprochene „Jetzt" geht, sollte man zugleich das „Hier" beachten. Denn es steht in einem inneren Verweisungszusammenhang mit dem in der Vorrede der Rechtsphilosophie zentralen: „*Hic* Rhodus, *hic* saltus".[77] Mit diesem Zitat belegt Hegel nicht von ungefähr die vorangehende und bereits in der Vorrede behandelte Feststellung: „So soll denn diese Abhandlung, insofern sie die Staatswissenschaft enthält, nichts anders sein, als der Versuch, den *Staat als ein in sich Vernünftiges zu begreifen* und *darzustellen*. Als philosophische Schrift muss sie am entferntesten davon sein, einen *Staat, wie er sein soll*, konstruieren zu sollen; die Belehrung, die in ihr liegen kann, kann nicht darauf gehen, den Staat zu belehren, wie er sein soll, sondern vielmehr, wie er, das sittliche Universum, erkannt werden soll."[78] Indem Hegel dieses und für seine Rechtsphilosophie („diese Abhandlung") zentrale Monitum mit dem Zitat

---

74 *G. W. F. Hegel*, Grundlinien der Philosophie des Rechts, Vorrede, S. 23; Hervorhebungen auch dort.

75 *G. W. F. Hegel*, Phänomenologie des Geistes, 1807, in: Sämtliche Werke (ed. H. Glockner, Band 2), S. 84.

76 *G. W. F. Hegel*, Phänomenologie des Geistes, ebenda.

77 *G. W. F. Hegel*, Grundlinien der Philosophie des Rechts, Vorrede, S. 35; Hervorhebungen auch dort. Dazu *E. Rózsa*, in: Hegel-Studien 32 (1997) 137, 148 f.

78 *G. W. F. Hegel*, ebenda, Vorrede, S. 34 f.; Hervorhebungen auch dort.

belegt und gerade das lateinische „Hier“ hervorhebt („*Hic* Rhodus *hic* saltus“), wird der Zusammenhang mit der zitierten Stelle aus der *Phänomenologie* deutlich.

b) Versöhnung mit der Wirklichkeit

Hegel verschränkt diese Stelle wiederum kunstvoll mit dem Bild der Rose im Kreuz der Vernunft:[79] „Mit weniger Veränderung würde jene Redensart lauten: *Hier* ist die Rose, *hier* tanze.“ Dieses Bild wurde weiter oben mit Bedacht innerhalb des der Verwirklichung der Freiheit gewidmeten Abschnitts behandelt,[80] da die mit der Erkenntnis dessen einhergehende Versöhnung mit der Wirklichkeit zugleich die Erhaltung der subjektiven Freiheit gewährleistet:[81] „Die Vernunft als die Rose im Kreuze der Gegenwart zu erkennen und damit dieser sich zu erfreuen, diese vernünftige Einsicht ist die *Versöhnung* mit der Wirklichkeit,[82] welche die Philosophie denen gewährt, an die einmal die innere Aufforderung ergangen ist *zu begreifen* und in dem, was substantiell ist, ebenso die subjektive Freiheit zu erhalten sowie mit der subjektiven Freiheit nicht in einem Besondern und Zufälligen, sondern in dem, was an und für sich ist, zu stehen.“[83]

Ohne den Staat, d. h. nur in der bürgerlichen Gesellschaft,[84] auf die sie implizit verweist, ist die subjektive Freiheit zwar eine vollgültige, aber unvollkommene.[85] Die angesprochene subjektive Freiheit verwirklicht sich nach Hegel im vernünftig gedachten Staat.[86] Das von Hegel hervorgehobene Begreifen erklärt sich im folgenden Satz, in dem die „Vernunft als begreifendes Erkennen“ er-

---

79 Näher *R. Pippin*, The Rose and the Owl: Some Remarks on the Theory-Practice Problem in Hegel, Independent Journal of Philosophy 3 (1979) 7; *L. Coyle*, The Spiritless Rose in the Cross of the Present: Retracting Hegel in Adorno's “Negative Dialectics” and Related Lectures, in: Telos: A Quarterly Journal of Critical Thought 155 (2011) 39.

80 § 3 I 1. Auch hierzu *E. Rózsa*, in: Hegel-Studien 32 (1997) 137, 157.

81 Vgl. auch *H. F. Fulda*, Das Recht der Philosophie in Hegels Philosophie des Rechts, 1968, S. 8, mit der „um der historischen Gerechtigkeit willen“ gestellten rhetorischen Frage, „ob man Hegel keinen überzeugenderen Gedanken von der Bedeutung zutrauen darf, die die Philosophie im Verhältnis zur Wirklichkeit hat.“

82 Vgl. dazu *Th. W. Adorno*, Drei Studien zur Hegel, 1963, 4. Auflage 1970, S. 53: „Die philosophische Antezipation der Versöhnung frevelt an der realen.“ Ablehnend insoweit *M. Theunissen*, Hegels Lehre vom absoluten Geist als theologisch-politischer Traktat, 1970, S. 384 Fußnote 53.

83 *G. W. F. Hegel*, Grundlinien der Philosophie des Rechts, Vorrede, S. 35; Hervorhebungen auch dort.

84 *G. W. F. Hegel*, ebenda, §§ 182 ff. Siehe dazu auch *Ch. Taylor*, Hegel and Modern Society, 1979.

85 *I. Görland*, Die konkrete Freiheit des Individuums bei Hegel und Sartre, 1978, S. 5.

86 *Ch. Binkelmann*, Theorie der praktischen Freiheit, 2007, S. 327.

scheint;[87] diese Präzisierung enthält zugleich eine bedingende Weichenstellung für das Verständnis der gealterten Gestalt des Lebens, die sich „mit Grau in Grau nicht verjüngen, sondern *nur erkennen*" lässt.[88]

III Zeit, Wahrheit und Gerechtigkeit

Betrachten wir vor diesem Hintergrund nochmals die in der *Phänomenologie* angesprochene Stelle, wonach „eine Wahrheit durch Aufschreiben nicht verlieren kann".[89] Diese Negation scheint auf den ersten Blick wenig weiter zu führen. Der Bezug wird jedoch deutlicher, wenn man ein Zwischenglied dieser Argumentation betrachtet: „Sehen wir *Jetzt, diesen Mittag* die aufgeschriebene Wahrheit wieder an, so werden wir sagen müssen, dass sie schal geworden ist."[90]

1 Raumzeitliche Relativität

Dieser Punkt ist für die Bewertung der Rechtsphilosophie deswegen so wichtig, weil unter dem Blickwinkel der Eule der Minerva stets gerade dieser jeweilige Zustand fixiert zu werden scheint. Die Wahrheit, die unter der Bedingung des jeweiligen Daseins der Freiheit auch die Gerechtigkeit bedeutet,[91] ist immer schon eine überkommene und nur zeitweilige.[92] Das allgemeine rechtsphilosophische Problem der raumzeitlichen Relativität,[93] um dessentwillen bereits Blaise Pascal die Jurisprudenz verhöhnt hat,[94] zeigt sich bei Hegel – freilich in sublimierter Form

87 *G. W. F. Hegel*, Grundlinien der Philosophie des Rechts, Vorrede, S. 35; Hervorhebungen auch dort.

88 *G. W. F. Hegel*, ebenda, S. 37; Hervorhebung nur hier. Zur Bedeutung des „nur erkennen" ausführlich oben § 3 II 1.

89 *G. W. F. Hegel*, Phänomenologie des Geistes, 1807, in: Sämtliche Werke (ed. H. Glockner, Band 2), S. 83.

90 *G. W. F. Hegel*, ebenda, S. 83; Hervorhebungen auch dort.

91 *G. W. F. Hegel*, Grundlinien der Philosophie des Rechts, § 99 a. E.

92 *C. F. v. Weizsäcker*, Der Garten des Menschlichen, 4. Auflage 1978, S. 392, leitet aus dem Zusammenhang, in dem diese Stelle steht, sogar den Vorwurf ab: „Ich behaupte, dass Hegel, trotz seines Ansatzes der Geschichte der Wahrheit, mit praktisch der gesamten klassischen Philosophie vor diesem Problemkreis der Zeit zurückgewichen ist." Eingehend zu diesem Problemkreis *ders.*, Zeit und Wissen, 1992.

93 *H. Hofmann*, „In Europa kann's keine Salomons geben." – Zur Geschichte des Begriffspaars Recht und Kultur, JZ 2009, 1.

94 *B. Pascal*, Pensées sur la religion et sur quelques autres sujets, 1670, Fragment 60 – 294: „Trois degres d'élévation du pôle renversent toute la jurisprudence." Dazu *J. Petersen*, ‚Blaise Pascals

– mit besonderer Brisanz, auch wenn und gerade weil er die Philosophie als „ihre Zeit in Gedanken erfasst“ auf den Punkt brachte.[95] In dieser Form geht die Philosophie *mit der Zeit*, so wie auch im Bild die Eule der Minerva *mit* – und nicht: in – der einbrechenden Dämmerung ihren Flug beginnt. Es geht also nicht um das rechtsphilosophische Dilemma der beschränkten Geltung des Rechts, das Hegel schon deshalb nicht interessiert, weil es ihm nur um die „philosophische Rechtswissenschaft“ zu tun ist, welche „die Idee des Rechts, den Begriff des Rechts und dessen Verwirklichung zum Gegenstande hat“.[96] Wenn es für ihn überhaupt einen Raum des Rechts gibt, so ist es das Rechtssystem als „das Reich der verwirklichten Freiheit“.[97]

Der Sache nach begegnet dieser Gedanke bei Wetzel: Danach muss das Problem „in Vermeidung eines philosophiegeschichtlichen Relativismus so verstanden werden, dass sie wie jedes Philosophieren zwar zu einer bestimmten Zeit vonstatten gegangen, aber unbeschadet dessen doch, wenn schon nicht ex tunc, aber doch ex nunc gültig sei, mithin die Rede von der ‚Zeit in Gedanken erfasst‘ ebenso wie vom ‚Flug der Eule der Minerva *erst* in der Dämmerung‘ nicht mehr und nicht weniger besagt als dies: In und mit Hegel hat die Philosophie absolut gesprochen.“[98] Diese etwas abrupte Folgerung ist jedoch auch durch die wortlautmäßige Akzentsetzung („erst“) nicht hinreichend vorbereitet, da gerade dieses Wort die nachträgliche Reflexion ermöglicht und somit nichts über diese Einsicht Hinausgehendes gewonnen wird. Wenn die Philosophie „in und mit Hegel absolut gesprochen“ haben soll, wäre es ein dringendes Desiderat darzustellen, in welcher Weise dies vonstatten gehen soll; dann käme Hegels Philosophie des absoluten Geistes in den Blick, der die „ewige wirkliche Wahrheit“ ist,[99] welche als solche die zeitliche Relativität überwunden hat.[100]

Gedanken über das Recht‘ in: Festschrift für W. Merle, 2010, S. 289 – Hegel hat in seinen religionsphilosophischen Arbeiten gelegentlich Pascal herangezogen; näher *H. Küng*, Existiert Gott? Antwort auf die Gottesfrage der Neuzeit, 4. Auflage 1987, S. 160 ff.

95 *G. W. F. Hegel*, Grundlinien der Philosophie des Rechts, Vorrede, S. 35; Hervorhebung auch dort. Dazu oben § 2 III a. E.

96 *G. W. F. Hegel*, ebenda, § 1.

97 *G. W. F. Hegel*, ebenda, § 4. Siehe auch *S. Hoff*, Laws of the Spirit: A Hegelian Theory of Justice, 2014.

98 *M. Wetzel*, Prinzip Subjektivität. Allgemeine Theorie, Zweiter Halbband: Natur, Gesellschaft, konkrete Subjektivität, 2005, S. 32; Hervorhebung auch dort. Vgl. demgegenüber *R. Heiss*, Die großen Dialektiker des 19. Jahrhunderts, Hegel, Kierkegaard, Marx, 1963, S. 166 f.: „Hegel kapituliert vor der Wirklichkeit, die Theorie leuchtet der Wirklichkeit nicht voran, sie hinkt hinterher.“

99 *G. W. F. Hegel*, Encyclopädie, § 552.

100 *H. F. Fulda*, Georg Wilhelm Friedrich Hegel, 2003, S. 248.

2 Die jederzeitige Wirklichkeit des Vernünftigen

Allerdings ist damit die Frage der zeitlichen Geltung noch nicht adäquat beantwortet. Gewiss geht es auch insoweit nicht um die zeitlich beschränkte Geltung von Normen. Vielmehr ist es das immerfort Präsentische, das an der Hegelschen Rechtsphilosophie irritiert, weil es eine Aktualität insinuiert, die letztlich leerzulaufen scheint: „Was vernünftig *ist*, das *ist* wirklich; und was wirklich *ist*, das *ist* vernünftig.“[101] Schon Hegels Schüler Eduard Gans hat den Satz damit erklärt, dass „das wahrhaft Vernünftige, um seiner Natur gemäß zu sein, sich stets in die Welt einbildet und Gegenwart gewinnt.“[102] Damit wird zugleich das Missverständnis Rudolf Hayms überwunden,[103] der davon ausging, dass eine jede historisch vorgegebene Rechtsinstitution zugleich vernünftig sein müsse.[104] So gibt die Aussage eine nicht nur Hegel eigene zentrale Einsicht des Deutschen Idealismus wieder, wie vor allem Horstmann herausgearbeitet hat.[105] Es geht also nicht um die schlichte Affirmation des Bestehenden.

Man ist sich daher weitgehend einig,[106] dass dieses berühmte Wort der Wirklichkeit des Vernünftigen nicht rechtfertigend noch legitimierend ausgelegt zu werden braucht,[107] zumal da in den Begriff des Wirklichen stets auch die Bedingung der Freiheit hineinzulesen ist.[108] Doch muss gerade diese Stelle immer zugleich mit ihrer „ontologischen Konnotation“ verstanden werden, aus der sich

---

101 *G. W. F. Hegel*, Grundlinien der Philosophie des Rechts, Vorrede, S. 33; Hervorhebungen nur hier. Zu dieser Stelle bereits oben § 2 II 2 b. In der Vorlesungsnachschrift von 1819/20 ist die Rede davon, dass „wirklich *wird*, was vernünftig ist, und das Wirkliche vernünftig *wird*“; weiterführend *M. Pawlik*, Hegel und die Vernünftigkeit des Wirklichen, Der Staat 41 (2002) 183, 206, sowie *R. Marcic*, Hegel und das Rechtsdenken im deutschen Sprachraum, 1970, S. 107.

102 Vgl. Vorwort von *E. Gans*, in: G. W. F. Hegel, Grundlinien der Philosophie des Rechts, S. 6.

103 Zutreffend *P. Landau*, Hegels Begründung des Vertragsrechts, ARSP 59 (1973) 117, 119 mit Fußnote 18.

104 *R. Haym*, Hegel und seine Zeit. Vorlesungen über Entstehung, Entwicklung, Wesen und Wert der Hegelschen Philosophie, 1857, S. 363 ff.; dazu *K. Rosenkranz*, Apologie Hegels gegen Dr. Rudolf Haym, 1858.

105 *R.-P. Horstmann*, Die Grenzen der Vernunft. Eine Untersuchung zu Zielen und Motiven des Deutschen Idealismus, 1991, 3. Auflage 2004, S. 134.

106 *J. Braun*, Einführung, in: E. Gans, Naturrecht und Universalgeschichte: Vorlesungen nach G. W. F. Hegel (Hg. J. Braun), 2005, S. LI.

107 *Th. W. Adorno*, Drei Studien zu Hegel, 1963, 4. Auflage 1970, S. 57; *A. Kaufmann*, in: ders./W. Hassemer/U. Neumann, Einführung in Rechtsphilosophie und Rechtstheorie der Gegenwart, 7. Auflage 2004, S. 65. Treffend *M. Pawlik*, Der Staat 41 (2002) 183, 185: Keine „Lobhudelei der Faktizität“.

108 *H. F. Fulda*, Georg Wilhelm Friedrich Hegel, 2003, S. 247, freilich in anderem Zusammenhang, nämlich am Beispiel von *G. W. F. Hegel*, Encyclopädie, § 513.

die „ontologische Dignität der Vernunft“ ergibt, die sich als das System begründender Grundgedanke erweist.[109] Das wird im Übrigen präzisiert und in seinem vorgeblich konservativ-restaurativen Gehalt entschärft durch das Nachfolgende: „Denn das Vernünftige, *was synonym ist mit der Idee*, indem es in seiner Wirklichkeit zugleich in die äußere Existenz tritt, tritt in einem unendlichen Reichtum von Formen, Erscheinungen und Gestaltungen hervor, und umzieht seinen Kern mit der bunten Rinde, welche der Begriff erst durchdringt,[110] um den innern Puls zu finden und ihn ebenso in den äußern Gestaltungen noch schlagend zu fühlen.“[111] Zu diesem Formen- und Gestaltungsreichtum gehört eben auch das Rechtssystem als das „Reich der verwirklichten Freiheit.“[112]

3 Folgerung für die Gestalt des Lebens

In einem ausgreifenden Satz zusammengefasst kann man mit Beierwaltes die Grundintention Hegels darin erblicken, „die Wirklichkeit als vernünftigen oder als reinen Gedanken zu begreifen, der sich in der Natur und in der Geschichte oder *als* diese konkret entfaltet, sich in unterschiedlichen Formen des Wissens, der Kunst und Religion manifestiert und erst als sich selbst begreifender Begriff oder als absolutes Selbstbewusstsein in vollendeter Weise in all seinen Differenzierungen sich selbst durchsichtig werden kann.“[113] In dieser treffenden Begriffsbestimmung zeigt sich zugleich der Bezug der Wirklichkeit des Vernünftigen zur Lehre vom absoluten Geist, welche die Philosophie, Kunst und Religion erfasst.[114]

Wenn aber die behauptete Identität von Vernunft und Wirklichkeit nicht nur auf Recht und Staat als Anwendungsbereiche der Theorie des objektiven Geistes

---

109 *D. Emundts/R.-P. Horstmann*, G. W. F. Hegel. Eine Einführung, 2002, S. 32.

110 Vgl. auch *G. W. F. Hegel*, Encyclopädie, § 553: „Der Begriff des Geistes hat seine Realität im Geiste.“

111 *G. W. F. Hegel*, Grundlinien der Philosophie des Recht, Vorrede, S. 33 f.; Hervorhebung nur hier.

112 *G. W. F. Hegel*, ebenda, § 4.

113 *W. Beierwaltes*, Distanz und Nähe der Geschichte: Hegel und Platon, Festschrift für H. H. Schmidt, 1995, S. 9. Die in dieser Zusammenfassung genannten Formen können wohl auch synonym als ‚Gestalten‘ des Wissens, der Kunst und der Philosophie in ihrer Zugehörigkeit zur Sphäre des absoluten Geistes bezeichnet und begriffen werden; vgl. auch *G. W. F. Hegel*, Encyclopädie, § 554.

114 *F.-P. Krollmann*, Kunst Religion Philosophie: Grundriss der Philosophie des absoluten Geistesim Horizont des Holisitischen Idealismus, 2012; *T. Braune-Krickau*, Vom Ende her gedacht: Hegels Ästhetik zwischen Kunst und Religion, 2014; *T. A. Lewis*, Religion, Modernity, and Politics in Hegel, 2014.

bezogen sind, sondern die Sphäre des absoluten Geistes berühren, so liegt nahe, dass für das in engem systematischen Zusammenhang zur Identitätsthese stehende Bild der Eule der Minerva nichts anderes gilt und diese gleichfalls die Entfaltung der darin vorausgesetzten Gestalt des Lebens in der Geschichte bzw. sogar als Geschichte betrifft.[115] Zusammengefasst ist die gealterte Gestalt des Lebens dann die Gestalt des sich in der Weltgeschichte entfaltenden absoluten Geistes.

IV Zeitlosigkeit der Rechtsphilosophie Hegels

Erklärungsbedürftig ist allerdings das Verhältnis von Zeit und Wahrheit. Mit Recht fragt Carl Friedrich von Weizsäcker: „Wenn die Wahrheit ihrem Wesen nach überzeitlich ist, wie kann sie sich dann in der Zeit zeigen?"[116] Die Unausweichlichkeit dieses Dilemmas führt in der Rechtsphilosophie unweigerlich zur Frage der Gerechtigkeit, wie man beispielhaft den oben angestellten Überlegungen zu Heideggers Nietzsche-Rezeption entnehmen kann.[117] Damit stellt sich die Frage der Zeitlosigkeit der Hegelschen Rechtsphilosophie mit einer doppeldeutigen Brisanz: Es geht damit nicht mehr nur um Aktualität,[118] sondern zugleich um ein mögliches Defizit, das die Gerechtigkeit selbst betreffen kann.

---

115 Wichtig die Deutung von *V. Hösle*, Hegels System, 2. Auflage 1998, S. 421, wonach „Hegels Option für die vernünftige Wirklichkeit nur dann einen Sinn geben kann, wenn die Identität von Vernunft und Wirk-lichkeit nicht als statische, sondern als dynamische begriffen wird: Das Vernünftige setzt sich *mit der Zeit* auch real durch" (Hervorhebung auch dort). – Dieses dynamische Moment spiegelt sich nicht von ungefähr im Bild der Eule der Minerva, die ihren Flug *mit der einbrechenden Dämmerung* beginnt.

116 *C. F. v. Weizsäcker*, Der Garten des Menschlichen, 4. Auflage 1978, S. 398.

117 *M. Heidegger*, Nietzsche, Band I, 1961, S. 570.

118 *G. W. F. Hegel*, Phänomenologie des Geistes, 1807, in: Sämtliche Werke (ed. H. Glockner, Band 2), S. 18, wonach „unsere Zeit eine Zeit der Geburt und des Übergangs ist zu einer neuen Periode". *A. Kojève*, Hegel. Eine Vergegenwärtigung seines Denkens, 1958, S. 97, fasst sein Zeitverständnis in der *Phänomenologie* instruktiv dahingehend zusammen, dass „es Zeit nur insoweit, als es Geschichte (. . .) gibt." Siehe auch *K. Löwith*, Aktualität und Inaktualität Hegels, in: Hegels Religionsphilosophie als Aufgabe und Problem der Forschung (Hg. R. Heede/J. Ritter), 1973; ferner *R. D. Winfield*, Hegel and the Future of Systematic Philosophy, 2014.

1 Korrektur des Bildes der Eule der Minerva?

Den Ausgangspunkt dieser Überlegung kann eine durchaus provozierende Bemerkung von Marek Siemek machen, die er interessanterweise einem Beitrag voranschickt, der Hegels Begriff der Freiheit in seiner Relevanz für die Gegenwart behandelt, also dem die *Grundlinien* durchdringenden Thema der Verwirklichung der Freiheit, das auch im bisherigen Verlauf der vorliegenden Abhandlung von maßgeblicher Bedeutung war:[119] „Diese neue und immer deutlicher werdende Aktualität des Hegelschen Denkens für die Gegenwart dürfte uns sogar berechtigen, zwei der berühmtesten Aphorismen von Hegel selbst zu korrigieren. Indem er einst nämlich die Philosophie als ‚ihre Zeit in Gedanken erfasst' bezeichnete,[120] konnte er kaum vermuten, dass dasjenige, was von seiner Philosophie ‚in Gedanken erfasst'wurde, gar nicht bloß *seine*, sondern erst recht *unsere* Zeit war und ist. Und damit muss auch der andere, nicht weniger bekannte Hegelsche Aphorismus wesentlich korrigiert werden, in diesem Fall nämlich ‚die Eule der Minerva', die ihren ‚erst in der Dämmerung begonnenen Flug' so lange fortgesetzt hat, dass sie auch den Sonnenaufgang des kommenden Tages noch sehen und erkennen konnte."[121]

So erhebend jedoch diese weit gespannte Deutung ist, so sehr fragt sich, ob sie nicht etwas in das Wort hineinliest, das nicht mehr von seinem Bedeutungsgehalt gedeckt ist. Denn damit wird das zuerst zitierte Wort zunächst extensiv ausgelegt und auf dieser Grundlage das Bild der Eule der Minerva im Wortsinne „wesentlich" korrigiert, um nicht zu sagen letztlich in sein Gegenteil verkehrt. Die „Korrektur" müsste etwas preisgeben, das zu den Ableitungsprinzipien des Systems selbst gehört[122] und kann sich nicht mehr unbedingt auf Hegel berufen.[123]

Tiefer dringend als die soeben referierte Kritik und der Sache nach eher auf der Linie derjenigen Carl Friedrich von Weizsäckers verfährt daher Hans Friedrich Fulda, wenn er die Relativität des Rechts auf das Endliche in den Mittelpunkt stellt: „Nicht Rechtswandel nämlich im Rahmen eines beständigen Fortschritts ist das

---

119 Eingehend unter § 4.

120 Vgl. dazu auch *C. F. v. Weizsäcker*, Wahrnehmung der Neuzeit, 1983, S. 28: „so konnte er (sc. Hegel) Philosophiegeschichte als Weltgeschichte interpretieren."

121 Vgl. dazu *M. J. Siemek*, Hegels Begriff der Freiheit in seiner Relevanz für die Gegenwart, in: Von Marx zu Hegel, S. 133.

122 Auch insoweit gilt die Überlegung von *D. Henrich*, Einleitung: Vernunft in Verwirklichung, in: Hegel, Philosophie des Rechts, Die Vorlesung von 1819/1820 in einer Nachschrift (Hg. ders.), 1983, S. 9, 34; zu ihr bereits oben § 3 VI 2 b.

123 Zu dieser immanenten Grenze von Reaktualisierungen der Hegelschen Rechtsphilosophie *A. Honneth*, Leiden an Unbestimmtheit. Eine Reaktualisierung der Hegelschen Rechtsphilosophie, 2001, S. 16.

Problem, sondern bloße Relativität des Rechts aufs Endliche und aufs Schicksal des Endlichen, wenn daran die Kontinuität des Rechts zerbricht. Was aber bedeutet das für die eigene Gegenwart und das eigene Krisenbewusstsein, das ein philosophisches Denken in ihr hat? Muss dazu nicht mehr gesagt werden, als Hegel zu sagen wagte?"[124]

Diese bohrenden Fragen sind keinem schlichten Aktualitätseifer geschuldet und werden nicht von außen an Hegel herangetragen, sondern werden gleichsam aus dem System heraus gestellt. Die Relativität des Rechts wird hier nicht im herkömmlichen Sinne als raumzeitliche verstanden,[125] also die beschränkte Geltung positiven Rechts in temporaler und territorialer Hinsicht, sondern gleichsam endzeitlich. Unter diesem Blickwinkel erfasst dann in der Tat das angesprochene „Krisenbewusstsein" eine Dimension der Rechtswirklichkeit, die in der bisher zitierten Hegel-Kritik allenfalls angedeutet wurde.[126]

2 Gültigkeit in Teilbereichen

Jürgen Habermas hat auf die Vorrede der *Grundlinien* Bezug genommen und die Frage nach der Tauglichkeit für die Praxis zumindest implizit an dem Bild der Eule der Minerva bemessen: „Das Diktum über die Nachträglichkeit der Theorie bestimmt deren Verhältnis zur Praxis."[127] Dieser Maßstab erweist sich auch im Hinblick auf die Frage nach der heutigen Bedeutung der Hegelschen Rechtsphilosophie als weiterführend, zumal da das zitierte Wort ersichtlich die im Bild der Eule der Minerva genannte Reihenfolge zum Ausdruck bringt.

Die im Hintergrund stehende Frage wurde von Georg Lasson bereits während des Ersten Weltkrieges aufgeworfen und wohl nicht zufällig unter Verwendung des zentralen Begriffs der *Gestalt des Lebens* annäherungsweise beantwortet: „Wenn jetzt aus dem wilden Gären der Realität, das in dem gegenwärtigen Weltkriege zu seiner Krisis gekommen zu sein scheint, eine neue Gestalt des Lebens heranreifen wird, die den wertlosen Schaum und Unrat ihres mühevollen Werdens von sich abgestoßen haben wird, dann wird auch das Werk Hegels in seinem bleibenden Gehalt wieder fruchtbar werden."[128] Die Gefahr einer solchen Sichtweise, der et-

---

124 *H. F. Fulda*, Georg Wilhelm Friedrich Hegel, 2003, S. 261.

125 Dazu oben III 1.

126 *K. Larenz*, Richtiges Recht. Grundzüge einer Rechtsethik, 1979, S. 183; dazu oben unter I 2 a).

127 *J. Habermas*, Zu Hegels Politischen Schriften, in: *ders.*, Theorie und Praxis, 1963, 4. Auflage 1971, S. 148, 156; anderer Ansicht wohl *H. F. Fulda*, Das Recht der Philosophie in Hegels Philosophie des Rechts, 1968.

128 *G. Lasson*, Was heißt Hegelianismus?, 1916, S. 35; Hervorhebung nur hier.

was Fatalistisches innewohnt, besteht freilich darin, dass der zentrale Begriff der Gestalt des Lebens zeitgebunden verkürzt wird. Allerdings ist diese Interpretation sichtlich von dem Bemühen getragen, Hegels zeitlose Gültigkeit zu betonen und zugleich *ihre* Zeit in Gedanken zu erfassen.

3 Partielle Aktualität in der Dogmatik

Auch im Hinblick auf die moderne Rechtsdogmatik lässt sich die Frage der überzeitlichen Aktualität der Hegelschen Rechtsphilosophie stellen.[129] Gewiss können einzelne Phänomene des gegenwärtigen Schuldrechts im Sinne der Theorie des objektiven Geistes erklärt werden.[130] Diese Sicht kann sich etwa auf eine im einschlägigen Schrifttum paraphrasierte Begriffsbestimmung des Rechts berufen, nach der „das Recht, zu dem die Objektivität des Geistes kommt, die Sphäre des Daseins definiert, das sich der sich selbst wollende freie Wille gibt, und innerhalb deren er sich zu einer von ihm selbst gesetzten, zur sittlichen Welt ausbildet."[131] Doch ist dies auch dann nicht zwingend, wie zumindest alternativ mögliche rechtsphilosophische Interpretationen veranschaulichen.[132]

Im Bereich der juristischen Methodenlehre ist Hegels Unterscheidung des abstrakten und konkreten Begriffs aufgegriffen worden,[133] die sich immerhin für die Begründung des Eigentums fruchtbar machen lässt[134] und auch verdeutlichen

---

129 Interessant zur Vergegenwärtigung Hegels dialektischer Philosophie *H. Wiedemann*, Das Unternehmen als dialektisches System. Führung und Kommunikation einmal anders betrachtet, 2003; dazu *G. Endruweit*, Hegel-Studien 39/49 (2004/2005) 293.

130 *K. Larenz*, Lehrbuch des Schuldrechts, Band I, 1952, S. 3 ff.; 14. Auflage 1987, S. 5. Methodologisch wichtig und rechtsdogmatisch scharfsichtig *V. Hösle*, Eine kurze Geschichte der deutschen Philosophie, 2013, S. 146 f.: „und auch wenn Konsistenz und begriffliche Differenzierung unverzichtbare Elemente jeder Jurisprudenz bleiben, ist Hegels Rechtsphilosophie nicht einfach Begriffsjurisprudenz, weil im zweiten Teil seines Werkes, ‚Die Moralität', neben einer Kritik an Kants Ethik, sich eine Rechtfertigung der Bemühung um eigenes und fremdes Wohl, also um Interessen, findet, auf die allerdings die Rechtsidee nicht reduzierbar ist. (...) Auch bietet Hegel erstmals Ansätze zu einer Theorie der Gefährdungshaftung, die es damals nicht gab". Vgl. auch *J. Petersen*, Von der Interessenjurisprudenz zur Wertungsjurisprudenz, 2001.

131 *H. F. Fulda*, Das Recht der Philosophie in Hegels Philosophie des Rechts, 1968, S. 15. Zum Willen als Grundprinzip der hegelschen Rechts- und Sozialphilosophie *M. Quante*, Die Wirklichkeit des Geistes, 2011, S. 264.

132 Vgl. nur *C.-W. Canaris*, Larenz/Canaris, Lehrbuch des Schuldrechts, in: Rechtswissenschaft und Rechtsliteratur im 20. Jahrhundert (Hg. D. Willoweit), 2007, S. 422: „Welt 3" im Sinne von *K. Popper*, Auf der Suche nach einer besseren Welt, 1987, S. 30 ff. Dazu oben § 3 II 1.

133 *K. Larenz*, Methodenlehre der Rechtswissenschaft, 6. Auflage 1991, S. 457 ff.

134 Vgl. *G. W. F. Hegel*, Grundlinien der Philosophie des Rechts, § 41.

kann, warum der Typus ein adäquates Instrument der Rechtsfindung sein kann.[135] Trotz ihres vergleichsweise, etwa bezogen auf Kant, geringen Einflusses auf die Zivilrechtsjurisprudenz haben Hegels *Grundlinien* am ehesten für die rechtsphilosophische Begründung des Vertragsrechts einen substantiellen Beitrag geleistet,[136] der mit seiner Betonung der universellen Rechtsfähigkeit einer jeden Person einen unhintergehbaren – wenngleich nicht zuletzt in der Hegel-Renaissance der dreißiger Jahre hintergangenen[137] – geistesgeschichtlichen Fortschritt bedeutet. Eine heute nicht mehr vertretbare und de lege lata aus gutem Grund überholte Vorstellung[138] scheint Hegel nur im Hinblick auf Unmündige erkennen zu lassen:[139] „Unmündiger hat kein Recht – Mündigkeit ist erste Bedingung aller Rechtsfähigkeit. Alle Rechte können ihrer Natur nach nicht eines *Andern* sein.“ Aber auch das bedeutet keinen Rückschritt hinter die universelle Rechtsfähigkeit, sondern legt nahe, dass Hegel an dieser Stelle die Rechtsfähigkeit eher so verstand, wie wir heute die Geschäftsfähigkeit definieren.[140] Im Strafrecht mag die Deutung des Unrechts als Negation der Freiheit gleichfalls einen hilfreichen Erklärungsgehalt aufweisen,[141] um den Strafzwecktheorien zur Geltung zu verhelfen.[142]

4 Schal gewordene Wahrheit

Aber spätestens beim Staatsrecht, auf das die *Grundlinien* zulaufen, erweist sich als wahr, dass die politische Philosophie Hegels „politisch überholt und durch

---

135 Grundlegend *D. Leenen*, Typus und Rechtsfindung, 1971; kritisch *B. Rüthers*, Rechtstheorie. Begriff, Geltung und Anwendung des Rechts, 3. Auflage 2007, Rz. 933; näher *J. Petersen*, Max Webers Rechtssoziologie und die juristische Methodenlehre, 2. Auflage 2014, S. 113–135.

136 *P. Landau*, Hegels Begründung des Vertragsrechts, ARSP 59 (1973) 117 ff.

137 *K. Larenz*, Deutsche Rechtserneuerung und Rechtsphilosophie, 1934. Dazu demnächst *C.-W. Canaris* (in: Deutschsprachige Zivilrechtslehrer des 20. Jahrhunderts in Berichten ihrer Schüler, Band 2, Hg. S. Grundmann/K. Riesenhuber); siehe auch *B. Rüthers*, Die unbegrenzte Auslegung – Zum Wandel der Privatrechtsordnung im Nationalsozialismus, 6. Auflage 2005.

138 Dazu *J. Petersen*, Die Rechtsfähigkeit, Jura 2009, 669.

139 *G. W. F. Hegel*, Grundlinien der Philosophie des Rechts, § 66; Hervorhebung auch dort.

140 Dazu *J. Petersen*, Die Geschäftsfähigkeit, Jura 2003, 97 ff.

141 *G. W. F. Hegel*, Grundlinien der Philosophie des Rechts, §§ 81, 101. Siehe auch *A. Hass*, Hegel and the Art of Negation: Negativity, Creativity and Contemporary Thought, 2014.

142 Zu ihnen lesenswert *T. Hörnle*, Straftheorien, 2011; siehe auch *dies.*, in: Oxford Handbook of Criminal Law (Hg. M. Dubber/T. Hörnle), 2014.

Systemzwang auf ihre Überholtheit festgelegt ist."[143] Jürgen Habermas hat zu diesem Zweck die agitatorischen früheren politischen Schriften Hegels analysiert und eine bemerkenswerte Ungereimtheit diagnostiziert: „Die bloße Tatsache, dass Hegel politische Kampfschriften verfasst hat, wirft ein eigentümliches Licht auf das Verhältnis seiner Theorie zur Praxis. Denn wie verträgt sich die Intention, die Wirklichkeit, und das ist doch die Wirklichkeit der sittlichen Idee, zu verändern, mit einer Theorie, die eben diesen Anspruch als eitel verwerfen muss?"[144] Wenn man hierin nicht einen unauflösbaren Widerspruch sehen möchte, womit freilich der Systemanspruch selbst ins Wanken geraten könnte, so ist man versucht, darin eine unwillkürliche Bestätigung des kantischen Gemeinspruchs zu erblicken,[145] dessen Bedeutung auch für die juristische Theoriebildung nicht unbeträchtlich ist.[146]

Das macht schließlich auch die monierte Rückwärtsgewandtheit aus: Jede rechtliche Würdigung erweist sich als nachträgliches Erklärungsmuster, keine als zukunftsweisendes Prinzip. Philosophie, also auch eine solche des Rechts, die nur *ihre* Zeit in Gedanken erfasst,[147] ist rasch überholt und erweist sich entsprechend schnell als überkommen. Selbst wenn man den Staat, wie er sein soll,[148] und umso mehr die Ermittlung des Zukünftigen im Sinne Hegels außer Betracht lässt, ist die gefundene Wahrheit, also die Ermittlung dessen, was an der Zeit ist,[149] immer schon abgestanden. In dieser Hinsicht gilt auch für Hegels Rechtsphilosophie im übertragenden Sinne: „Sehen wir Jetzt, diesen Mittag die aufgeschriebene Wahrheit wieder an, so werden wir sagen müssen, *dass sie schal geworden ist.*"[150]

---

143 *C. F. v. Weizsäcker*, Der Garten des Menschlichen, 4. Auflage 1978, S. 374; dort zwar als Kritik nur referiert, aber in der nachfolgenden Gegenkritik mit Bedacht gerade in diesem Punkt nicht entkräftet.

144 *J. Habermas*, Zu Hegels Politischen Schriften, in: *ders.*, Theorie und Praxis, 1963, 4. Auflage 1971, S. 148, 154 f.

145 Im Sinne von *I. Kant*, Über den Gemeinspruch: Das mag in der Theorie richtig sein, taugt aber nicht für die Praxis, Band IX (Hg. W. Weischedel).

146 *C.-W. Canaris*, Funktion, Struktur und Falsifikation juristischer Theorien, JZ 1993, 377.

147 *G. W. F. Hegel*, Grundlinien der Philosophie des Rechts, Vorrede, S. 35; Hervorhebung nur hier.

148 Vgl. auch *E. Klein*, Staat und Zeit, 2006; zu Hegels Rechtsphilosophie, insbesondere dem „Staat als Wirklichkeit der sittlichen Idee" ebenda, S. 17 mit Fußnote 24.

149 Treffend *J. Habermas*, in: *ders.*, Theorie und Praxis, 1963, 4. Auflage 1971, S. 148, zu Hegels Politischen Schriften: „Eine Philosophie, die sich als Resultat desselben Bildungsprozesses weiß, den sie als Zusammenhang von Natur und Geschichte begreift, kann sich nicht außerhalb des Elements der Zeit setzen. Der Geist verzehrt die Zeit, sie aber kann ihrerseits einen ohnmächtigen Geist auch richten."

150 *G. W. F. Hegel*, Phänomenologie des Geistes, 1807, in: Sämtliche Werke (ed. H. Glockner, Band 2), S. 84; Hervorhebung nur hier.

5 Einbrechende Dämmerung und „drohendes Dunkel"

Die zuletzt angesprochene Problematik des Zukünftigen im Recht am Beispiel der Hegelschen Rechtsphilosophie findet sich in einer hellsichtig beobachteten, wenngleich in der Sache eher düster geschilderten Weise bei Hasso Hofmann, der Hegels Wendung von der Wirklichkeit des Vernünftigen und der Vernunft des Wirklichen zum Anlass nimmt für die folgende Bestandsaufnahme: „Noch einmal reichliche 150 Jahre später erleben wir das Ende dieser Zukunft in allgemeiner Ratlosigkeit. Erschien Zukunft einst als perspektivischer Gestaltungsraum für den von einem starken Wir-Gefühl der aufgeklärten Geister getragenen Willen zur Realisierung von Ideen zur Umgestaltung und Verbesserung der bestehenden Verhältnisse,[151] schrumpft der Zukunftshorizont in der Gesellschaft des nahezu vollendeten Individualismus auf den Gesichtskreis des Einzelnen. Der Rest ist drohendes Dunkel, vor dem man sich an das klammert, was man hat."[152] Interessanterweise ist es gar nicht dieser Teil des Textes, sondern eher der Grundzug des gesamten Buches, bezüglich dessen ein Rezensent treffend bemerkt, dass „diese Rechtsphilosophie das Bild eigentlich ‚Grau in Grau' malen müsste, weil die von ihr wiedergegebene ‚Gestalt des Lebens alt geworden' ist."[153]

a) „Substanz der Zukunft"

Für diejenigen, die Hegels Vorrede der Rechtsphilosophie einen resignativ-quietistischen Grundzug attestieren, läge es nahe, hierin eine entsprechend pessimistische Haltung ausgedrückt zu finden. Doch würde man es sich damit zu leicht machen. Zum einen ist nämlich die durchaus drängende Frage aufgeworfen, was aus der Aufklärung und ihren Ideen geworden ist,[154] die schließlich auch für Hegel Licht in die Welt gebracht hat, indem sie ihren Bildungsprozess vollendete.[155]

---

151 Unter Verweis auf *H. Hofmann*, Gebot, Vertrag, Sitte, 1993, S. 31 ff.

152 *H. Hofmann*, Einführung in die Rechts- und Staatsphilosophie, 4. Auflage 2008, S. 153. Zum darin vorausgesetzten Individualismus *B. Zabel*, The Institutional Turn in Hegel's Philosophy of Right: Towards a Conception of Freedom beyond Individualism and Collectivism, Hegel Bulletin 36 (2015) 80.

153 *K. Günther*, Eule der Minerva, Rechtshistorisches Journal 20 (2001) 185, 186.

154 Vgl. nur *W. v. Humboldt*, Ideen zu einem Versuch, die Grenzen der Wirksamkeit des Staates zu bestimmen, 1792 (erschienen 1851). Diese zentrale Schrift der Aufklärung ist freilich in vieler Hinsicht der Gegenentwurf zu Hegels Rechts- und Staatsphilosophie; näher *J. Petersen*, Wilhelm von Humboldts Rechtsphilosophie, 2. Auflage 2007, S. 15 ff.

155 Mit eher theologischer Orientierung *M. Theunissen*, Hegels Lehre vom absoluten Geist als theologisch-politischer Traktat, 1970, S. 440: „Da die in der Sphäre des objektiven Geistes vorgehende Realisation göttlicher Vernunft durch die Menschen ein zunächst überweltliches Prinzip

Dieses unausgesprochene Licht, das im angloamerikanischen Sprachgebrauch („enlightenment") besser zum Ausdruck kommt, ist sozusagen der mitschwingende Gegenbegriff des „drohenden Dunkels".

Nietzsches Philosophie des Vormittags und der *Morgenröte* hat hier in ahnungsvollem Vorwegnehmen des später auch von Hofmann Diagnostizierten ihren Ursprung. Bestätigt wird dies schließlich auch durch den weiter oben referierten Befund Eric Voegelins,[156] der sich jetzt in aller Klarheit bewahrheitet: „Sein Protest gegen das ‚System', gegen ‚Deduktion und Dialektik' richtet sich gegen die Systematisierung der Geschichte im Werk Hegels; er für seinen Teil nimmt Zuflucht zur unmittelbaren Erfahrung des Individuums als der Substanz der Zukunft."[157] Die von Hofmann angesprochene perspektivische Verengung ist durchaus im Sinne Nietzsches interpretierbar und entspricht dann dessen Fluchtpunkt, wie ihn Voegelin versteht.[158] Dessen Wort von der „Substanz der Zukunft" als der unmittelbaren Erfahrung des Individuums ist noch viel zu wenig beachtet, drückt aber sehr treffend dasjenige aus, was Nietzsche im Sinne des Vorbedachten an Hegel unzureichend erschienen haben mag.

b) Zwielichtige Erkenntnis

Zum Anderen ist das von Hofmann festgestellte „drohende Dunkel" aber auch eine mögliche, wenn auch vielleicht unwillkürliche Fortentwicklung der einbrechenden Dämmerung, mit der die Eule der Minerva ihren Flug beginnt. Es erinnert daran, dass es nicht zufällig der Einbruch der Dämmerung ist, den Hegel für die philosophische Rückschau vergegenwärtigt. Es ist gerade das eigentümliche Zwielicht im Übergang zwischen hell und dunkel,[159] das nach Hegel die Zeit der philosophischen Erkenntnis ist, in der es „uns dämmert", wie dies ein zeitgenössischer Philosoph ausdrückte: „Es bedarf des Blicks der Eule, der spekulativen Analyse des Philosophen, um in dieser Trübe des Gesamtbildes gewissen allge-

---

einer weltlichen Wirklichkeit einzubilden hat, nennt Hegel sie den ‚Bildungsprozess' der Geschichte."

156 Oben § 3 a. E.

157 *E. Voegelin*, Nietzsche und Pascal, in: Das jüngste Gericht: Friedrich Nietzsche (Hg. P. Opitz), 2007, S. 61, 83.

158 Vgl. auch *J. Petersen*, Nietzsches Genialität der Gerechtigkeit, 2008, S. 230 ff., insbesondere zu dem bereits verschiedentlich zitierten Wort Nietzsches von der „Winkel-Perspektive".

159 Diesen Aspekt betont auch *G. Shapiro*, The Owl of Minerva and the Colors of the Night, Philosophy and Literature 1 (1977) 276, 280: „It is in this twilight that the owl of Minerva can take flight."

meinen, aber wichtigen Verhältnissen oder Erscheinungen Konturen zu geben."[160] Das von Hegel verwendete Partizip („einbrechenden") verdeutlicht den Gegenwartsbezug ebenso wie Hofmanns „drohendes" Dunkel.

Die einbrechende Dämmerung ist zugleich die Verschränkung des Bildes von der Eule der Minerva mit dem vorangehenden Bild der Philosophie, die ihr Grau in Grau malt, weil es die dominierende Farbe des Zwielichts ist, die dabei aber auch den Raum für allfällige Abschattierungen lässt. Insofern wurde Thomas Nipperdeys zitiertes Wort vom Grau als der Grundfarbe der Geschichte mit allen Abschattierungen[161] weiter oben mutatis mutandis auch auf das Recht angewendet, weil die dem Laien mitunter schwer zu vermittelnde und haarspalterisch erscheinende fallgruppenmäßige Durchdringung des Rechtsstoffes oft nichts anderes als die teleologische Vergegenwärtigung und Sichtbarmachung der Abschattierungen dessen ist, was dem Außenstehenden nur grau vorkommt.[162] An dieser Stelle kann – gleichsam auf einer höheren Ebene im Vergleich zur bloßen Rechtsanwendung – das Wort darüber hinaus auch auf die von Hegel behandelte „philosophische Rechtswissenschaft"[163] übertragen werden, die ihr Grau in Grau malt.

---

160 *P. Stekeler-Weithofer*, Die Eule der Minerva oder: die Macht der Reflexion, Allgemeine Zeitschrift für Philosophie 25 (2000) 63, 77.

161 *Th. Nipperdey*, Deutsche Geschichte, 1866–1918, Band 2, 1990, S. 905.

162 Oben § 2 III 1; vgl. *J. Petersen*, Max Webers Rechtssoziologie und die juristische Methodenlehre, 2. Auflage 2014, S. 1 ff.

163 *G. W. F. Hegel*, Grundlinien der Philosophie des Rechts, § 1.

§ 6 Eule der Minerva und absoluter Geist

Hegels Theorie des objektiven und des absoluten Geistes erweist sich als Schlüssel zum Verständnis der berühmten Bilderfolge aus der Vorrede der *Grundlinien*. Die Rechtsphilosophie scheint ursprünglich allein die Sphäre des objektiven Geistes zu betreffen, der sie auch innerhalb der *Encyclopädie* zugeordnet ist.[1] Doch nimmt das Bild selbst auf die der Sphäre des absoluten Geistes zugehörige Philosophie Bezug, die ihr Grau in Grau malt. Damit bleibt die Frage, worin dieser Zusammenhang genau besteht und wie er mit Hegels Geschichts- und Rechtsphilosophie als den beiden zentralen Materien der Theorie des objektiven Geistes verbunden ist.

I Das Individuum als Sohn seiner Zeit

Zur Beantwortung dieser Frage empfiehlt es sich, erneut auf den unmittelbaren Bedeutungsgehalt des Bildes zurückzugehen. Der temporale – trotz der sprachlichen Möglichkeit („wenn die Philosophie ...") nicht konditionale oder iterative – Zusammenhang wirft freilich erneut die Frage nach der Gestalt des Lebens auf, die alt geworden ist.[2] Die bisherigen Deutungsversuche haben nämlich ebenso wie die soeben unternommene Formulierung mit ihrem bestimmten Artikel („der Gestalt des Lebens") zumeist stillschweigend eine bestimmte Vorstellung zugrunde gelegt, indem sie fragten, was *die* Gestalt des Lebens sein könnte. Carl Friedrich von Weizsäcker hat demgegenüber darauf hingewiesen, dass Hegel von *einer* Gestalt des Lebens spricht, die alt geworden ist.[3] Dieser Gedanke muss zunächst in den Zusammenhang eingeordnet werden, in dem auch die vorstehenden Überlegungen ihren Platz haben.[4] Dabei ist es wiederum das Problem der Zeit, das in der bereits behandelten berühmten Stelle zutage tritt: „Was das Individuum betrifft, so ist ohnehin jedes ein *Sohn seiner Zeit*; so ist auch die Philosophie, *ihre Zeit in*

1 *G. W. F. Hegel*, Encyclopädie, §§ 486–552.

2 *R. Pippin*, The Rose and the Owl: Some Remarks on the Theory-Practice Problem in Hegel, Independent Journal of Philosophy 3 (1979) 7, 11, fragt aus gutem Grund: "Put simply, what kind of reconciliation can philosophy offer with a shape of life grown *old*, impossible to rejuvenate, already complete in itself, in its twilight?" Hervorhebung auch dort.

3 *C. F. v. Weizsäcker*, Der Garten des Menschlichen, 4. Auflage 1978, S. 400.

4 Oben unter § 1 II.

Gedanken erfasst.[5] Es ist ebenso töricht zu wähnen, irgendeine Philosophie gehe über ihre gegenwärtige Zeit hinaus, als, ein Individuum überspringe seine Zeit."[6]

1 Überspringen der Zeit

Vor dem Hintergrund des soeben Zitierten ist an dieser Stelle zunächst die scheinbare Relativierung des Individuums bemerkenswert; freilich nicht im Hinblick auf eine gleichwie geartete Relativierung seiner Rechtsfähigkeit gegenüber dem Staat.[7] Vielmehr zeigt sich auch an dieser Stelle die Richtigkeit der Einschätzung Voegelins, wonach Nietzsche im scharfen Gegensatz zu Hegel „Zuflucht nimmt zur unmittelbaren Erfahrung des Individuums als der Substanz der Zukunft."[8] Es ist dies der Kontrast schlechthin zur Feststellung, dass jedes Individuum Sohn seiner Zeit sei, selbst wenn man in Rechnung stellt, dass Teile der Hegel-Forschung darauf aufmerksam machen, dass die in Gedanken erfasste Zeit „auch die nächste Zeit" erfasse[9] bzw. dass die Philosophie zugleich „zur inneren Geburtsstätte einer späteren Wirklichkeit" werde.[10]

Wenn es Hegel für töricht erachtet, dass „ein Individuum seine Zeit überspringe",[11] so ist es das, was Nietzsche unternimmt, indem er das Individuum als Substanz der Zukunft unmittelbar erfahrbar macht. Hier zeigt sich wiederum, wenngleich eher reflexiv, nämlich durch die Brechung der Einschätzung Voegelins, der größtmögliche Unterschied zwischen Hegel und Nietzsche. Das wäre für sich genommen ein Allgemeinplatz, wenn es sich nicht gerade auf die Vorrede der Rechtsphilosophie anwenden ließe.

---

5 *R. Kroner*, Von Kant bis Hegel, Band II, 1924, 4. Auflage 2007, S. 380, fügt dem im Sinne Hegels hinzu: „Jede Individualität, jede Zeit (. . .) hat das Recht und die Pflicht, sich zur Absolutheit zu erheben, d. h. den Absolutheitsgehalt ihrer selbst auf ihrem eigenen Erfahrungswege sich zu eigen zu machen, sich seiner bewusst zu werden."

6 *G. W. F. Hegel*, Grundlinien der Philosophie des Rechts, Vorrede, S. 35; Hervorhebungen auch dort.

7 *P. Landau*, Hegels Begründung des Vertragsrechts, ARSP 59 (1973) 117, 119.

8 *E. Voegelin*, Nietzsche und Pascal, in: Das jüngste Gericht: Friedrich Nietzsche (Hg. P. Opitz), 2007, S. 61, 83.

9 *R. K. Maurer*, Hegel und das Ende der Geschichte. Interpretationen zur „Phänomenologie des Geistes", 1965, S. 13.

10 *H. F. Fulda*, Das Recht der Philosophie in Hegels Philosophie des Rechts, 1968, S. 48; zustimmend *M. Theunissen*, Hegels Lehre vom absoluten Geist als theologisch-politischer Traktat, 1970, S. 386 Fußnote 58.

11 Pointiert *J. Habermas*, Zu Hegels Politischen Schriften, in: *ders.*, Theorie und Praxis, 1963, 4. Auflage 1971, S. 148, 170, zur aktuellen Bedeutung der politischen Philosophie Hegels: „Auch Hegel selber hat seine Zeit und seine Verhältnisse nicht übersprungen."

2 Systemanspruch und „Weltgeist seiner Zeit"

Carl Friedrich von Weizsäcker zitiert die soeben erwähnte Stelle aus der Vorrede jedoch zur Verdeutlichung des weitergehenden Dilemmas, das den Zusammenhang des Absoluten und der Zeit betrifft:[12] „Dieser Gedanke aber steht unversöhnt neben der systematischen Auszeichnung, die Hegel sowohl seiner eigenen Philosophie gibt und geben muss, wenn er das absolute Wissen nicht nur ankündigt, sondern vollzieht, wie auch dem Weltgeist seiner Zeit,[13] da sich der Weltgeist an sich selbst vollendet haben muss, ehe er als selbstbewusster Geist seine Vollendung erreicht."[14] Dieser Einwand betrifft ersichtlich das Fundament der Philosophie Hegels, weil er ihren Systemanspruch zwar nicht infrage stellt, aber immerhin für erklärungsbedürftig im Hinblick auf das Absolute und die Zeit hält. Der systematische Stachel dieser Argumentation liegt wohl im Wort „unversöhnt". Damit ist nicht gesagt, dass Systemanspruch und „Weltgeist seiner Zeit" einander unversöhn*bar* gegenüberstehen; die Frage ist nur, ob und wie dieses Dilemma aufgelöst werden kann.

So erklärt sich wohl auch Adornos Würdigung der von Hegel zugrunde gelegten Identität von Vernunft und Wirklichkeit: „Ist jenes Subjekt-Objekt, zu dem seine Philosophie sich entwickelt, kein System des versöhnten absoluten Geistes, so erfährt der Geist doch die Welt als System."[15] Wenn man dies nun auf die Rechtsphilosophie bezieht, dann kann man sagen, dass Hegel hinsichtlich des Rechts nichts anderes suchte als – mit dem treffenden Wort Otto Pöggelers – eine „Vollendungsgestalt des Geistes".[16] Da Hegel hierin aber zugleich „das Ewige in der Zeit" suchte,[17] kann man dies durchaus verstehen als eine Umschreibung jener Gestalt des Lebens, von der im Bild die Rede ist. Denn da das eigentliche Leben das

12 Unter 1 vor a.

13 Beachtung verdienen hier, wie auch vor allem bei Hegel selbst, die Possesivpronomina („seiner Zeit", „ihre Zeit"), wozu *H. F. Fulda*, Georg Wilhelm Friedrich Hegel, 2003, S. 241 f., hellsichtig bemerkt: „‚Ihre' in Gedanken erfasste Zeit nämlich umschließt auch die begriffene Kunde (historia) davon, wie sie wurde, was sie ist. Wer auf solches Begreifen ausgeht, schickt sich an, das Gespenst des Historismus in sich zu bannen, ohne sich einzureden, damit eine überzeitliche, für alle Zukunft gültige Erkenntnis sittlicher Wirklichkeit zu haben."

14 *C. F. v. Weizsäcker*, Der Garten des Menschlichen, 4. Auflage 1978, S. 399 f.

15 *Th. W. Adornos*, Drei Studien zu Hegel, 1963, 4. Auflage 1970, S. 104.

16 In: Hegel. Eine Einführung (Hg. ders.), 1977, S. 23.

17 *O. Pöggeler*, ebenda. Vgl. auch *W. Pannenberg*, Der Geist und sein Anderes, in: Hegels Logik der Philosophie. Religion und Philosophie in der Theorie des absoluten Geistes (Hg. D. Henrich/R.-P. Horstmann), 1984, S. 151, 153, wonach der absolute Geist „als das wahrhaft Unendliche nun Konstitutionsbedingung des endlichen Selbstbewusstseins geworden ist."

des Geistes ist,[18] ist auch die im Bild genannte Gestalt des Lebens letztlich die Gestalt des Geistes.

3 Vom Weltgeist zum absoluten Geist

Auch wenn der Weltgeist, seiner systematischen Stellung innerhalb der Rechtsphilosophie entsprechend, allein der Sphäre des objektiven Geistes zuzugehören scheint,[19] schließt dies nicht aus, dass er zugleich einen Ausblick auf die Sphäre des absoluten Geistes gewährt.

a) Systematischer Ort des Weltgeistes

Das wird deutlich, wenn er die Objektivität der wahrhaften Versöhnung beschreibt, in deren Mitte die Wirklichkeit der Vernunft steht: „Die Gegenwart hat ihre Barbarei und unrechtliche Willkür und die Wahrheit hat ihr Jenseits und ihre zufällige Gewalt abgestreift, so dass die wahrhafte Versöhnung objektiv geworden, welche den Staat zum Bilde und zur Wirklichkeit der Vernunft entfaltet, worin das Selbstbewusstsein die Wirklichkeit seines substantiellen Wissens und Wollens in organischer Entwicklung (...) in der Wissenschaft aber die freie begriffene Erkenntnis dieser Wahrheit als Einer und derselben in ihren sich ergänzenden Manifestationen, dem Staate, der Natur und der ideellen Welt, findet.“[20]

Auch wenn hier noch vom Staat die Rede ist und somit allein die Sphäre des objektiven Geistes berührt zu sein scheint, darf nicht übersehen werden, dass der Staat hier nicht mehr nur „Wirklichkeit der sittlichen Idee“,[21] also Subjekt schlechthin ist, sondern buchstäblich Objekt („den Staat“) und zum „Bilde der Vernunft“ entfaltet wird. Der Staat wird also metaphorisch eingesetzt und ist nicht selbst letzter Zweck, sondern dient einem höheren.[22] Daher trügt der Schein, wenn angenommen wird, dass der Weltgeist nicht mehr in den Bereich der Rechtsphilosophie gehöre. Vielmehr geht es auch bei ihm um ein Problem der philosophi-

18 *M. Buhr*, Absolute Vernunft – ein Oxymoron? Zum Verhältnis von absoluter und historischer Vernunft, in: Hegels Logik der Philosophie, ebenda, S. 99, 102.

19 *H. F. Fulda*, Georg Wilhelm Friedrich Hegel, 2003, S. 235; dazu bereits oben § 4 V 1 c.

20 *G. W. F. Hegel*, Grundlinien der Philosophie des Rechts, § 360; dazu auch *D. Emundts/R.-P. Horstmann*, G. W. F. Hegel. Eine Einführung, 2002, S. 99.

21 *G. W. F. Hegel*, ebenda, § 257.

22 *M. Theunissen*, Hegels Lehre vom absoluten Geist als theologisch-politischer Traktat, 1970, S. 373: „Die Sphäre des objektiven Geistes, in die auch der Staat fällt, befindet sich aber unterhalb der Sphäre des absoluten Geistes.“

schen Rechtswissenschaft, die Hegel in den *Grundlinien* behandelt,[23] das nur gelöst werden kann, wenn letztlich das Individuum um das Dasein der Freiheit weiß und worin es seinen Grund hat.[24]

b) Vermittlungsfunktion der Eule der Minerva

Dementsprechend kann auch der Weltgeist, der in scheinbarer Paradoxie zu seinem Begriff das Weltliche und damit auch die ihn einenden Volksgeister hinter sich lässt, nach einer für das Verständnis der Rechtsphilosophie bedeutsamen Stelle der *Encyclopädie* zur Sphäre des absoluten Geistes gelangen:[25] „Aber es ist der in der Sittlichkeit denkende Geist, welcher die Endlichkeit, die er als Volksgeist in seinem Staate und dessen zeitlichen Interessen, dem System der Gesetze und Sitten hat, in sich aufhebt und sich zum Wissen seiner in seiner Wesentlichkeit erhebt, ein Wissen, das jedoch selbst die immanente Beschränktheit des Volksgeistes hat."[26] Vor diesem Hintergrund kann wiederum dem Bild von der Eule der Minerva eine zentrale Vermittlungsfunktion zwischen der von Hegel postulierten Verwirklichung und Vervollkommnung des Sittlichen im Staat zukommen.[27] Das kommt auch und gerade bei der Behandlung des Weltgeistes zur Geltung, dessen historisch zurückschauende Perspektive prägend ist.[28] Vorrede und Durchführung der *Grundlinien* sind so auch im Hinblick auf das Bild von der Eule der Minerva aufeinander bezogen.

4 Staat und Geschichtlichkeit

Für diese Interpretation lässt sich auch noch eine weitere Besonderheit ins Feld führen: Der Staat erscheint in der Rechtsphilosophie als *absolute Macht auf Erden:* „Das Volk als Staat ist der Geist in seiner substantiellen Vernünftigkeit und unmittelbaren Wirklichkeit, daher die absolute Macht auf Erden."[29] Diese irdische

---

23 *G. W. F. Hegel*, Grundlinien der Philosophie des Rechts, § 1.
24 *H. F. Fulda*, Georg Wilhelm Friedrich Hegel, 2003, S. 235.
25 *D. Emundts/R.-P. Horstmann*, G.W. F. Hegel. Eine Einführung, 2002, S. 114: „Die Geschichte des absoluten Geistes als eine Geschichte des zu sich Kommens ist also die mit dem objektiven Geist verknüpfte Geschichte des denkenden Geistes und muss zum Resultat das Wissen des absoluten Geistes haben."
26 *G. W. F. Hegel*, Encyclopädie, § 552.
27 *G. W. F. Hegel*, Grundlinien der Philosophie des Rechts, § 257. Vgl. dazu auch *R. Pippin*, Hegel's Political Argument and the Problem of *Verwirklichung*, Political Theory 9 (1981) 509.
28 *G. W. F. Hegel*, ebenda, §§ 340 ff.
29 *G. W. F. Hegel*, ebenda, § 331.

Vormachtstellung bezeugt zugleich, dass der Staat in der Sphäre des objektiven Geistes („auf Erden") und trotz des anders scheinenden Wortlauts ("absolute Macht") nicht auf der höheren des absoluten Geistes angesiedelt ist. Das staatliche Interesse ist damit noch nicht das höchste überhaupt. Mit dem Staat als höchster irdischer Macht und seinem allgemeinen Interesse ist damit zugleich der äußerste Berührungspunkt zwischen der Ebene des objektiven Geistes und derjenigen des absoluten Geistes geschaffen, der die höchsten Interessen überhaupt repräsentiert, von denen Theunissen aus gutem Grund sagt: „Sie finden ihr Genüge noch nicht in der Sphäre des objektiven, sondern erst in der des absoluten Geistes. Das in dieser Sphäre waltende Interesse trifft sich mit dem des Staates auf dem Feld der Geschichte. Als Geschichtlichkeit enthüllt sich konkret, was der Gedanke der Vermittlung von Subjekt und Objekt formal angezeigt hat."[30] Diese Aussage ist für die Bestimmung der Gestalt des Lebens bedeutsam, welche der Ebene des absoluten Geistes zugehört und gerade mit der Geschichtlichkeit aufs engste zusammenhängt, während der Staat selbst im Einklang mit dem im ersten Abschnitt Dargestellten nicht als Gestalt des Lebens in Betracht kommt, sondern allenfalls ein Gleichlauf der Interessen zwischen Staat und Geschichtlichkeit besteht.

II Die Eule der Minerva als Überbrückung der Kluft

Spätestens an dieser Stelle wird die Tragweite des Bildes von der Eule der Minerva erkennbar, die Carl Friedrich von Weizsäcker funktional betrachtet und als möglichen Ausweg aus dem Dilemma begreift: „Die einzige denkbare Überbrückung der Kluft zwischen beiden Äußerungen enthält der Satz, der der Eule der Minerva vorausgeht."[31]

30 *M. Theunissen*, Hegels Lehre vom absoluten Geist als theologisch-politischer Traktat, 1970, S. 436. Allerdings ist seine Deutung von einer Gleichsetzung des Reichs Gottes mit der Sphäre des absoluten Geistes geprägt, während hier davon ausgegangen wird, dass diese sich nicht nur in die Religion, sondern auch die Kunst und die – freilich nach *Theunissen* (S. 373) folgerichtig: „religiös motivierte" – Philosophie untergliedert (vgl. *G. W. F. Hegel*, Encyclopädie, §§ 553 ff.). Siehe auch *W. Beierwaltes*, Geschichtlichkeit als Element der Philosophie, Tijdschrift voor Filosofie 30 (1968) 248.

31 *C.F. v. Weizsäcker*, Der Garten des Menschlichen, 4. Auflage 1978, S. 400, mit dem hier im Mittelpunkt stehenden Zitat: „Wenn die Philosophie ihr Grau in Grau malt, dann ist eine Gestalt des Lebens alt geworden, und mit Grau in Grau lässt sie sich nicht verjüngen, sondern nur erkennen".

1 *Eine* alt gewordene Gestalt des Lebens

Die Pointe liegt, wie bereits eingangs erwähnt, im unbestimmten Artikel, für dessen Verwendung Carl Friedrich von Weizsäcker eine neue Lesart bietet: „Hier ist von *einer* Gestalt des Lebens die Rede. Wenn nicht in Wahrheit das Ende der Weltgeschichte deklariert werden soll, so muss Hegel hier die Entfaltung des absoluten Geistes als *eine* Gestalt des Lebens betrachtet haben, über die hinaus etwas Weiteres geschehen mag. Er hat dann hier die Grenze seiner Philosophie gedacht."[32] Die Verbindung von Wortlaut und Systematik dieser Interpretation ist ebenso einfach wie überzeugend.[33] Sie entspricht wohl auch der treffenden Wendung Theunissens von der „zeitlichen Geschichte des absoluten Geistes, die sich im Medium der Weltgeschichte, aber als ein von ihr verschiedenes Geschehen ereignet."[34]

Darüber hinaus weist das Verständnis *einer* Gestalt des Lebens dem berühmten Wort eine weitergehende Deutung zu als die herkömmliche, wonach die Philosophie erst am Ende des Tages, also nachträglich zur Erkenntnis gelangt. Hieran zeigt sich erneut die Zentralität der ‚Gestalt des Lebens'. Die weiter oben diskutierten und dort bewusst offen gelassenen möglichen Antworten auf die Frage, was als Gestalt des Lebens in Betracht komme,[35] erwiesen sich zwar mitnichten als unzulänglich, aber eben doch nicht erschöpfend. Andererseits wäre es verkürzend und wenig weiterführend gewesen, die Gestalt des Lebens ohne weiteres mit der ‚Gestalt des Geistes' gleich zu setzen,[36] da dies ohne die Berücksichtigung der Theorie des Geistes und des Problems der Entfaltung der Freiheit inhaltsleer gewesen wäre.

---

32 *C. F. v. Weizsäcker*, ebenda, S. 400.

33 *R. Kroner*, Von Kant bis Hegel, Band II, 1924, 4. Auflage 2007, S. 517, zeichnet nach, wie sich der Geist in Hegels *Encyclopädie* schließlich in der Philosophie selbst begreift: „Er muss zunächst sich seiner selbst bewusst werden als des Selbsts im Gegensatz zur selbstlosen Natur (. . .): Stufe des subjektiven Geistes. Er muss zweitens sich selbst als eine zweite Natur, als eine objektive Wirklichkeit, eine Welt hervorbringen: Stufe des objektiven Geistes. Und er muss zuletzt diese seine Seiten in sich zusammenschließen, seine Subjektivität mit seiner Objektivität versöhnen: Stufe des absoluten Geistes."

34 *M. Theunissen*, Hegels Lehre vom absoluten Geist als theologisch-politischer Traktat, 1970, S. 437.

35 Ausführlich unter § 1.

36 Oben I 2 a. E.

2 Der absolute Geist als *die eine* Gestalt des Lebens?

Provozierend an der Deutung Carl Friedrich von Weizsäckers ist,[37] dass sie eine gewisse Offenheit des Systems vorauszusetzen scheint, indem sie impliziert, dass über die Entfaltung des Weltgeistes hinaus „etwas Weiteres geschehen mag" und dass es andere Gestalten des Lebens gibt. Indessen stellt diese Möglichkeit nicht das System selbst in Frage, womit es letztlich in sich geschlossen dasteht.[38]

Man könnte womöglich noch weiter gehen und sagen: die Entfaltung des „alt gewordenen" absoluten Geistes ist *die eine* Gestalt des Lebens, die sich mit Grau in Grau nicht verjüngen, sondern nur erkennen lässt. Es wäre, wenn man die bisherigen Überlegungen zusammenfasst, dann zugleich *die Eine Philosophie.* Für diese Deutung kann eine zentrale Stelle der *Encyclopädie* ins Feld geführt werden, die nachgerade weihevoll schließt:[39] „Der denkende Geist der Weltgeschichte aber, indem er zugleich jene Beschränktheiten der besonderen Volksgeister und seine eigene Weltlichkeit abstreift,[40] (...) erhebt sich zum *Wissen des absoluten Geistes,* als der ewig wirklichen Wahrheit, in welcher die wissende Vernunft frei für sich, und die Notwendigkeit, Natur und Geschichte nur seiner Offenbarung dienend und Gefäße seiner Ehre sind."[41]

Vor diesem Hintergrund kann man die dieser Interpretation immanente Begrenzung der Philosophie Hegels nicht nur als selbst auferlegte Beschränkung der Rechtsphilosophie verstehen, sondern auch als Möglichkeit und Verpflichtung: Indem sie jeweils *ihre Zeit* in Gedanken erfasst und den Grad der Entfaltung der Freiheit im Staat verzeichnet, scheint sie zwar notwendigerweise limitiert und sagt nichts darüber aus, was kommt und sein soll. Zugleich ist sie durch die Prozesshaftigkeit des Wirklichen immer gegenwärtig und ebenso zeitlich bedingt wie von der Zeit losgelöst,[42] also absolut.[43] Und indem die Philosophie nachträglich

37 Abgesehen davon, dass die Hegelsche Lehre vom absoluten Geist *Th. W. Adorno*, Drei Studien zu Hegel, 1963, 4. Auflage 1970, S. 55, zufolge ohnehin vermessen sein soll.

38 *D. Emundts/R.-P. Horstmann*, G. W. F. Hegel. Eine Einführung, 2002, S. 116, bezweifeln jedoch mit Recht, dass dieser Abschluss des Systems mit seinem „ungebrochene(n) Vernunftsglaube(n)" heute noch überzeugen kann.

39 Siehe dazu auch *M. Theunissen*, Hegels Lehre vom absoluten Geist als theologisch-politischer Traktat, 1970, S. 84 Fußnote 13, unter Verweis auf *G. Schmidt*, Die Religion in Hegels Staat, Philosophisches Jahrbuch LXXIV (1967) 294.

40 Vgl. *G. W. F. Hegel*, Grundlinien der Philosophie des Rechts, §§ 340 ff.

41 *G. W. F. Hegel*, Encyclopädie, § 552.

42 *D. Henrich*, Andersheit und Absolutheit des Geistes, in: Selbstverhältnisse. Gedanken und Auslegungen zu den Grundlagen der klassischen deutschen Philosophie, 1982, 142, 166; *ders.*, Kant und Hegel. Versuch der Vereinigung ihrer Grundgedanken, ebenda, S. 173, 202: „Wirkliches ist

die Wahrheit ihrer Zeit begreift, vergegenwärtigt sie diese Wahrheit erkennend,[44] wie im Bild der Eule der Minerva verdeutlicht, wonach die Philosophie die Gestalt des Lebens nur erkennen kann.[45] Nur unter dieser Voraussetzung kann sich die Vernunft selbst erkennen und damit schließlich die Freiheit verwirklichen.[46]

Hieran lässt sich ersehen, dass die Eule der Minerva in einem notwendigen und eben keinem zufälligen Zusammenhang mit der Rechtsphilosophie steht. In der Vorrede der *Grundlinien*, für die das Rechtssystem das „Reich der verwirklichten Freiheit ist",[47] heißt es daher nicht von ungefähr: „Dies, was der Begriff lehrt, zeigt notwendig ebenso die Geschichte, dass erst in der Reife der Wirklichkeit das Ideale dem Realen gegenüber erscheint und jenes sich dieselbe Welt, in ihrer Substanz erfasst, in Gestalt eines intellektuellen Reichs erbaut."[48] Die im geschichtlichen Prozess vollzogene Reife der Wirklichkeit, die gemäß dem Bild der Eule der Minerva entsprechend erst gereift erkannt werden kann, ist zugleich die Vernunft, die sich mit der Realität versöhnt.

In diesem Sinne kann Hegel am Ende der Rechtsphilosophie sagen: „Die Gegenwart hat ihre Barbarei und unrechtliche Willkür und die Wahrheit hat ihr Jenseits und ihre zufällige Gewalt abgestreift, so dass die wahrhafte Versöhnung objektiv geworden, welche den *Staat* zum Bilde und zur Wirklichkeit der Vernunft entfaltet."[49] Am Ende der *Grundlinien* wird sonach der Übergang vom objektiven Geist zum absoluten Geist wo nicht vollzogen, so doch zumindest angedeutet,[50] der in der Vorrede eingeleitet wurde durch das Bild von der Eule der Minerva. [51]

Anderes seiner selbst und darum *Prozess*." Hervorhebung auch dort; *G. Shapiro*, The Owl of Minerva and the Colors of the Night, Philosophy and Literature 1 (1977) 276, 277.

43 *R. Kroner*, Von Kant bis Hegel, Band II, 1924, 4. Auflage 2007, S. 381.

44 *D. Emundts/R.-P. Horstmann*, G. W. F. Hegel. Eine Einführung, 2002, S. 115.

45 *G. W. F. Hegel*, Grundlinien der Philosophie des Rechts, Vorrede, S. 36 f.

46 *D. Emundts/R.-P. Horstmann*, G. W. F. Hegel. Eine Einführung, 2002, S. 115.

47 *G. W. F. Hegel*, Grundlinien der Philosophie des Rechts, § 4.

48 *G. W. F. Hegel*, ebenda, Vorrede, S. 36.

49 *G. W. F. Hegel*, ebenda, § 360; Hervorhebung auch dort.

50 Vgl. auch die Hypothese von *H. F. Fulda*, Das Recht der Philosophie in Hegels Philosophie des Rechts, 1968, S. 20 f.: „Der konkrete, sich selbst begreifende Geist, zu dessen Darstellung im Element des Staates auch die anderen Formen des in Identität mit seinem Begriff Realität besitzenden, absoluten Geistes als Gestalten des sittlichen Willens behandelt werden müssten, hätte damit nicht nur die formelle Bedeutung der Methode des philosophischen Erkennens, die ja den Fortgang des Gedankens gerade nicht um ihrer selbst willen bestimmen soll."

51 *R. Pippin*, The Rose and the Owl: Some Remarks on the Theory-Practice Problem in Hegel, Independent Journal of Philosophy 3 (1979) 7, beginnt folgerichtig seine Untersuchung mit Hegels Kapitel über die absolute Idee als Einheit von Leben und Erkennen, die im Bild der Eule nicht von ungefähr ihren doppelten Widerhall (Gestalt des Lebens, nur erkennen) finden.

III Die Eine Philosophie und die Gestalt des Lebens

Die zuletzt angestellte Überlegung, welche die Möglichkeit einbezieht, dass die Eine Philosophie als Gestalt des Lebens auf der Ebene des absoluten Geistes gealtert sein könnte, bedarf freilich noch einer Einordnung gerade der Rechtsphilosophie, in der dieses Bild steht. Dieter Henrich hat diesen Zusammenhang am deutlichsten herausgearbeitet, wenn er als Formen des absoluten Geistes diejenigen versteht, „in denen das eigentliche Wesen des Wirklichen im Ganzen gewusst und aus Wissen dargestellt ist." Das bedeutet für die Rechtsphilosophie Hegels, dass die Welt der Institutionen darin in erster Linie als höchste Ausprägung der „Vernunftsform in einem wirklichen System und erst sekundär, und insofern sie zuvor das erste ist, auch als Stufe auf dem Weg des Geistes zu seinem Wissen von sich konzipiert ist."[52]

1 Das Geistige als Boden des Rechts

Man muss allerdings, um die Problematik auf ihren Ausgangspunkt zurückführen zu können, nochmals eine bereits behandelte zentrale Stelle der Rechtsphilosophie in den Blick nehmen, deren Gehalt sich nunmehr noch in anderem Licht zeigt: „Der Boden des Rechts ist überhaupt das *Geistige* und seine nähere Stelle und Ausgangspunkt der *Wille*, welcher *frei* ist, so dass die Freiheit seine Substanz und Bestimmung ausmacht und das Rechtssystem das Reich der verwirklichten Freiheit, die Welt des Geistes aus ihm selbst hervorgebracht als eine zweite Natur ist."[53] Die soeben zitierte Stelle der Rechtsphilosophie mit ihrem Ausgangspunkt des freien Willens ist aber noch in anderer Hinsicht wesentlich, weil sie auf dem Geistigen gründet: „Der Boden des Rechts ist überhaupt das *Geistige.*" Das aber ist deswegen wichtig, weil damit auch im wörtlichen Sinne das Fundament der Rechtsphilosophie angesprochen ist. Dabei wurde bereits gesehen, dass das eigentliche Fundament der Rechtsphilosophie in der *Encyclopädie* zu finden ist,[54] als deren zentrale Ausprägung und Ausführung die gerade betrachtete Stelle der *Grundlinien* gelten kann. In der *Encyclopädie* ist denn auch die Rede vom „absolute

52 *D. Henrich*, Einleitung: Vernunft in Verwirklichung, in: Hegel, Philosophie des Rechts, Die Vorlesung von 1819/1820 in einer Nachschrift (Hg. ders.), 1983, S. 9, 33.
53 *G. W. F. Hegel*, Grundlinien der Philosophie des Rechts, § 4; Hervorhebungen auch dort.
54 *G. W. F. Hegel*, Encyclopädie, §§ 552 ff.; *H. F. Fulda*, Georg Wilhelm Friedrich Hegel, 2003, S. 256.

(n) Geist in der aufgehobenen Unmittelbarkeit und Sinnlichkeit der Gestalt und des Wissens."[55]

Wenn die Freiheit nicht nur ein Attribut, sondern geradezu die Substanz des Willens ausmacht und dieser wiederum Ausprägung des Geistigen ist, welches das Recht begründet,[56] so verhilft dies womöglich auch der Bestimmung des Bildes, insbesondere der dort genannten Gestalt des Lebens weiter, weil auch sie im Geistigen gründet. Doch zeigt dies, wie bereits an früherer Stelle dargestellt,[57] dass die Gestalt des Lebens, die sich nicht verjüngen, sondern nur erkennen lässt, bereits auf der Ebene des absoluten Geistes anzusiedeln ist,[58] während das Recht ebenso wie die Geschichte derjenigen des objektiven Geistes zugehört. Diese Hypothese entspricht letztlich der Frage, die Hans Friedrich Fulda an Hegels Geistesphilosophie gerichtet hat: „Führt zu diesem Ergebnis nicht auch der Übergang von der äußeren Teleologie des Willens, der seine Freiheit will, zu einer Natur und Geist umfassenden inneren Teleologie (einer Zweckmäßigkeit von Natur und Geschichte jenseits aller Willenszwecke und insofern ‚ohne Zweck') – also jener Übergang, welcher nach Hegel für den Begriff des absoluten Geistes konstitutiv ist?"[59]

Diese innere Teleologie wurde bereits im Abschnitt über die Rechtsphilosophie als Verwirklichung der Freiheit angesprochen. Daraus folgt nunmehr die bei Fulda mutatis mutandis anklingende Frage, ob und inwieweit das Bild der Eule der Minerva als Verweis auf die Sphäre des absoluten Geistes seinerseits konstitutiv oder nur deklaratorisch für die Rechtsphilosophie als prozesshafte,[60] das heißt vom freien Willen ausgehende,[61] die Sittlichkeit im Staat zur Geltung bringende und damit allmählich verwirklichte Freiheit ist.[62]

---

55 *G. W. F. Hegel*, ebenda, § 565; dazu *M. Theunissen*, Hegels Lehre vom absoluten Geist als theologisch-politischer Traktat, 1970, S. 225 ff.

56 *G. W. F. Hegel*, Grundlinien der Philosophie des Rechts, § 4; Hervorhebungen auch dort.

57 Am Ende von § 2.

58 In diesem Sinne ist es wohl auch zu verstehen, was *C. F. v. Weizsäcker*, Der Mensch in seiner Geschichte, 1991, S. 90, über Hegel sagt: „Wenn wir das Absolute erkennen, erkennen wir uns als Gestalten, in die sich das Absolute gekleidet hat."

59 *H. F. Fulda*, Georg Wilhelm Friedrich Hegel, 2003, S. 264.

60 Zum absoluten Geist als Bestimmungspunkt auch *R. Pippin*, The Rose and the Owl: Some Remarks on the Theory-Practice Problem in Hegel, Independent Journal of Philosophy 3 (1979) 7, 14: The presence of philosophy *is* an absolutely necessary element in the development in the development of *Geist*, and does have an effect on the 'thinking' of non-philosophers, but that effect can only be assessed from the perspective of absolute *Geist*, within the whole story of that development, and is not a direct task of philosophy itself." Hervorhebungen auch dort.

61 *G. W. F. Hegel*, Grundlinien der Philosophie des Rechts, § 29.

62 *G. W. F. Hegel*, ebenda, § 257.

2 Das „nicht Alternde, gegenwärtig Lebendige"

Zu klären bleibt demnach zunächst, wie die so verstandene Philosophie einerseits geschichtlich, andererseits gegenwärtig ist und wie sich das mit der im Bild gealterten Gestalt des Lebens verträgt, wenn man diese mit der Philosophie selbst in Verbindung bringt. Dass es sich nämlich nicht um eine schlichte Gleichsetzung der Gestalt des Lebens mit der Philosophie handelt, folgt wiederum aus dem unbestimmten Artikel: Wenn es, wie Carl Friedrich von Weizsäcker zu bedenken gibt,[63] mehrere Gestalten des Lebens geben kann, dann kann damit nicht einfach die Philosophie gemeint sein, weil von ihr nicht im Plural gesprochen werden kann.[64] Der tiefere Grund dafür ist jedoch in einer Eigenschaft der Philosophie zu finden, die gerade für den vorliegenden Zusammenhang bedeutsam ist, weil es bildhaft von der Gestalt des Lebens heißt, dass sie „sich nicht verjüngen, sondern nur erkennen lässt". Das steht in einem aufschlussreichen Spannungsverhältnis zu Hegels geschichtsphilosophischer Bestimmung, wonach die Einheit der Philosophie im Absoluten[65] bzw. dem Sein als dem „nicht Alternden, gegenwärtig Lebendigen" begründet ist.[66]

Diese Spannung kann sinnvoll aufgelöst werden, wenn man Joachim Ritter folgt:[67] „Im Unterschied zur traditionellen Idee der philosophia perennis ist aber für Hegel die Eine Philosophie als dieselbe zugleich geschichtlich; ihr in sich identisches ‚unvergängliches Wesen' (...) besteht in der Verschiedenheit der *Gestalten*, welche die Philosophie geschichtlich durchläuft, so dass die Eine Philosophie als Ganzes zugleich die Philosophie in ihrer ganzen Geschichte ist. Sie ist der ‚in dem Reichtum seiner Gestaltung, in der Weltgeschichte sich darstellende allgemeine Geist'".[68] Wenn man also die Geschichtlichkeit als Attribut der Philosophie ansieht,[69] erschließt sich zugleich die Rechtsphilosophie, die gleichfalls notwendigerweise geschichtlich fundiert ist. Umgekehrt lässt sich sagen, dass die

---

63 *C. F. v. Weizsäcker*, Der Mensch in seiner Geschichte, 1991, S. 400.

64 *G. W. F. Hegel*, Encyclopädie, §§ 7 f.

65 Prägnant *C. F. v. Weizsäcker*, Der bedrohte Friede, 1981, S. 473: „Hegels Geschichtsphilosophie versteht den Weg vom Sollen zum Sein als spekulative Notwendigkeit, als den Weg des Absoluten zu sich selbst."

66 *G. W. F. Hegel*, Vorlesungen über die Geschichte der Philosophie, 1805/1806, 1816–1831, in: Sämtliche Werke (ed. H. Glockner, Band 17), S. 69.

67 *J. Ritter*, Hegel und die französische Revolution, 1965, S. 85; Hervorhebung zur Verdeutlichung des Gestaltbegriffs im Hinblick auf die ‚Gestalt des Lebens' im Folgenden nur hier.

68 *G. W. F. Hegel*, Vorlesungen über die Geschichte der Philosophie, 1805/1806, 1816–1831, in: Sämtliche Werke (ed. H. Glockner, Band 17), S. 62. Siehe auch *O. D. Brauer*, Dialektik der Zeit. Untersuchungen zu Hegels Metaphysik der Weltgeschichte, 1982.

69 *J. Ritter*, Hegel und die französische Revolution, 1965, S. 93.

Philosophie gerade kraft ihrer Geschichtlichkeit Selbstzweck sein kann.[70] Zugleich hat die zitierte Sichtweise den Vorzug, dass sie den Gestaltbegriff mit dem im Bild Gesagten in Einklang bringt.

IV Von der Rechtsphilosophie zur Philosophie

Allerdings sieht sich die vorliegende Deutung noch einem systematischen Einwand ausgesetzt, der letztlich im Verhältnis der Rechtsphilosophie zur Philosophie überhaupt gründet und damit zum Ausgangspunkt zurückkehrt.[71] Dabei ist zu berücksichtigen, dass die Philosophie nicht erst an später Stelle innerhalb der *Grundlinien* erscheint,[72] sondern bereits zu Beginn, wo festgestellt wird, dass die Rechtswissenschaft ein Teil der Philosophie ist.[73] Hegel selbst spricht also bewusst nicht von der Rechtsphilosophie als einem Teil der Philosophie,[74] sondern nur der Philosophie des Rechts, also seinem Verständnis zufolge von der Philosophie der Rechtswissenschaft als einer Wissenschaft im Sinne seiner *Logik*, woran sich im Übrigen wiederum zeigt, dass die *Grundlinien* nur vor dem Hintergrund der *Wissenschaft der Logik* verständlich sind.[75]

1 Einbettung der Rechtsphilosophie in die Theorie des objektiven Geistes

Wenn soeben von der Überbrückung der Kluft der Rede war, so ruft dies zugleich ein Desiderat in Erinnerung, dem sich jede Beschäftigung mit Hegels Rechtsphilosophie zu stellen hat, nämlich ihre Einbettung in die Theorie des objektiven Geistes und vor allem dem Übergang zum absoluten Geist, den Hegel selbst in einem zwar kurzen, aber gleichwohl überaus komplexen Paragraphen der *Encyclopädie* darstellt.[76] Das Dilemma besteht nämlich darin, dass es in der Sphäre des

---

70 *M. Theunissen*, Hegels Lehre vom absoluten Geist als theologisch-politischer Traktat, 1970, S. 428.

71 Siehe oben § 1 II 1.

72 *G. W. F. Hegel*, Grundlinien der Philosophie des Rechts, § 281; dazu sogleich unter 2.

73 *G. W. F. Hegel*, ebenda, § 2.

74 Zutreffend *A. Honneth*, Leiden an Unbestimmtheit. Eine Reaktualisierung der Hegelschen Rechtsphilosophie, 2001, S. 10 („verkürzt auch *Rechtsphilosophie* genannt").

75 *H. Klenner*, Hegels Rechtsphilosophie: Zeitgeist oder Weltgeist?, in: Hegels Philosophie des Rechts. Die Theorie der Rechtsformen und ihre Logik (Hg. D. Henrich/R.-P. Horstmann), 1982, S. 206, 207, wonach man „Hegels *Logik* vielleicht ohne seine *Rechtsphilosophie*, seine *Rechtsphilosophie* jedenfalls nicht ohne seine *Logik* nachvollziehen kann."

76 *G. W. F. Hegel*, Encyclopädie, § 554.

objektiven Geistes zwar durchaus auch um das Recht geht, jedoch grundsätzlich noch nicht von der Philosophie gesprochen wird,[77] während umgekehrt in der Sphäre des absoluten Geistes das Recht nicht mehr behandelt wird, sondern nurmehr die Religion,[78] die Kunst[79] und die Philosophie, das heißt die zur Wissenschaft gewordene Philosophie.[80]

In diesem Sinne nämlich hatte Hegel bereits in der *Jenenser Philosophie des Geistes* aus den Jahren 1805/1806[81] die Philosophie, Kunst und Religion als „Gestalten" des absolut freien Geistes verstanden.[82] Henrich personifiziert und individualisiert diese Dreiheit des absoluten Geistes in einer anregenden Weise, die auf den Geltungsgrund zurückführt und daher auch für die vorliegende Problematik weiterführend ist: „Künstler, Kultgemeinde und Philosoph haben miteinander gemeinsam, ganz in ihrer Sache verloren und doch aus sich selbst heraus zu sein, was sie sind."[83] Diese Versenkung des Einzelnen in die Sache des absoluten Geistes bringt zum Ausdruck, was wohl auch Adorno meint, wenn er zu bedenken gibt, dass auch Hegel „den Faden zwischen dem absoluten Geist und der Person nicht durchschneiden kann."[84]

Hegel selbst sagt es in der *Phänomenologie* so, dass „das Selbst das Leben des absoluten Geistes durchführt."[85] Indem und gerade weil das poetische Bild der Eule der Minerva kunstvoll von der Philosophie handelt, ist es der Sphäre des absoluten Geistes zuzuordnen, die den Bereich des objektiven Geistes und damit auch das Recht hinter sich gelassen hat. Dementsprechend ist in den *Grundlinien* auch (noch) nicht von der Philosophie selbst,[86] sondern (nur) von der *philoso-*

---

77 Zu einer Ausnahme sogleich unter b.

78 Dazu *E. L. Fackenheim*, The Religious Dimension in Hegel's Thought, 1967.

79 Nach *M. Baum*, Gemeinwohl und allgemeiner Wille in Hegels Rechtsphilosophie, Archiv für Geschichte der Philosophie 60 (1978) 182 Fußnote 6, gehört die praktische Philosophie Hegels zur Philosophie des Geistes, „genauer zwischen der ‚Psychologie' und der Philosophie der Kunst."

80 *G. W. F. Hegel*, Encyclopädie, §§ 572 ff.

81 *G. W. F. Hegel*, Jenaer Vorlesungsmanuskripte zur Philosophie der Natur und des Geistes von 1806 (ed. J. Hoffmeister), §§ 263–273. Siehe dazu auch *P. Ifergan*, Hegel's Discovery of the Philosophy of Spirit. Autonomy, Alienation, and the Ethical Life: The Jena-Lectures 1802–1806, 2014.

82 *M. Theunissen*, Hegels Lehre vom absoluten Geist als theologisch-politischer Traktat, 1970, S. 12. Hegels Notizen zum absoluten Geist finden sich eingeleitet und herausgegeben von *H. Schneider*, Hegels Notizen zum absoluten Geist, in: Hegel-Studien 9 (1974) 9.

83 *D. Henrich*, Einleitung: Vernunft in Verwirklichung, in: Hegel, Philosophie des Rechts, Die Vorlesung von 1819/1820 in einer Nachschrift (Hg. ders.), 1983, S. 9, 33.

84 *Th. W. Adorno*, Drei Studien zu Hegel, 1963, 4. Auflage 1970, S. 28.

85 *G. W. F. Hegel*, Phänomenologie des Geistes, 1807, in: Sämtliche Werke (ed. H. Glockner, Band 2), S. 606.

86 *H. J. Fulda*, Das Recht der Philosophie in Hegels Philosophie des Rechts, 1968, S. 16: „Vom Recht der Philosophie könnte mithin in der Sphäre des objektiven Geistes noch nicht die Rede sein,

phischen Rechtswissenschaft die Rede.[87] Gleichwohl stellt Hegel in der Vorrede dasjenige bildhaft in Aussicht, das sich ergibt, wenn ihr Gegenstand abgehandelt ist.

2 Fremdkörper im System oder systemimmanente Befreiung?

Wie ein Fremdkörper mutet es freilich an, wenn in dem uns heute ohnedies fremden Abschnitt über die „fürstliche Gewalt" unvermittelt von der Philosophie selbst die Rede ist: „Deswegen darf auch nur die Philosophie diese Majestät denkend betrachten, denn jede andere Weise der Untersuchung als die spekulative der unendlichen, in sich selbst begründenden Idee hebt an und für sich die Natur der Majestät auf."[88] Diese seltsame Feststellung kann, wie Theunissen zu Recht zu bedenken gibt, nur „aus schlechterdings antidemokratischen Prämissen" hervorgehen.[89] Dass Hegel hier – in gewisser Weise systematisch angreifbar – in der Rechtsphilosophie auf die Sphäre des absoluten Geistes durchgegriffen hat und letztlich sogar gezwungen ist, umgekehrt vom absoluten zum objektiven Geist überzugehen,[90] ergibt sich auch daraus, dass er kurz zuvor das „letzte Insichsein" beschwört,[91] das gerade für den absoluten Geist bezeichnend ist.[92]

Wenn man diese sonderbare Stelle in das System einfügen will, muss man wohl mit Theunissens manifestem Befremden sagen: „Der absolute Geist erschließt sich in seiner ganzen Wahrheit allein der Philosophie; und so soll auch nur Philosophie wirklich fähig sein zum Verständnis des Monarchen."[93] So unverfänglich die erste Aussage zu sein scheint, so zweifelhaft ist diese zweite, die jedoch in der Tat nur eine Folgerung aus jener ist und begreiflich macht, warum

da in ihr *noch* nicht von *Philosophie* die Rede ist; in der Sphäre des absoluten Geistes aber nicht *mehr*, da in ihr das Recht nicht mehr abgehandelt wird."

87 *G. W. F. Hegel*, Grundlinien der Philosophie des Rechts, § 1; Hervorhebung auch dort.

88 *G. W. F. Hegel*, ebenda, § 281.

89 *M. Theunissen*, Hegels Lehre vom absoluten Geist als theologisch-politischer Traktat, 1970, S. 444.

90 *M. Theunissen*, ebenda, S. 373: „Aber systemimmanent weiß sie sich durch die Schwierigkeiten gerechtfertigt, die den Übergang vom absoluten zum objektiven Geist verursacht. Denn vom System her erscheint dieser Übergang als Rückfall in eine überwundene Sphäre." Doch ist fraglich, ob dies wirklich eine Rechtfertigung darstellt und nicht vielmehr ein Vorwand zur Durchbrechung der Theorie des Geistes.

91 *G. W. F. Hegel*, Grundlinien der Philosophie des Rechts, § 281.

92 *G. W. F. Hegel*, Encyclopädie, § 572.

93 *M. Theunissen*, Hegels Lehre vom absoluten Geist als theologisch-politischer Traktat, 1970, S. 444.

Hegels Rechtsphilosophie heute partiell unzeitgemäß ist.[94] Nicht zuletzt wegen dieses in der Verständigung der Philosophie mit dem Monarchen liegenden systematisch fragwürdigen Durchgriffs auf die Sphäre des absoluten Geistes sah Hegel selbst vielleicht die Notwendigkeit eines Gegengewichts in Gestalt des Bildes der Eule der Minerva am Ende der Vorrede, ohne damit freilich die entstandene Schieflage beheben zu können.

V Grenze der Rechtsphilosophie

Mit der fragwürdigen Legitimation der Monarchie gerät die Rechtsphilosophie jedoch auch in anderer Hinsicht an ihre Grenze, wenn man ihr grundlegendes *Rechtsgebot* bedenkt: „Sei eine Person und respektiere die anderen als Personen."[95]

1 Systematische Einheit oder Ausflucht?

Dieses Postulat wird zumindest teilweise hintergangen, indem einem einzelnen Menschen – sei er auch Monarch – gegen alle Vernunft Allmachtsbefugnisse zugewiesen werden.[96] Im Übrigen ist die Genese dieser Rechtsposition rein zufälliger Art, so dass der Hegelsche Monarch für Marx nur „Seine Majestät der Zufall" hieß,[97] womit im Übrigen aufgedeckt wird, dass die Prämisse Hegels auch vor dem Hintergrund seiner eigenen Theorie des Zufalls erklärungsbedürftig ist,[98] wenn man nicht gerade hinter die Errungenschaften der Aufklärung zurückfallen und ein Gottesgnadentum annehmen möchte.[99]

---

94 Siehe umgekehrt aber auch *H. Klenner*, Hegels Rechtsphilosophie: Zeitgeist oder Weltgeist?, in: Hegels Philosophie des Rechts. Die Theorie der Rechtsformen und ihre Logik (Hg. D. Henrich/R.-P. Horstmann), 1982, S. 206, 213 („Nicht weil etwas zeitgenössisch ist, ist es auch zeitgemäß").
95 Vgl. *G. W. F. Hegel*, Grundlinien der Philosophie des Rechts, § 36 („Rechtsgebot").
96 *M. Theunissen*, Hegels Lehre vom absoluten Geist als theologisch-politischer Traktat, 1970, S. 447; zum monarchistischen Staatsmodell als Bruch mit der eigenen Konzeption auch *K.-H. Ilting*, The structure of Hegel's Philosophy of Right, in: Hegel's Political Theory (Hg. Z. A. Pelczyński), 1971, S. 103 f.; dazu *R.-P. Horstmann*, in: Hegel-Studien 8 (1973) 233, 237; *ders.*, Ist Hegels Rechtsphilosophie das Produkt der politischen Anpassung eines Liberalen?, in: Hegel-Studien 9 (1974) 241, 243 f.
97 *K. Marx*, Zur Kritik der Hegelschen Rechtsphilosophie, 1843, zu § 281.
98 Zu ihr *D. Henrich*, Hegels Theorie über den Zufall, in: Hegel im Kontext, 1971, S. 157 ff.
99 Siehe auch *L. P. Hinchman*, Hegel's Critique of the Enlightenment, 1984.

So hat Hegel durch den damit auch in der Rechtsphilosophie vollzogenen Übergang vom objektiven zum absoluten Geist zu einer Begründung Zuflucht genommen, die nur zu gut in sein System passt und gerade dadurch fragwürdig wird. Damit offenbart sich an dieser Stelle ein konkretes systematisches Strukturproblem, das Theunissen, wie bereits weiter oben erwähnt,[100] folgendermaßen verallgemeinert hat: „Dass die *Rechtsphilosophie* sich der systematischen Einheit des subjektiven, objektiven und absoluten Geistes gut einfügt – wer wollte das bestreiten? Das Problem ist, dass sie sich dem System *zu* gut einfügt."[101]

2 Verweis über die Rechtsphilosophie hinaus

Überträgt man diese Einsicht auf das Bild der Eule der Minerva, so hat Hegel hier, wie Carl Friedrich von Weizsäcker in anderem Zusammenhang geltend macht,[102] in der Tat „die Grenze seiner Philosophie gedacht."[103] Zugleich ist es aber auch die Grenze der Rechtsphilosophie, die als Bestandteil des objektiven Geistes zur Philosophie überschritten wird. Das Bild vermittelt auf diese Weise gleichsam eine Öffnungsklausel zur Sphäre des absoluten Geistes, jedoch um den Preis eines mit dem Absolutheitsanspruch der Philosophie erkauften und systematisch fragwürdigen Grenzganges, der zu Folgerungen Ausflucht nimmt, die heute schwerer begründbarer sind denn je,[104] so dass Adorno von „dem ungeschickt ideologischen (sc. Fall) der Rechtsphilosophie" sprechen kann.[105] Da sonach die Gestalt des Lebens auf die Philosophie als Gestalt des absoluten Geistes Bezug nimmt, bedeutet dies zugleich, dass das Bild von der Eule der Minerva innerhalb der Vorrede bereits über ihren eigentlichen Gegenstand – die Rechtsphilosophie – hinausgegangen ist und hinausweist.

---

100 Oben § 3 VI 3 vor a.

101 *M. Theunissen*, Die verdrängte Intersubjektivität in Hegels Rechtsphilosophie, in: Hegels Philosophie des Rechts. Die Theorie der Rechtsformen und ihre Logik (Hg. D. Henrich/R.-P. Horstmann), 1982, S. 345 Fußnote 33; vgl. auch *L. B. Puntel*, Darstellung, Methode und Struktur. Untersuchungen zur Einheit der systematischen Philosophie G. W. F. Hegels, 1973 (dazu *W. Jaeschke*, in: Hegel-Studien 12, 1977, 210).

102 *C. F. v. Weizsäcker*, Der Garten des Menschlichen, 4. Auflage 1978, S. 397 ff.

103 *C. F. v. Weizsäcker*, Der Garten des Menschlichen, S. 400.

104 *M. Theunissen*, Hegels Lehre vom absoluten Geist als theologisch-politischer Traktat, 1970, S. 444; siehe auch ebenda, S. 445: „Um den Monarchen unendlich über das Volk zu erheben, umgibt die *Rechtsphilosophie* ihn mit dem Nimbus völliger Irrationalität."

105 *Th. W. Adorno*, Drei Studien zu Hegel, 1963, 4. Auflage 1970, S. 148.

Aber auch dann steht das Bild nicht zufällig in der Vorrede der *Grundlinien*, weil es das Ende vorwegnimmt und zeigt,[106] dass der Geist zu sich gekommen ist,[107] indem am Beispiel der Rechtsphilosophie der objektive Geist in der Geschichte durchmessen wurde,[108] d. h. die sittliche Idee sich im Staat verwirklicht hat.[109] Allerdings legitimiert diese Notwendigkeit des Bildes nicht die Hypertrophie, die sich beispielhaft dort zeigt, wo sich nach Hegel „nur die Philosophie diese Majestät denkend betrachten darf".[110] Mit Recht hat Adorno demgegenüber konstatiert, dass lediglich „die spekulative Deduktion der Monarchie prätendiert und nicht geleistet"[111] wird und auf eine der angreifbarsten Stellen der Rechtsphilosophie verwiesen,[112] wonach „dieses Individuum auf unmittelbare natürliche Weise, durch die Geburt, zur Würde des Monarchen bestimmt ist: Dieser Übergang vom Begriff der reinen Selbstbestimmung in die Unmittelbarkeit des Seins und damit in die Natürlichkeit ist rein spekulativer Natur, seine Erkenntnis gehört daher der logischen Philosophie an."[113]

3 Reflektierende Verstandesbetrachtung

So ist es auch kein Widerspruch, dass die Annahme der Philosophie als Gestalt des Lebens zunächst für tautologisch und unverbunden gehalten wurde,[114] weil es einstweilen nur eine vordergründige Gleichsetzung war, welche die Stufen des objektiven und absoluten Geistes noch ausgeblendet hat. Nicht von ungefähr spricht Hegel gerade dort, wo er den „schwerste(n) Begriff", nämlich den „Begriff des Monarchen" erklärt, von der Schwierigkeit „für das Räsonnement, d. h. für die

---

106 *G. W. F. Hegel*, Grundlinien der Philosophie des Rechts, § 360.

107 Vgl. auch *C. F. v. Weizsäcker*, Wahrnehmung der Neuzeit, 1983, S. 258: „So ist die Welt die Geschichte des Geistes, der zu sich kommt."

108 *G. W. F. Hegel*, Encyclopädie, § 552; dazu treffend *D. Emundts/R.-P. Horstmann*, G. W. F. Hegel. Eine Einführung, 2002, S. 114: „Die Geschichte des absoluten Geistes als eine Geschichte des zu sich Kommens ist also die mit dem objektiven Geist verknüpfte Geschichte des denkenden Geistes und muss zum Resultat das Wissen des absoluten Geistes haben."

109 *G. W. F. Hegel*, Grundlinien der Philosophie des Rechts, § 257.

110 *G. W. F. Hegel*, ebenda, § 281.

111 *Th. W. Adorno*, Drei Studien zu Hegel, 1963, 4. Auflage 1970, S. 147.

112 Unter anderen Gesichtspunkten kritisch *R. Brandom*, Sketch of a Program for a Critical Reading of Hegel: Comparing Empirical and Logical Concepts, Internationales Jahrbuch des Deutschen Idealismus 3 (2005) 131.

113 *G. W. F. Hegel*, Grundlinien der Philosophie des Rechts, § 280.

114 § 1 II 1.

reflektierende Verstandesbetrachtung."[115] Diese reflektierende Verstandesbetrachtung setzt „erst mit der einbrechenden Dämmerung" ein und erfüllt damit die zeitliche Bedingung des Nachdenkens. So entspricht dies letztlich dem Satz der *Encyclopädie:* „Das Nachdenken (...) führt auf das Allgemeine der Dinge; dies ist aber selbst eines der Begriffsmomente. Dass Verstand, Vernunft in der Welt ist, sagt dasselbe, was der Ausdruck ‚objektiver Gedanke' enthält."[116] Durch Nachdenken wird erkannt, was ein Objekt in Wahrheit ist.[117]

Hier zeigt sich erneut, warum Avineri in der eingangs betrachteten Stelle unter Bezugnahme auf die Eule der Minerva „philosophy as *Nach-denken*" hervorgehoben hat.[118] Hegel selbst hat die philosophische Rückschau in der *Encyclopädie* resümierend betrachtet und ihren prozesshaften Charakter betont: „Diese Bewegung, welche die Philosophie ist, findet sich schon vollbracht, indem sie am Schluss ihren eigenen Begriff erfasst, d. i. nur auf ihr Wissen *zurücksieht*."[119] Die antithetische Spannung zwischen dem „schon Vollbrachten" und dem im Bild der Eule der Minerva datierten „erst Beginnenden" wird damit zum Beweggrund der philosophischen Rückschau. In der Sphäre des absoluten Geistes angekommen, kann die Philosophie ‚ihr Grau in Grau' malend zurückschauen und die Einsicht in die Notwendigkeit des Geschehenen gewinnen.

---

115 *G. W. F. Hegel*, Grundlinien der Philosophie des Rechts, § 279; Hervorhebung nur hier.
116 *G. W. F. Hegel*, Encyclopädie, § 24 Anmerkung; vgl. auch § 162 Anmerkung.
117 *R.-P. Horstmann*, Wahrheit aus dem Begriff, 1990, S. 44.
118 *Sh. Avineri*, Hegel's Theory of the Modern State, 1972, S. 129; Hervorhebung auch dort; dazu oben § 1 II.
119 *G. W. F. Hegel*, Encyclopädie, § 573; Hervorhebung nur hier.

§ 7 Rückblick

Wenn die Philosophie ihr Grau in Grau malt, dann ist die Gestalt des sich in der Weltgeschichte entfaltenden Geistes alt geworden, die sich daher auch nicht verjüngen, sondern nur als notwendiger Prozess begreifen lässt. Die Eule der Minerva wird so zum Sinnbild spekulativen Erfassens des Übergangs von der Sphäre des objektiven Geistes, der insbesondere das Recht angehört, zu derjenigen des absoluten Geistes und führt gleichsam von der Rechtsphilosophie zur Philosophie. Die Eule der Minerva steht in der Weise vor der Klammer der Rechtsphilosophie, dass das systematische Ganze der *Grundlinien* im Gefüge des Gesamtwerks zugleich das Produkt der bildhaften Verdeutlichung der Vorrede und der Ausführung im Einzelnen ist. Auch wenn die Eule der Minerva keine Gerechtigkeitsmetapher darstellt, kennzeichnet sie doch den Beginn eines Reflexionsprozesses, im Laufe dessen die Gerechtigkeit begriffen wird. Mit der Vorrede zur Rechtsphilosophie und ihrem berühmten Bild der Eule der Minerva hat Hegel freilich zugleich den sichtbarsten Angriffspunkt seines Systems geschaffen. Nietzsche, für den „bei Hegel alles nichtswürdiges Grau ist", wird Hegels Philosophie der (Abend-) Dämmerung nicht von ungefähr im größtmöglichen tageszeitlichen Kontrast die *Morgenröte* entgegensetzen.

Literaturverzeichnis

Abramson, J., Minerva's Owl. The Tradition of Western Political Thought, 2009
Acham, K., Modell in und von Hegels Sozialphilosophie, ARSP 54 (1968) 389
Adorno, Th. W., Ästhetische Theorie, in: Gesammelte Schriften (Hg. R. Tiedemann), Band 7, 1972
— *ders.*, Dissonanzen. Musik in der verwalteten Welt, 1956
— *ders.*, Drei Studien zu Hegel, 1963, 4. Auflage 1970
Agar, J., Post-secularism, Realism and Utopia: Transcendence and Immanence from Hegel to Bloch, 2014
Ahrweiler, G., Hegels Gesellschaftslehre, 1976
Albrecht, W., Hegels Gottesbeweis. Eine Studie zur ‚Wissenschaft der Logik', 1958
Alewyn, R., Probleme und Gestalten, 1974
Alznauer, M., Ethics and History in Hegel's Practical Philosophy, The Review of Metaphysics 65 (2012) 581
André, R., Gespräche von Text zu Text. Celan – Heidegger – Hölderlin, 2001
Angehrn, E., Freiheit und System bei Hegel, 1977
Angelis, M. de, Die Rolle des Einflusses von J. J. Rousseau auf die Herausbildung von Hegels Jugendideal, 1995
Ansbro, J., Individual freedom in the Hegelian State, Philosophical Studies 18 (1969) 48
Avineri, Sh., Hegel and Nationalism, 1962, in: Hegel's Political Philosophy (Hg. W. Kaufmann), 1970, S. 126
— *ders.*, Hegel Revisited, The Journal of Contemporary History 3 (1968) 133
— *ders.*, Hegel's Theory of the Modern State, 1972
— *ders.*, The Hegelian origins of Marx's political thought, The Review of Metaphysics 21 (1967) 33
— *ders.*, The Social and Political Thought of Karl Marx, 1972
Bachmann, I./Celan, P., Herzzeit. Der Briefwechsel, 2009
Baer, U., Remnants of Song. Trauma and the Experience of Modernity in Charles Baudelaire and Paul Celan, 2000
Bartuschat, W., Zum Status des abstrakten Rechts in Hegels Rechtsphilosophie, Zeitschrift für philosophische Forschung 41 (1987) 19
Bates, J. A., Shakespeare and Hegel on Moral Imagination, 2010
Baum, M., Gemeinwohl und allgemeiner Wille in Hegels Rechtsphilosophie, Archiv für Geschichte der Philosophie 60 (1978) 175
— *ders.*, Rezension zu: M. Riedel, Bürgerliche Gesellschaft und Staat bei Hegel. Grundprobleme und Struktur der Hegelschen Rechtsphilosophie, 1970, Hegel-Studien 9 (1974) 253
Baum, M./Meist, K. R., Recht-Politik-Geschichte, in: Hegel. Einführung in seine Philosophie (Hg. O. Pöggeler), 1977, 106
Baur, M., G. W. F. Hegel: Key Concepts, 2014
— *ders.*, Rezension zu: L. L. Moland, Hegel on Political Identity: Patriotism, Nationality, Cosmopolitanism, 2011, The Owl of Minerva 45 (2013 – 14) 112
Beaufort, J., Die drei Schlüsse. Untersuchungen zur Stellung der ‚Phänomenologie' in Hegels System der Wissenschaft, 1983
Becchi, P., Contributi ad uno studio delle filosofie del diritto di Hegel, 1984

— *ders.*, Da Pufendorf a Hegel. Introduzione alla storia moderna della filosofia del diritto, 2007
— *ders.*, Il tutto e le parti. Organicismo e liberalismo in Hegel, 1994.
— *ders.*, Le filosofie del diritto di Hegel, 1990
Becker, W., Hegels Begriff der Dialektik und das Problem des Idealismus, 1969
Beerling, R. F., Hegel und Nietzsche, in: Hegel-Studien 1 (1961) 229
Beierwaltes, W., Distanz und Nähe der Geschichte: Hegel und Platon, Festschrift für H. H. Schmidt, 1995, S. 9
— *ders.*, Geschichtlichkeit als Element der Philosophie, Tijdschrift voor Filosofie 30 (1968) 248
Beiser, F., After Hegel: German Philosophy, 1840 – 1900, 2014
Benhabib, S., Obligation, Contract and Exchange: On the Significance of Hegel's Abstract Right, in: The State and Civil Society: Studies in Hegel's Political Philosophy (Hg. Z. A. Pelcynski), 1984, S. 159
— *dies.*, The 'Logic' of Civil Society: A Reconsideration of Hegel and Marx, Philosophy and Social Criticism 8 (1981) 151
Bergès, A., Der freie Wille als Rechtsprinzip. Untersuchungen zur Grundlegung des Rechts bei Hobbes und Hegel, 2012
Berry, C., Hume, Hegel and Human Nature, 1982
Beyer, W., Der Begriff der Praxis bei Hegel, Deutsche Zeitschrift für Philosophie VI (1958) 749
Bienenstock, M., The Logic of Political Life: Hegel's Conception of Political Philosophy, in: Knowledge an Politics (Hg. M. Dascal/O. Gruengard), 1989, S. 145
Binder, J., System der Rechtsphilosophie, 2. Auflage 1937
Binkelmann, Ch., Theorie der praktischen Freiheit, 2007
Biser, E., Das Antlitz. Christologie von innen, 1999
— *ders.*, Der Mensch – das uneingelöste Versprechen, 2. Auflage 1996
— *ders.*, Die Entdeckung des Christentums, 2000
— *ders.*, Glaubenserweckung. Das Christentum an der Jahrtausendwende, 2000
— *ders.*, Zur Situation des Menschen im Medienzeitalter, 1988
Blasche, S., Natürliche Sittlichkeit und bürgerliche Gesellschaft. Hegels Konstruktion der Familie als sittliche Intimität im entsittlichten Leben, in: Materialien zu Hegels Rechtsphilosophie (Hg. M. Riedel), 1975, Band 2, S. 312
Bloch, E., Subjekt – Objekt. Erläuterungen zu Hegel, 1952
— *ders.*, Zur Ontologie des Noch-nicht-Seins, 1961
Bockenheimer, E., Das Geschlechterverhältnis in Hegels Rechtsphilosophie, Hegel-Jahrbuch 2008, S. 310
dies., Hegels Familien- und Geschlechtertheorie, 2013
de Boer, K., Democracy out of Joint? The Financial Crisis in Light of Hegel's "Philosophy of Right", Bulletin of the Hegel Society of Great Britain 66 (2012) 36
dies., Transformations of Transcendental Philosophy: Wolff, Kant, and Hegel, Bulletin of the Hegel-Society of Great Britain 63 – 64 (2011) 50
Bogdandy, A. v., Hegels Theorie des Gesetzes, 1989
Bonsiepen, W., Die Begründung einer Naturphilosophie bei Kant, Schelling, Fries und Hegel, 1997
Borst, A., Meine Geschichte (Hg. G. Seibt), 2009
Bourgeois, B., Der Begriff des Staates, in: Klassiker Auslegen, G. W. F. Hegel, Grundlinien der Philosophie des Rechts (Hg. L. Siep), 1997, 2. Auflage 2005, 217

Bowman, B., ‚Die unterste Schule der Weisheit'. Hegels Eingang in die *Phänomenologie* im Fokus eines religionsgeschichtlichen Motivs, in: Hegels ‚Phänomenologie des Geistes' heute (Hg. A. Arndt/E. Müller), 2004, S. 11
Brandom, R., Sketch of a Program for a Critical Reading of Hegel: Comparing Empirical and Logical Concepts, Internationales Jahrbuch des Deutschen Idealismus 3 (2005) 131
Brauer, O. D., Dialektik der Zeit. Untersuchungen zu Hegels Metaphysik der Weltgeschichte, 1982
Brauer, S., Natur und Sittlichkeit. Die Familie in Hegels Rechtsphilosophie, 2007
Braun, J., Einführung in die Rechtsphilosophie, 2006
— *ders.*, Einführung, in: E. Gans, Naturrecht und Universalgeschichte: Vorlesungen nach G. W. F. Hegel (Hg. J. Braun), 2005
Braun, St., Nietzsche und die Tiere oder: Vom Wesen des Animalischen, 2009
— *ders.*, Zoologie – Nietzsches Tiere und die Grenzen der Moderne, in: Bilder – Sprache – Künste: Nietzsches Denkfiguren im Zusammenhang (Hg. R. Reschke), 2011, S. 105
Braune-Krickau, T., Vom Ende her gedacht: Hegels Ästhetik zwischen Kunst und Religion, 2014
Breazeale, D., The Hegel-Nietzsche-Problem, in: Nietzsche-Studien 4 (1975) 146
Brie, S., Der Volksgeist bei Hegel und in der historischen Rechtsschule, 1909
Brinkmann, K., Idealism Without Limits: Hegel and the Problem of Objectivity, 2013
Brooks, T., Hegel's Political Philosophy: A Systematic Reading of the Philosophy of Right, 2013
Bruce-Robertson, L., The Project of Speculative Thinking in Hegel's Philosophy, 2014
Bubner, R., Geschichtsprozesse und Handlungsformen, 1984
— *ders.*, „Philosophie ist ihre Zeit, in Gedanken erfasst", in: Hermeneutik und Dialektik (Hg. ders./K. Cramer/R. Wiehl), 1970, S. 317
Buhr, M., Absolute Vernunft – ein Oxymoron? Zum Verhältnis von absoluter und historischer Vernunft, in: Hegels Logik der Philosophie. Religion und Philosophie in der Theorie des absoluten Geistes (Hg. D. Henrich/R.-P. Horstmann), 1984, S. 99
Canaris, C.-W., Ansprüche wegen positiver Vertragsverletzung und Schutzwirkung für Dritte bei nichtigen Verträge, JZ 1965, 475
— *ders.*, Funktion, Struktur und Falsifikation juristischer Theorien, JZ 1993, 377
— *ders.*, Haftung Dritter aus positiver Vertragsverletzung, VersR 1965, 114
— *ders.*, Larenz/Canaris, Lehrbuch des Schuldrechts, in: Rechtswissenschaft und Rechtsliteratur im 20. Jahrhundert (Hg. D. Willoweit), 2007
— *ders.*, Sondertagung Schuldrechtsmodernisierung – Die Reform des Rechts der Leistungsstörungen, JZ 2001, 499
— *ders.*, Systemdenken und Systembegriff in der Jurisprudenz, 2. Auflage 1983
Celan, P., Sprachgitter, 1959
Ciavatta, D., Spirit, the Family and the Unconscious in Hegel's Philosophy, 2009
Comay, R., Mourning Sickness: Hegel and the French Revolution. Cultural Memory in the Present, 2011
Coyle, L., The Spiritless Rose in the Cross of the Present: Retracting Hegel in Adorno's "Negative Dialectics" and Related Lectures, in: Telos: A Quarterly Journal of Critical Thought 155 (2011) 39
Dale, E. M., Hegel, the End of History, and the Future, 2014
Deleuze, G., Nietzsche et la philosophie, 1962 (deutsch: Nietzsche und die Philosophie, 1975)
Demandt, A., Metaphern für Geschichte. Sprachbilder und Gleichnisse im historisch-politischen Denken, 1978
Denis, H., Hegel penseur politique, 1989

De Nys, M. J., Conscience and Ethical Life: Some Remarks on *Hegel's Conscience* by Dean Moyar, The Owl of Minerva 43 (2011–12) 139
Dilthey, W., Gesammelte Schriften, Band 4, Die Jugendgeschichte Hegels und andere Abhandlungen zur Geschichte des deutschen Idealismus, 1921, 6. Auflage 1990
Dittmann, F., Der Begriff des Volksgeistes bei Hegel. Zugleich ein Beitrag zur Geschichte des Begriffs der Entwicklung im 19. Jahrhundert, 1909
Djurić, M., Standpunkt der Unzeitgemäßheit, in: Nietzsche und Hegel (Hg. ders./J. Simon), 1992, S. 9
Düsing, K., Aufhebung der Tradition im dialektischen Denken: Untersuchungen zu Hegels Logik, Ethik und Ästhetik, 2012
— *ders.*, Hegel und die Geschichte der Philosophie. Ontologie und Dialektik in Antike und Neuzeit, 1983
Dulckeit, G., Philosophie der Rechtsgeschichte, 1950
— *ders.*, Rechtsbegriff und Rechtsgestalt. Untersuchungen zu Hegels Philosophie des Rechts und ihrer Gegenwartsbedeutung, 1936
Eley, L., Hegels Wissenschaft der Logik, 1976
Emundts, D., Self, World, and Art: Metaphysical Topics in Kant and Hegel, 2013
Emundts, D./Horstmann, R.-P., G. W. F. Hegel. Eine Einführung, 2002
Endruweit, G., Rezension zu: H. Wiedemann, Das Unternehmen als dialektisches System. Führung und Kommunikation einmal anders betrachtet, 2003, Hegel-Studien 39/49 (2004/2005) 293
Euchner, W., Die Funktion der Verbildlichung in Politik und Wissenschaft 2008
— *ders.*, Hegel und die Umwälzung der bürgerlichen Gesellschaft, in: Egoismus und Gemeinwohl, 1973, S. 174
Fackenheim, E. L., The Religious Dimension in Hegel's Thought, 1967
Fioretos, A., Nothing. History and Materiality in Celan, in: Wordtraces. Reading of Paul Celan (Hg. ders.), 1994, S. 295
Fischer, K. Ph., Spekulative Charakteristik und Kritik des Hegelschen Systems, 1845
Flake, O., Die Eule der Minerva, Die neue Rundschau, 1931, S. 819
Flügge, J., Die sittlichen Grundlagen des Denkens. Hegels existentielle Erkenntnisgesinnung, 1953
Förster, E., Die 25 Jahre der Philosophie, 2011
— *ders.*, Hegel in Jena: Das Interesse des Denkens. Hegel aus heutiger Sicht (Hg. W. Welsch/K. Vieweg), 2004, S. 109
— *ders.*, 'To lend wings to physics once again'. Hölderlin and the 'Oldest System-Programme of German Idealism', European Journal of Philosophy 3 (1995) 174
Forster, M., Hegel's dialectical method, in: The Cambridge Companion to Hegel, 1993, S. 132
— *ders.*, Hegel's Idea of a Phenomenology of Spirit, 1998
Foster, M. B., The Political Philosophies of Plato and Hegel, 1935
Franco, P., Hegel's Philosophy of Freedom, 2002
Fukuyama, F., The End of History and the Last Man, 1992
Fulda, H. F., Das Problem einer Einleitung in Hegels Wissenschaft der Logik, 1965
— *ders.*, Das Recht der Philosophie in Hegels Philosophie des Rechts, 1968
— *ders.*, Die Entwicklung des Begriffs in Hegels Rechtsphilosophie, in: Dialektischer Negativismus, Michael Theunissen zum 60. Geburtstag (Hg. R.-P. Horstmann), 2. Auflage 1989, S. 304

— *ders.*, Freiheit als Vermögen der Kausalität und als Weise, bei sich selbst zu sein, in: Inmitten der Zeit. Beiträge zur europäischen Gegenwartsphilosophie (Hg. Th. Grethlein/H. Leitner), 1996, S. 47
— *ders.*, Georg Wilhelm Friedrich Hegel, 2003
— *ders.*, Georg Wilhelm Friedrich Hegel, in: Klassiker der Philosophie (Hg. O. Höffe), Band 2, 2. Auflage 1985, S. 62
— *ders.*, Hegels Dialektik als Begriffsbewegung und Darstellungsweise, in: Seminar: Dialektik in der Philosophie Hegels (Hg. R.-P. Horstmann), 1978, S. 127
— *ders.*, Unzulängliche Bemerkungen zur Dialektik, in: Seminar: Dialektik in der Philosophie Hegels (Hg. R.-P. Horstmann), 2. Auflage 1989, S. 33
Gamm, G., Komödie oder Tragödie. Die moderne Welt im Lichte Hegels und Nietzsches, Lettre International 27 (1994) 67
Gans, E., Naturrecht und Universalgeschichte: Vorlesung nach G. W. F. Hegel (Hg. J. Braun), 2005
— *ders.*, Vorwort, in: G. W. F. Hegel Grundlinien der Philosophie des Rechts, 1821, in: Sämtliche Werke (ed. H. Glockner, Band 7)
Gans, M., Das Subjekt der Geschichte – Studien zu Vico, Hegel und Foucault, 1993
Garloff, P., Philologie der Geschichte. Literaturkritik und Historiographie nach Walter Benjamin, 1999
Geiger, I., The Founding Act of Modern Ethical Life: Hegel's Critique of Kant's Moral and Political Philosophy, 2007
Geijsen, J., Geschichte und Gerechtigkeit, 1997
Gentile, G., La riforma della dialettica hegeliana, 1913
Gerhardt, V., Geschichtlichkeit bei Hegel und Nietzsche, in: Nietzsche und Hegel (Hg. M. Djurić/J. Simon), 1992, S. 29
German, A. R., Rezension zu: D. Ciavatta, Spirit, the Family and the Unconscious in Hegel's Philosophy, 2009, The Owl of Minerva 44, 2012–13, 145
Gessmann, M., Hegel, 1999
Giese, G., Hegels Staatsidee und der Begriff der Staatserziehung, 1926
Gilbert, B., The Vitality of Contradiction: Hegel, Politics, and the Dialectic of Liberal-Capitalism, 2013
Glinka, H., Rezension zu: A. Bergés, Der freie Wille als Rechtsprinzip. Untersuchungen zur Grundlegung des Rechts bei Hobbes und Hegel, 2012, Hegel-Studien 47 (2013) 173
Görland, I., Die konkrete Freiheit des Individuums bei Hegel und Sartre, 1978
Goethe, J. W. v., Faust I, 1808
— *ders.*, Materialien zur Geschichte der Farbenlehre, Einleitung (Münchener Ausgabe, Band 10)
Goodfield, E., Hegel and the Frontiers of Political Thought: Towards A Metaphysics of the Social, 2013
Günther, K., Eule der Minerva, Rechtshistorisches Journal 20 (2001) 185
Haag, J., Der Wille als Träger des Ethischen. Überlegungen zur Stellung des Willens in der Frühphilosophie Ludwig Wittgensteins, Acta Analytica 13 (1995) 131
— *ders.*, Descartes über Willen und Willensfreiheit, Zeitschrift für Philosophische Forschung 60 (2006) 483
— *ders.*, Grenzbegriffe. Zu Eckart Försters *Die 25 Jahre der Philosophie*, Deutsche Zeitschrift für Philosophie 60 (2012) 993
Habermas, J., Erkenntnis und Interesse, 1968, 2. Auflage 1973

— *ders.*, Hegels Kritik der Französischen Revolution, in: *ders.*, Theorie und Praxis, 1963, 4. Auflage 1971, S. 128

— *ders.*, Zu Hegels Politischen Schriften, in: *ders.*, Theorie und Praxis, 1963, 4. Auflage 1971, S. 148

Haller, M., System und Gesellschaft. Krise und Kritik der politischen Philosophie Hegels, 1981

Hardimon, M. O., Hegel's Social Philosophy, The Project of Reconciliation, 1994

Harris, H. S., Hegel's Development: Toward the Sunlight 1770 – 1801, 1972.

Hartmann, E. v., Die dialektische Methode, 1868 (2. Auflage 1910)

Hartmann, N., Die Philosophie des deutschen Idealismus, Teil II (Hegel), 3. Auflage 1974; zuerst publiziert als Band 8 der „Geschichte der Philosophie", 1923 – 1929

Hartmann, K., Hegels Logik, 1999

— *ders.*, Linearität und Koordination in Hegels Rechtsphilosophie, in: Hegels Philosophie des Rechts. Die Theorie der Rechtsformen und ihre Logik (Hg. D. Henrich/R.-P. Horstmann.), 1982, S. 305

— *ders.*, Moralität und ‚konkretes Allgemeines', Archiv für Geschichte der Philosophie 60 (1978) 314

Hass, A., Hegel and the Art of Negation: Negativity, Creativity and Contemporary Thought, 2014

Haug, W. F., Historisch-kritisches Wörterbuch des Marxismus (Hg. ders.), Band III, 2008

Haym, R., Hegel und seine Zeit. Vorlesung über Entstehung, Entwicklung, Wesen und Wert der Hegelschen Philosophie, 1857

— *ders.*, Vorlesungen über Hegel und seine Zeit, 1857 (2. Auflage 1927)

Hegel, G. W. F., in: Hegel, Philosophie des Rechts, Die Vorlesung von 1819/1820 in einer Nachschrift (Hg. D. Henrich), 1983, S. 43

— *ders.*, Die Vernunft in der Geschichte (Hg. J. Hoffmeister), 1917, 5. Auflage 1955

— *ders.*, Differenz des Ficht'schen und Schelling'schen Systems der Philosophie, 1801, in: Sämtliche Werke (ed. H. Glockner, Band 1)

— *ders.*, Encyclopädie der philosophischen Wissenschaften im Grundrisse, 1830, in: Sämtliche Werke (ed. G. Lasson, Band 5)

— *ders.*, Grundlinien der Philosophie des Rechts, 1821, in: Sämtliche Werke (ed. H. Glockner, Band 7)

— *ders.*, Jenaer Vorlesungsmanuskripte zur Philosophie der Natur und des Geistes von 1806 (ed. J. Hoffmeister)

— *ders.*, Konzept der Rede beim Antritt des philosophischen Lehramts an der Universität Berlin vom 22. Oktober 1818; abgedruckt in der Suhrkamp-Werkausgabe (1970), Band 10, S. 399

— *ders.*, Phänomenologie des Geistes, 1807, in: Sämtliche Werke (ed. H. Glockner, Band 2)

— *ders.*, Philosophische Propädeutik, 1808 – 1811, in: Sämtliche Werke (ed. H. Glockner, Band 3)

— *ders.*, System der Sittlichkeit (Critik des Fichteschen Naturrechts), 1802/1803, Ausgabe Meiner (Hg. H. Brandt/K. R. Meist)

— *ders.*, Vorlesungen über die Geschichte der Philosophie, 1805/1806, 1816 – 1831, in: Sämtliche Werke (ed. H. Glockner, Band 17 – 19)

— *ders.*, Vorlesungen über die Philosophie der Natur, 1821/22; Nachschrift von B. F. v. Uexküll

— *ders.*, Vorlesungen über die Philosophie der Religion, in: Sämtliche Werke (ed. H. Glockner, Band 15 – 16)

— *ders.*, Vorlesungen über die Philosophie der Geschichte, 1822–1831, in: Sämtliche Werke (ed. H. Glockner, Band 11)
— *ders.*, Wissenschaft der Logik, 1832, in: Sämtliche Werke (ed. H. Glockner, Band 4–5 bzw. ed. G. Lasson, Band 3–4)
Heidegger, M., Nietzsche, Band I und II, 1961
— *ders.*, Nietzsches Wort „Gott ist tot“, in: Holzwege, 1957, S. 199
Heimann, B., System und Methode in Hegels Philosophie, 1927
Heimsoeth, H., Politik und Moral in Hegels Philosophie, Bl. F. d. Philos, VIII (1934)
Heine, H., Zur Geschichte der Religion und Philosophie in Deutschland, in: Der Salon II, 1835, 2. Auflage 1852
Heiss, R., Die großen Dialektiker des 19. Jahrhunderts, Hegel, Kierkegaard, Marx, 1963
Henrich, D., Andersheit und Absolutheit des Geistes, in: Selbstverhältnisse. Gedanken und Auslegungen zu den Grundlagen der klassischen deutschen Philosophie, 1982, S. 142
— *ders.*, Anfang und Methode der Logik, in: Hegel im Kontext, 2. Auflage 1975, S. 73
— *ders.*, Between Kant an Hegel. Lectures on German Idealism, 2008
— *ders.*, Der Gang des Andenkens: Beobachtungen und Gedanken zu Hölderlins Gedicht, 1986
— *ders.*, Die „wahrhafte Schildkröte“. Zu einer Metapher in Hegels Schrift „Glauben und Wissen“, in: Hegel-Studien 2 (1963) 281
— *ders.*, Einleitung: Vernunft in Verwirklichung, in: Hegel, Philosophie des Rechts, Die Vorlesung von 1819/1820 in einer Nachschrift (Hg. ders.), 1983, S. 9
— *ders.*, Hegel und Hölderlin, in: Hegel im Kontext, 1971, 2. Auflage 1975, S. 9
— *ders.*, Hegels Theorie über den Zufall, in: Hegel im Kontext, 1971, S. 157
— *ders.*, Kant und Hegel. Versuch der Vereinigung ihrer Grundgedanken, in: Selbstverhältnisse. Gedanken und Auslegungen zu den Grundlagen der klassischen deutschen Philosophie, 1982, S. 172
— *ders.*, Karl Marx als Schüler Hegels, in: Hegel im Kontext, 2. Auflage 1975, S. 187
— *ders.*, Konzepte, 1987
— *ders.*, Logische Form und reale Totalität. Über die Begriffsform von Hegels eigentlichem Staatsbegriff, in: Hegels Philosophie des Rechts. Die Theorie der Rechtsformen und ihre Logik (Hg. D. Henrich/R.-P. Horstmann.), 1982, S. 428
Herrmann-Pillath, C./Boldyrev, I., Hegel, Institutions, and Economics: Performing the social, 2014
Herzog, L., Inventing the Market: Smith, Hegel, and Political Theory, 2013
Hinchman, L. P., Hegel's Critique of the Enlightenment, 1984
Hingst, K. M., Perspektivismus und Pragmatismus. Ein Vergleich auf der Grundlage der Wahrheitsbegriffe und der Religionsphilosophien von Nietzsche und James, 1998
Hočevar, R. K., Hegel und der preußische Staat. Ein Kommentar zu Rechtsphilosophie von 1821, 1973
Hodgson, P. C, Shapes of Freedom. Hegel's Philosophy of World History in Theological Perspective, 2012
Höffe, O., Der Friede – ein vernachlässigtes Ideal, in: Klassiker Auslegen, Immanuel Kant, Zum ewigen Frieden (Hg. ders.), 1995, 2. Auflage 2004, S. 5
Hölderlin, F., Hyperion, 1796
Hörnle. T., Straftheorien, 2011
— *dies.*, Oxford Handbook of Criminal Law (Hg. M. Dubber/T. Hörnle), 2014

Hösle, V., Das abstrakte Recht, in: Anspruch und Leistung von Hegels Rechtsphilosophie (Hg. Ch. Jermann), 1987, S. 55
— *ders.*, Der Staat, in: Anspruch und Leistung von Hegels Rechtsphilosophie (Hg. Ch. Jermann), 1987, S. 183ff.
— *ders.*, Die Stellung von Hegels Philosophie des objektiven Geistes in seinem System und ihre Aporie, in: Anspruch und Leistung von Hegels Rechtsphilosophie (Hg. Ch. Jermann), 1987, S. 11
— *ders.*, Eine kurze Geschichte der deutschen Philosophie, 2013
— *ders.*, Eine unsittliche Sittlichkeit. Hegels Kritik an der indischen Kultur, in: Moralität und Sittlichkeit (Hg. W. Kuhlmann), 1986, S. 136
— *ders.*, Hegels System. Der Idealismus der Subjektivität und das Problem der Intersubjektivität, 2. Auflage 1998
— *ders.*, Is there Progress in the History of Philosophy?, in: Hegel's History of Philosophy (Hg. D. A. Duquette), 2003, S. 185
— *ders.*, Moral und Politik. Grundlagen einer politischen Ethik für das 21. Jahrhundert, 1997
— *ders.*, Nach dem absoluten Wissen. Welche Erfahrungen des nachhegelschen Bewusstseins muß die Philosophie begreifen, bevor sie wieder absolutes Wissen einfordern kann?, in: Hegels Phänomenologie des Geistes. Ein kooperativer Kommentar zu einem Schlüsselwerk der Moderne (Hg. W. Welsch/K. Vieweg), 2008, S. 627
— *ders.*, Wahrheit und Geschichte. Studien zur Struktur der Philosophiegeschichte unter paradigmatischer Analyse der Entwicklung von Parmenides bis Platon, 1984
— *ders.*, Was kann man von Hegels objektiv-idealistischer Theorie des Begriffs noch lernen, das über Sellars', Mac Dowells und Brandoms Anknüpfungen hinausgeht?, Allgemeine Zeitschrift für Philosophie 30.2 (2005) 139
Hoff, S., Laws of the Spirit: A Hegelian Theory of Justice, 2014
Hofmann, H., Einführung in die Rechts- und Staatsphilosophie, 4. Auflage 2008
— *ders.*, Gebot, Vertrag, Sitte, 1993
— *ders.*, „In Europa kann's keine Salomons geben." – Zur Geschichte des Begriffspaars Recht und Kultur, JZ 2009, 1
D'Hondt, J., Hegel in seiner Zeit. Berlin 1818–1831, 1973
Honneth, A., Das Recht der Freiheit, 2011
ders., Leiden an Unbestimmtheit. Eine Reaktualisierung der Hegelschen Rechtsphilosophie, 2001
Horkheimer, M./Adorno, Th. W., Dialektik der Aufklärung (1947), Nachträge und Aufzeichnungen: Zur Kritik der Geschichtsphilosophie
Horster, D., Die staatliche Gemeinschaft angesichts der zunehmenden Individualisierung in der Moderne. Eine Besinnung auf Hegels „Rechtsphilosophie", in: Der Staat 31 (1992) 481
Horstmann, R.-P., Den Verstand zur Vernunft bringen? Hegels Auseinandersetzung mit Kant in der Differenz-Schrift, in: Das Interesse des Denkens. Hegel aus heutiger Sicht (Hg. W. Welsch/K. Vieweg), 2003, S. 89
— *ders.*, Der geheime Kantianismus in Hegels Geschichtsphilosophie, in: Hegels Philosophie des Rechts. Die Theorie der Rechtsformen und ihre Logik (Hg. D. Henrich/ders.), 1982, S. 56
— *ders.*, Die Grenzen der Vernunft. Eine Untersuchung zu Zielen und Motiven des Deutschen Idealismus, 1991, 3. Auflage 2004
— *ders.*, Hegel, Georg Wilhelm Friedrich, in: Routledge Encyclopedia of Philosophy (Hg. Craig, E.), 1998, Band 2, S. 259

— *ders.*, Ist Hegels Rechtsphilosophie das Produkt der politischen Anpassung eines Liberalen?, in: Hegel-Studien 9 (1974) 241
— *ders.*, Jenaer Systemkonzeptionen, in: Hegel (Hg. O. Pöggeler), 1977, S. 43
— *ders.*, Metaphysikkritik bei Hegel und Nietzsche, in: Hegel-Studien 28 (1993) 285
— *ders.*, Probleme der Wandlung in Hegels Jenaer Systemkonzeption (H. Kimmerle), Philosophische Rundschau 19 (1972) 87
— *ders.*, Rezension zu: Hegel's Political Theory (Hg. Z. A. Pelczyński), 1971, Hegel-Studien 8 (1973) 233
— *ders.*, Rezension zu: H. F. Fulda: Das Recht der Philosophie in Hegels Philosophie des Rechts, 1967, Philosophische Rundschau 17 (1970) 45
— *ders.*, Rezension zu: R. K. Hočevar: Hegel und der preußische Staat. Ein Kommentar zu Rechtsphilosophie von 1821, 1973, Hegel-Studien 11 (1976) 277
— *ders.*, Sammelrezension: Folgen der Aktualität Hegels, in: Hegel-Studien 7 (1972) 237
— *ders.*, Schwierigkeiten und Voraussetzungen der dialektischen Philosophie Hegels, in: Seminar: Dialektik in der Philosophie Hegels (Hg. ders.), 1978, 2. Auflage 1989, S. 9
— *ders.*, Selbsterkenntnis der Vernunft. Zu Hegels Verständnis von Philosophiegeschichte, in: Hegel-Jahrbuch 1997 (Hg. A. Arndt/K. Bal/H. Ottmann), S. 46
— *ders.*, Subjektiver Geist und Moralität. Zur systematischen Stellung der Philosophie des subjektiven Geistes, in: Hegels philosophische Psychologie (Hg. D. Henrich), Hegel-Studien, Beiheft 19 (1979) 191
— *ders.*, Über das Verhältnis von Metaphysik der Subjektivität und Philosophie der Subjektivität in Hegels Jenaer Schriften, in: Hegel in Jena (Hg. D. Henrich/K. Düsing), Hegel-Studien Beiheft 20 (1980) 181
— *ders.*, Über die Rolle der bürgerlichen Gesellschaft in Hegels politischer Philosophie, in: Hegel-Studien 9 (1974) 209
— *ders.*, Wahrheit aus dem Begriff. Eine Einführung in Hegel, 1990
Houle, K./Vernon, J./Martin, J.-C-, Hegel and Deleuze: Together Again For the First Time, 2013
Houlgate, St., Freedom, Truth and History. An Introduction to Hegel's Philosophy, 1991
— *ders.*, Hegel, Nietzsche and the Criticism of Metaphysics, 1986
Howard, J. J., Rezension zu: I. Geiger, The Founding Act of Modern Ethical Life: Hegel's Critique of Kant's Moral and Political Philosophy, 2007, The Owl of Minerva 42 (2010 – 11) 237
— *ders.*, Translating Convictions into a Clear Conscience: Some Thoughts on Dean Moyar's *Hegels's Conscience*, The Owl of Minerva 43 (2011 – 12) 107
Huber, U., Die Pflichtverletzung als Grundtatbestand der Leistungsstörung im Diskussionsentwurf eines Schuldrechtsmodernisierungsgesetzes, ZIP 2000, 2273
— *ders.*, Leistungsstörungen, 2 Bände, 1999
Humboldt, W. v., Ideen zu einem Versuch, die Grenzen der Wirksamkeit des Staates zu bestimmen, 1792 (erschienen 1851)
Ifergan, P., Hegel's Discovery of the Philosophy of Spirit. Autonomy, Alienation, and the Ethical Life: The Jena-Lectures 1802 – 1806, 2014
Ilting, K.-H., Die Struktur der Hegelschen Rechtsphilosophie in: Materialien zu Hegels Rechtsphilosophie (Hg. M. Riedel), 1975, Band 2, S. 52
— *ders.*, Georg Wilhelm Friedrich Hegel. Vorlesungen über Rechtsphilosophie 1818 – 1831, Edition und Kommentar, Band 1, 1973
— *ders.*, Rechtsphilosophie als Phänomenologie des Bewusstseins der Freiheit, in: Hegels Philosophie des Rechts. Die Theorie der Rechtsformen und ihre Logik (Hg. D. Henrich/R.-P. Horstmann), 1982, S. 225

— *ders.*, The structure of Hegel's Philosophy of Right, in: Hegel's Political Theory (Hg. Z. A. Pelczyński), 1971, S. 90
Jachmicyk, A., Reading Hegel After Nietzsche, 2013
Jaeschke, W., Hegel Handbuch, 2003
— *ders.*, L. Bruno Puntel: Darstellung, Methode und Struktur, in: Hegel-Studien 12 (1977) 210
— *ders.*, Staat aus christlichem Prinzip und christlicher Staat. Zur Ambivalenz der Berufung auf das Christentum in der Rechtsphilosophie Hegels und der Restauration, Der Staat 18 (1979) 349
Jüngel, E., Ganz werden: Theologische Erörterungen, 2003
Kangas, D., Kierkegaards Instant, 2007
Kant, I., Über den Gemeinspruch: Das mag in der Theorie richtig sein, taugt aber nicht für die Praxis., Band XI (Hg. W. Weischedel), 1977
Kaufmann, A./Hassemer, W./Neumann, U., Einführung in Rechtsphilosophie und Rechtstheorie der Gegenwart, 7. Auflage 2004
Kaufmann, W., Legende und Wirklichkeit, Zeitschrift für philosophische Forschung X (1956) 191
— *ders.*, The Hegel Myth and Its Method, in: The Philosophical Review 60, Nr. 4, (1951) 459
Kaulbach, F., Nietzsches Idee einer Experimentalphilosophie, 1980
Kelley, G. A., Hegel's Retreat from Eleusis: Studies in Political Thought, 1978
Kiesewetter, H., Von Hegel zu Hitler. Eine Analyse der Hegelschen Machtstaatsideologie und der politischen Wirkungsgeschichte des Rechtshegelianismus, 1974 (2. Auflage 1995)
Kisner, W., Ecological Ethics and Living Subjectivity in Hegel's Logic: The Middle Voice of Autopoietic Life, 2014
Klein, E., Staat und Zeit, 2006
Klenner, H., Anmerkungen zu „Savigny", in: J. Kuczynski, Studien zu einer Geschichte der Gesellschaften, Band 6, 1977, S. 158
— *ders.*, Greatness and Misery of Philosophy of Law, in: Sur la philosophie du droit (Hg. R. Lukić), 1978, S. 63
— *ders.*, Hegels Rechtsphilosophie: Zeitgeist oder Weltgeist?, in: Hegels Philosophie des Rechts. Die Theorie der Rechtsformen und ihre Logik (Hg. D. Henrich/R.-P. Horstmann), 1982, S. 206
— *ders.*, Kirchmanns Wertlosigkeitserklärung der Jurisprudenz und die Juristenwelt von heute, Staat und Recht 39 (1990) 616
— *ders.*, Preußische Eule oder gallischer Hahn? Hegels Rechtsphilosophie zwischen Revolution und Reform, in: Preußische Reformen – Wirkungen und Grenzen. Sitzungsberichte der Akademie der Wissenschaften der DDR, Nr. 1/G, 1982, S. 125
Knappik, F., Im Reich der Freiheit: Hegels Theorie autonomer Vernunft, 2013
Knowles, D., Hegel and the Philosophy of Right, 2002
— *ders./Carpenter, M.*, Hegel as Ornithologist, The Owl of Minerva 42 (2010–11) 225
Kojève, A., Hegel. Eine Vergegenwärtigung seines Denkens, 1958
Krohn, W., Die formale Logik in Hegels ‚Wissenschaft der Logik', 1972
Krollmann, F.-P., Kunst Religion Philosophie: Grundriss der Philosophie des absoluten Geistesim Horizont des Holisitischen Idealismus, 2012
Kroner, R., Von Kant bis Hegel, Band II, 1924, 4. Auflage 2007
Krumpel, H., Zur Moralphilosophie Hegels, 1972
Kuczynski, J., Die vertauschte Eule: Der Wissenschaftler in der kapitalistischen Gesellschaft, 1974
Küng, H., Existiert Gott? Antwort auf die Gottesfrage der Neuzeit, 4. Auflage 1987

— *ders.*, Menschwerdung Gottes. Eine Einführung in Hegels theologisches Denken als Prolegomena zu einer künftigen Christologie, 1970
— *ders.*, Was ich glaube, 2009
Laden, A., Evaluating Social Reasons: Hobbes vs. Hegel, Journal of Philosophy 102 (2005) 327
Lakebrink, B., Die Europäische Idee der Freiheit, I. Teil: Hegels Logik und die Tradition der Selbstbestimmung, 1968
— *ders.*, Einleitung zu den Grundlinien der Philosophie des Rechts, 1970
— *ders.*, Hegels dialektische Ontologie und die Thomistische Analektik, 2. Auflage 1968
— *ders.*, Kommentar zu Hegels „Logik" in seiner „Enzyklopädie" von 1830, 2 Bände, 1979–1985
— *ders.*, Studien zur Metaphysik Hegels, 1969
Lamore, Ch., Rezension zu: A. Honneth, Das Recht der Freiheit, 2011, Hegel-Studien 47 (2013) 145
Landau, P., Hegels Begründung des Vertragsrechts, in: Materialien zu Hegels Rechtsphilosophie, (Hg. M. Riedel), 1975, Band 2, S. 176 (=ARSP 59 (1973) 117)
Larenz, K., Deutsche Rechtserneuerung und Rechtsphilosophie, 1934
— *ders.*, Hegelianismus und preußische Staatsidee. Die Staatsphilosophie Joh. Ed. Erdmanns und das Hegelbild des 19. Jahrhunderts, 1940
— *ders.*, Hegels Zurechnungslehre und der Begriff der objektiven Zurechnung, 1927
— *ders.*, Lehrbuch des Schuldrechts, Band I, 1952. 14. Auflage 1987
— *ders.*, Methodenlehre der Rechtswissenschaft, 6. Auflage 1991
— *ders.*, Richtiges Recht. Grundzüge einer Rechtsethik, 1979
Lassale, F., Die Hegel'sche und die Rosenkranzische Logik und die Grundlage der Hegel'schen Geschichtsphilosophie im Hegel'schen System, in: Der Gedanke II (1861), S. 123
Lasson, G., Einleitung des Herausgebers, in: *G. W. F. Hegel*, Grundlinien der Philosophie des Rechts Sämtliche Werke (ed. G. Lasson, Band 6)
— *ders.*, Was heißt Hegelianismus?, 1916
Leenen, D., Typus und Rechtsfindung, 1971
Lefebvre, H., Hegel, Marx, Nietzsche ou le royaume des ombres, 1975
Lewis, D., Philosophical Papers, Band I, 1983
Lewis, T. A., Religion, Modernity, and Politics in Hegel, 2014
Liesegang, T., Rezension zu: P. Radt: Hegels Staatsphilosophie im Spannungsverhältnis zwischen Ideal- und Realpolitik. Die Rechtsphilosophie Hegels und das „Älteste Systemprogramm", 2003, Hegel-Studien 39/40 (2004/2005) 253
Löwith, K., Aktualität und Inaktualität Hegels, in: Hegels Religionsphilosophie als Aufgabe und Problem der Forschung (Hg. R. Heede/J. Ritter), 1973, S. 1
— *ders.*, Die Ausführung von Hegels Lehre vom subjektiven Geist durch Karl Rosenkranz, in: Hegels philosophische Psychologie (Hg. D. Henrich), Hegel-Studien, Beiheft 19 (1979) 227
— *ders.*, Von Hegel zu Nietzsche. Der revolutionäre Bruch im Denken des neunzehnten Jahrhunderts, 1941 (zitiert nach der Meiner-Ausgabe, 1995)
Lucas, H. Ch./Pöggeler, O. (Hg.), Hegels Rechtsphilosophie im Zusammenhang der europäischen Verfassungsgeschichte, 1986
Lübbe-Wolf, G., Hegels Staatsrecht als Stellungnahme im ersten preußischen Verfassungskampf, Zeitschrift für philosophische Forschung 35 (1981) 476
Luhmann, N., Realität der Massenmedien, 3. Auflage 2004
Lukács, G., Der junge Hegel, 1948

Lypp, B., Poetische Religion, in: Früher Idealismus und Frühromantik: der Streit um die Grundlage der Ästhetik (1795–1805) (Hg. W. Jaeschke/H. Holzhey), 1990, S. 80
Maihofer, W., Hegels Prinzip des modernen Staates, in: Festschrift für G. Husserl, 1969, S. 234
Marcic, R., Hegel und das Rechtsdenken im deutschen Sprachraum, 1970
Marcuse, H., Hegels Ontologie und die Grundlegung einer Theorie der Geschichtlichkeit, 1932, 2. Auflage 1968
— *ders.*, Vernunft und Revolution. Hegel und die Entstehung der Gesellschaftstheorie, 1962 (Schriften Band IV, 1989)
Marquard, O., Hegel und das Sollen, Philosophisches Jahrbuch 72 (1964) 103
Marx, K., Werke – Schriften – Briefe in sieben Bänden (Hg. H.-J. Lieber), 1960, Band 1
— *ders.*, Zur Kritik der Hegelschen Rechtsphilosophie, 1844
Maurer, R. K., Hegel und das Ende der Geschichte. Interpretation zur „Phänomenologie des Geistes", 1965
McCumber, J., On Philosophy: Notes From a Crisis, 2012
— *ders.*, Understanding Hegel's Mature Critique of Kant, 2013
McRae, R. G., Philosophy and the Absolute: The Modes of Hegel's Speculation, 2013
McTaggart, J. M. E., Studies in the Hegelian Dialectic, 1922
Mehring, F., Karl Marx, 1918
Menke, Ch., Tragödie im Sittlichen. Gerechtigkeit und Freiheit nach Hegel, 1996
Mertens, S., Die juridische Vermittlung des Sozialen, 2008
Michelet, C. L., Anthropologie und Psychologie oder die Philosophie des subjektiven Geistes, 1840
— *ders.*, Geschichte der letzten philosophischen Systeme von Kant bis Hegel, 2 Bände, 1837–1838
— *ders.*, Hegel, Der unwiderlegte Weltphilosoph, 1870
— *ders.*, Naturrecht oder Rechts-Philosophie als die praktische Philosophie, 2 Bände, 1866
— *ders.*, Wahrheit aus meinem Leben, 1884
Miller, M., The Attainment of the Absolute of Hegel's Phenomenology, Graduate Faculty Philosophical Journal 7 (1978) 195
Mittelstraß, J., Der Flug der Eule, Von der Vernunft der Wissenschaft und der Aufgabe der Philosophie, 2. Auflage 1976
— *ders.*, „des Wercks künftigen grossen Nutzen". Zwei Etüden über die Akademie und warum sie sich verändern muss, in: Summa, Dieter Simon zum 70. Geburtstag, 2005 (Hg. R. M. Kiesow/R. Ogorek/Sp. Simitis), S. 435
Mohseni, A., Rezension zu: E. Rosza, Modern Individuality in Hegel's Practical Philosophy, 2012, Hegel-Studien 47 (2013) 221
Mommsen, Th., Römische Geschichte, 1856
Moland, L. L., Hegel on Political Identity: Patriotism, Nationality, Cosmopolitanism, 2011
— *dies.*, Rezension zu: B. Rutter, Hegel on the Modern Arts, 2010, The Owl of Minerva 43, (2011–12) 202
Moss, G. S., Rezension zu: R. D. Winfield, Hegel's Science of Logic: A Critical Rethinking in Thirty Lectures, 2012, The Owl of Minerva 44 (2012–13) 185
Moyar, D., Consequentilism and Deontology in the Philosophy of Right, in: Hegel's Philosophy of Right: Essays on Ethics, Politics and Law (Hg. T. Brooks), 2012, S. 9
— *ders.*, Hegel's Conscience, 2011

— *ders.*, How the Good Obligates in Hegel's Conception of „Sittlichkeit": A Response to Robert Stern's "Understanding Moral Obligation", in: Inquiry: An Interdisciplinary Journal of Philosophy 55 (2012) 584
— *ders.*, Naturalism in Ethics and Hegel's Distinction Between Subjective and Objective Spirit, Bulletin of the Hegel Society of Great Britain 61 (2010) 1
— *ders.*, Pluralism: History, Self-Conscious Action, and the Reasonable ,in: History of Philosophy Quaterly 2007, 189
— *ders.*, Reply to Howard, De Nys, and Speight, The Owl of Minerva 43 (2011 – 12) 149
— *ders.*, Rethinking Autonomy in Hegel's Earliest Writings, The Owl of Minerva 42 (2010 – 11) 63
— *ders.*, Summary of Hegel's Conscience, The Owl of Minerva 43 (2011 – 12) 101
Mülder-Bach, I., Das Grau(en) der Prosa oder: Hoffmanns Aufklärungen zur Chromatik des Sandmanns, in: „Hoffmanneske Geschichte": Zu einer Literaturwissenschaft als Kulturwissenschaft, (Hg. G. Neumann), 2005, S. 199
Mueller, G. E., The Hegel-Legend or „Thesis-Antithesis-Synthesis", Journal of the History of Ideas 19 (1958) 411
Müller, M., Existenzphilosophie im geistigen Leben der Gegenwart, 1958
Mure, G. R. G., A Study of Hegel's Logic, 1950
Nägele, R., Paul Celan: Konfigurationen Freuds, in: Argumentum e Silentio. Internationales Paul Celan Symposium, (Hg. A. D. Colin), 1987, S. 237
Nauen, F. G., Revolution, Idealism and Human Freedom: Schelling, Hölderlin and Hegel and the Crisis of Early German Idealism, 1971
Nennen, H.-U., Philosophie in Echtzeit, 2003
Neuhouser, F., Deducing Desire and Recognition in the Phenomenology of Spirit, Journal of the History of Philosophy 24 (1986) 243
— *ders.*, Foundations of Hegel's Social Theory: Actualizing Freedom, 2000
Nietzsche, F., Also sprach Zarathustra, erster bis vierter Teil, 1883 – 1885, Kritische Studienausgabe Band 4 (Hg. G. Colli/M. Montinari)
— *ders.*, Der Fall Wagner. Ein Musikanten-Problem, 1888, Kritische Studienausgabe Band 6 (Hg. G. Colli/M. Montinari)
— *ders.*, Der Wille zur Macht, 1906 (zitiert nach der Kröner-Ausgabe)
— *ders.*, Ecce homo, Wie man wird, was man ist, 1888, Kritische Studienausgabe Band 6 (Hg. G. Colli/M. Montinari)
— *ders.*, Götzen-Dämmerung oder Wie man mit dem Hammer philosophiert, 1889, Kritische Studienausgabe Band 6 (Hg. G. Colli/M. Montinari)
— *ders.*, Menschliches, Allzumenschliches. Ein Buch für freie Geister. Erster Band, 1878, Kritische Studienausgabe Band 2 (Hg. G. Colli/M. Montinari)
— *ders.*, Morgenröte. Gedanken über die moralischen Vorurteile, 1881, Kritische Studienausgabe Band 3 (Hg. G. Colli/M. Montinari)
— *ders.*, Unzeitgemäße Betrachtungen, II, Vom Nutzen und Nachteil der Historie für das Leben, 1874, Kritische Studienausgabe Band 1 (Hg. G. Colli/M. Montinari)
— *ders.*, Zur Genealogie der Moral. Eine Streitschrift, 1887 Kritische Studienausgabe Band 5 (Hg. G. Colli/M. Montinari)
Nipperdey, Th., Deutsche Geschichte, 1866 – 1918, Band 2, 1990
Norris, A., The Disappearance of the French Revolution in Hegel's Phenomenology of Spirit, The Owl of Minerva, 44 (2012 – 13) 37
Nyizsnyánszki, F., Der resignierte Hegel, Hegel Jahrbuch 1995

Okrent, M. B., Consciousness and Objective Spirit in Hegel's Phenomenology, Journal of the History of Philosophy 18 (1980) 39
Ottmann, H., Bürgerliche Gesellschaft und Staat: Überlegungen zur Logik ihrer Vermittlung, Hegel-Jahrbuch 1986, 339
— *ders.*, Das Scheitern einer Einleitung in Hegels Philosophie. Eine Analyse der Phänomenologie des Geistes, 1973
— *ders.*, Die „Rose im Kreuze der Gegenwart", Hegel-Jahrbuch 1999, Hegels Ästhetik: Die Kunst der Politik – Die Politik der Kunst, Erster Teil, S. 142
— *ders.*, Hegels Rechtsphilosophie und das Problem der Akkommodation. Zu Iltings Hegelkritik und seiner Edition der Hegelschen Vorlesungen über Rechtsphilosophie, in: Zeitschrift für philosophische Forschung 33 (1979) 227
— *ders.*, Hegelsche Logik und Rechtsphilosophie. Unzulängliche Bemerkungen zu einem ungelösten Problem, in: Hegels Philosophie des Rechts. Die Theorie der Rechtsformen und ihre Logik (Hg. D. Henrich/R.-P. Horstmann), 1982, S. 382
— *ders.*, Individuum und Gemeinschaft bei Hegel, 1974
Pannenberg, W., Der Geist und sein Anderes, in: Hegels Logik der Philosophie. Religion und Philosophie in der Theorie des absoluten Geistes (Hg. D. Henrich/R.-P. Horstmann), 1984, S. 151
Pascal, B., Pensées sur la religion et sur quelques autres sujets, 1670
Patten, A., Hegel's Idea of Freedom, 1999
Patzig, G., Der Unterschied zwischen subjektiven und objektiven Interessen und seine Bedeutung für die Ethik, Band 1 der gesammelten Schriften 1966–1990, 1994
Pawlik, M., Hegel und die Vernünftigkeit des Wirklichen, Der Staat 41 (2002) 183
Pelczynski, Z. A., The State and Civil Society: Studies in Hegel's Political Philosophy, 1984
Peperzak, A., Hegels Pflichten und Tugendlehre, in: Hegel-Studien 17 (1982) 97
— *ders.*, Selbsterkenntnis des Absoluten. Grundlinien der Hegelschen Philosophie des Geistes, 1987
Perkin, H., The Rise of Professional Society: England since 1880, 1990
Peters, J., Hegel on Beauty, 2014
Petersen, J., Adam Smith als Rechtstheoretiker, 2012
— *ders.*, Blaise Pascals Gedanken über das Recht, in: Festschrift für W. Merle, 2010, S. 289
— *ders.*, Die Geschäftsfähigkeit, Jura 2003, 97
— *ders.*, Die Rechtsfähigkeit, Jura 2009, 669
— *ders.*, Fichtes Versuch, Machiavelli Gerechtigkeit widerfahren zu lassen, Festschrift für M. Kloepfer, 2013, S. 927
— *ders.*, Freiheit unter dem Gesetz, 2014
— *ders.*, Max Webers Rechtssoziologie und die juristische Methodenlehre, 2. Auflage 2014
— *ders.*, Medienrecht, 5. Auflage 2010
— *ders.*, Nietzsches Genialität der Gerechtigkeit, 2008
— *ders.*, Rezension zu: V. Hösle, Eine kurze Geschichte der deutschen Philosophie, 2013, ARSP 99 (2013) 434
— *ders.*, Von der Interessenjurisprudenz zur Wertungsjurisprudenz, 2001
— *ders.*, Wilhelm von Humboldts Rechtsphilosophie, 2. Auflage 2007
Petersen, Th., Subjektivität und Politik. Hegels ‚Grundlinien der Philosophie des Rechts' als Reformulierung des ‚Contrat Social' Rousseaus, 1992
Pinkard, T., Hegel's Phenomenology: The Sociality of Reason, 1994
Pippin, R., After the Beautiful: Hegel and the Philosophy of Pictorial Modernism, 2013

— *ders.*, Agent and Deed in Nietzsche's *Genealogy of Morals*, in: A Companion to Nietzsche (Hg. K. A. Pearson), 2006, S. 371
— *ders.*, Apperception and the Difference Between Kantian and Hegelian Idealism, Proceedings of the Sixth International Kant Congress (Hg. G. Funke/T. Seebohm), 1988, S. 535
— *ders.*, Hegel on Historical Meaning: For Example, the Enlightenment, Bulletin of the Hegel Society of Great Britain 3 (1997) 1
— *ders.*, Hegel on Self-Consciousness: Desire and Death in the Phenomenology of Spirit, 2011
— *ders.*, Hegel's Idealism: The Satisfactions of Self-Consciousness, 1989
— *ders.*, Hegel's Political Argument and the Problem of *Verwirklichung*, Political Theory 9 (1981) 509
— *ders.*, Hegel's Practical Philosophy. Rational Agency as Ethical Life, 2008
— *ders.*, How to Overcome Oneself: Nietzsche on Freedom, in: Nietzsche on Freedom and Autonomy (Hg. K. Gemes/S. May), 2009, S. 69
— *ders.*, Idealism and Agency in Kant and Hegel, Journal of Philosophy 88 (1991) 532
— *ders.*, Idealism as Modernism: Hegelian Variations, 1997
— *ders.*, Introduction to Nietzsche's Thus Spoke Zarathustra, 2006
— *ders.*, Nietzsche, Psychology, and first Philosophy, 2010
— *ders.*, Review of Alan Patten, Hegel's Idea of Freedom, History of Political Thought 22/3 (2001)
— *ders.*, Review of A. Wood, Hegel's Ethical Thought, Zeitschrift für Philosophische Forschung 47 (1993) 489
— *ders.*, The 'logic of experience' as 'absolute knowledge' in Hegel's Phenomenology of Spirit, in: Hegel's Phenomenology of Spirit: A Critical Guide (Hg. D. Moyar/M. Quante), 2010, S. 210
ders., The Rose and the Owl: Some Remarks on the Theory-Practice Problem in Hegel, Independent Journal of Philosophy 3 (1979) 7
— *ders.*, You Can't Get There From Here: Transition Problems in Hegel's Phenomenology of Spirit, in: The Cambridge Companion to Hegel (Hg. F. Beiser) 1993, S. 58
Pippin, R./Höffe, O. (Hg.), Hegel on Ethics and Politics, 2004
Plessner, H., Die verspätete Nation, 1974
Pöggeler, O., Der junge Hegel und die Lehre vom weltgeschichtlichen Individuum, in: Hegels Philosophie des Rechts. Die Theorie der Rechtsformen und ihre Logik (Hg. D. Henrich/R.-P. Horstmann), 1982, S. 17
— *ders.*, Der Stein hinterm Aug. Studien zu Celans Gedichten, 2000
— *ders.*, Die Frage nach der Kunst. Von Hegel zu Heidegger, 1984
— *ders.*, Hegel. Einführung in seine Philosophie (Hg. ders.), 1977
— *ders.*, Spur des Worts. Zur Lyrik Paul Celans, 1986
— *ders.*, Zur Deutung der Phänomenologie des Geistes, in: Hegel-Studien 1 (1961) 255
Popper, K., Auf der Suche nach einer besseren Welt, 1987
— *ders.*, The Open Society and its Enemies, Vol. II: The High Tide of Prophecy: Hegel and Marx, 1945
Popper, K./Eccles, J. C., The Self and Its Brain, 1977
Puntel, L. B., Darstellung, Methode und Struktur. Untersuchung zur Einheit der systematischen Philosophie G. W. F. Hegels, 1973

— *ders.*, Hegels „Wissenschaft der Logik“ – eine systematische Semantik?, in: Ist systematische Philosophie möglich?, (Hg. D. Henrich), 1977, S. 611

Quante, M., Die Wirklichkeit des Geistes, 2011

— *ders.*, Hegels Begriff der Handlung, 1993

— *ders.*, Person, 2007

Rademaker, H., Hegels ‚Wissenschaft der Logik‘, 1979

Radt, P., Hegels Staatsphilosophie im Spannungsverhältnis zwischen Ideal- und Realpolitik. Die Rechtsphilosophie Hegels und das „Älteste Systemprogramm“, 2003

Rand, S., Rezension zu: R. Comay, Mourning Sickness: Hegel and the French Revolution, 2011, The Owl of Minerva 45 (2013 – 14) 103

Redding, P., Hegel's Hermeneutics, 1996

Reyburn, H. A., The ethical theory of Hegel, 1921

Riedel, M., Bürgerliche Gesellschaft und Staat bei Hegel. Grundprobleme und Struktur der Hegelschen Rechtsphilosophie, 1970

— *ders.*, Einleitung zu Hegels Grundlinien der Philosophie des Rechts, in: G. W. F. Hegel, Studienausgabe in 3 Bänden, Band 2, 1968

— *ders.*, Nature and Freedom in Hegel's Philosophy of Right, in: Hegel's Political Philosophy (Hg. Z. A. Pelczyński), 1971, S. 146

— *ders.*, Objektiver Geist und praktische Philosophie, in: Studien zu Hegels Rechtsphilosophie, 1969, S. 11

— *ders.*, Theorie und Praxis im Denken Hegels, 1965

— *ders.*, Tradition und Revolution in Hegels ‚Philosophie des Rechts‘, in: Studien zu Hegels Rechtsphilosophie, 1969, S. 100

Ripstein, A., Universal and General Wills: Hegel and Rousseau, Political Theory 22 (1994) 444

Ritter, J., Hegel und die französische Revolution, 1965

— *ders.*, Person und Eigentum. Zu Hegels „Grundlinien der Philosophie des Rechts“ §§ 34 bis 81, in: *ders.*, Metaphysik und Politik. Studien zu Aristoteles und Hegel, 1969, S. 256

Rojek, T., Rezension zu: P. C. Hodgson, Shapes of Freedom. Hegel's Philosophy of World History in Theological Perspective, 2012, Hegel-Studien 47 (2013) 195

— *ders.*, Rezension zu: F. Ruda, Hegel's Rabble. An Investigation in Hegel's Philosophy of Right, 2011, Hegel-Studien 47 (2013) 224

Röttges, H., Der Begriff der Methode in der Philosophie Hegels, 1976

Rosen, St., Self-Consciousness and Self-Knowledge in Plato and Hegel, Hegel-Studien 9 (1974) 109

— *ders.*, The Idea of Hegel's *Science of Logic*, 2013

Rosenkranz, K., Apologie Hegels gegen Dr. Rudolf Haym, 1858

— *ders.*, Hegels Leben, Berlin, 1844

Rosenzweig, F., Das Büchlein vom gesunden und kranken Menschenverstand, 1964

— *ders.*, Hegel und der Staat, 1920

Rottleuthner, H., Die Substantialisierung des Formalrechts. Zur Rolle des Neuhegelianismus in der deutschen Jurisprudenz, in: Aktualität und Folgen der Philosophie Hegels (Hg. O. Negt), 1970, S. 215

Rózsa, E., Hegels Auffassung der Versöhnung und die Metaphorik der „Vorrede“ der Rechtsphilosophie – Risse am System?, in: Hegel-Studien 32 (1997) 137

— *dies.*, Modern Individuality in Hegel's Practical Philosophy, 2012

Ruda, F., Hegel's Rabble. An Investigation in Hegel's Philosophy of Right, 2011

Rüthers, B., Die unbegrenzte Auslegung – Zum Wandel der Privatrechtsordnung im Nationalsozialismus, 6. Auflage 2005
— *ders.*, Die Wende-Experten. Zur Ideologieanfälligkeit geistiger Berufe am Beispiel der Juristen, 2. Auflage 1995
— *ders.*, Methodenrealismus in Jurisprudenz und Justiz, JZ 2006, 53
— *ders.*, Rechtsordnung und Wertordnung, 1986
— *ders.*, Rechtstheorie. Begriff, Geltung und Anwendung des Rechts, 3. Auflage 2007
— *ders.*, Wissenschaft und Weltanschauung am Beispiel der Jurisprudenz, 1995
Ruge, A., Hallische Jahrbücher für Deutsche Wissenschaft und Kunst, (Hg. A. Ruge/Th. Echtermeyer), 3. Jahrgang, 1840
Rutter, B., Hegel on the Modern Arts, 2010
Sans, G., Rezension zu: K. Vieweg, Das Denken der Freiheit. Hegels Grundlinien der Philosophie des Rechts, 2012, Hegel-Studien, 47 (2013) 245
Sarlemijn, A., Hegelsche Dialektik, 1971
Schaap, S., Die Verwirklichung der Philosophie. Der metaphysische Anspruch im Denken Theodor W. Adornos, 2000
Schaber, P., Recht als Sittlichkeit. Eine Untersuchung zu den Grundbegriffen der Hegelschen Rechtsphilosophie, 1989
Schacht, R., Hegel on Freedom, in: Hegel: A Collection of Critical Essays (Hg. A. MacIntyre), 1976, S. 289
Schäfer, M. J., Schmerz zum Mitsein. Zur Relektüre Celans und Heideggers durch Philippe Lacoue-Labarthe und Jean-Luc Nancy, 2003
— *ders.*, „Weg des Unmöglichen" – Celans Gespräch mit Heidegger im Meridian, in: Die Zeitlichkeit des Ethos. Poetologische Aspekte im Schreiben Paul Celans, (Hg. U. Wergin/ders.), 2003, 113
Schindler, D. C., "The Free Will Which Wills the Free Will": On Marriage as a Paradigm of Freedom in Hegel's *Philosophy of Right*, The Owl of Minerva 44 (2012–13) 93
Schluchter, W., Grundlegungen der Soziologie, 2. Auflage 2015
Schmidt, Ch., Autonomie und Freiheit. Politische Aspekte des Selbstbewußtseins bei Hegel, Hegel-Studien 47 (2103) 75
Schmidt, G., Die Religion in Hegels Staat, Philosophisches Jahrbuch LXXIV (1967).
Schmidt, J., Hölderlins Elegie „Brod und Wein". Die Entwicklung des hymnischen Stils in der elegischen Dichtung, 1968
Schmidt, St., Hegels System der Sittlichkeit, 2007
Schnädelbach, H., Die Verfassung der Freiheit, in: Klassiker Auslegen, G. W. F. Hegel, Grundlinien der Philosophie des Rechts (Hg. L. Siep), 1997, 2. Auflage 2005, S. 243
— *ders.*, Hegel zur Einführung, 1999
— *ders.*, Hegels praktische Philosophie. Ein Kommentar der Texte in der Reihenfolge ihrer Entstehung, 2000
— *ders.*, Zum Verhältnis von Logik und Gesellschaftstheorie bei Hegel. Aktualität und Folgen der Philosophie Hegels (Hg. O. Negt), 2. Auflage 1971
Schneider, H., Hegels Notizen zum absoluten Geist, in: Hegel-Studien 9 (1974) 9
Schopenhauer, A., Die Welt als Wille und Vorstellung, Band I, (ed. W. Fr. v. Löhneysen), 1976
Schröder, Th., Undeutbarkeit. Annäherung an Peter Szondi anläßlich seiner Fragment gebliebenen Celan-Interpretation ‚Eden, Berlin', in: Das Feld der Frankfurter Kultur- und Sozialwissenschaften nach 1945 (Hg. R. Faber/E.-M. Ziege), 2008, S. 123

Schumann, E., Eigenständigkeit und Vielfalt der juristischen Hermeneutik – Zugleich zu Gadamers These über deren „Modellfunktion" –, Festschrift für C.-W. Canaris, 2007, S. 1367
Sedgwick, S., Hegel's Critique of Kant: From Dichotomy to Identity, 2012
— *dies.*, Hegel's Critique of the Subjective Idealism of Kant's Ethics, Journal of the History of Philosophy 26 (1988) 89
— *dies.*, The State as Organism: The Metaphysical Basis of Hegel's Philosophy of Right, The Southern Journal of Philosophy 2001, 171
Seifert, J., Verfassung in Hegels Philosophie des Rechts, Festschrift für H. Klenner, Band II, 1998, S. 240
Sembou, E., Rezension zu: R. D. Winfield, Hegel's Phenomenology of Spirit: A Critical Rethinking in Seventeen Lectures, 2013, The Owl of Minerva 45 (2013–14) 138
Shapiro, G., The Owl of Minerva and the Colors of the Night, Philosophy and Literature 1 (1977) 276
Shklar, J., Freedom and Independence: A Study of the Political Ideas of Hegel's Phenomenology of Mind, 1976
Siemek, M. J., Hegels Begriff der Freiheit in seiner Relevanz für die Gegenwart, in: Von Marx zu Hegel, 2002, S. 133
Siep, L., Der Kampf um Anerkennung: Zu Hegels Auseinandersetzung mit Hobbes in den Jenaer Schriften, Hegel-Studien 9 (1974) 155
— *ders.*, Der Weg der Phänomenologie des Geistes. Ein einführender Kommentar zu Hegels „Differenzschrift" und „Phänomenologie des Geistes", 2000
— *ders.*, Hegel's Phenomenology of Spirit, 2014
— *ders.*, Vernunftrecht und Rechtsgeschichte. Kontext und Konzept der *Grundlinien* mit Blick auf die Vorrede, in: Klassiker Auslegen, G. W. F. Hegel, Grundlinien der Philosophie des Rechts (Hg. ders.), 1997, 2. Auflage 2005
— *ders.*, Was heißt ‚Aufhebung der Moralität in Sittlichkeit' in Hegels Rechtsphilosophie?, in: Hegel-Studien 17 (1982) 75
— *ders.*, Zum Freiheitsbegriff der praktischen Philosophie Hegels in Jena, in: Hegel in Jena (Hg. D. Henrich/K. Düsing), Hegel-Studien, Beiheft 20 (1980) 217
Simmel, G., Philosophische Kultur, 2. Auflage 1919
— *ders.*, Schopenhauer und Nietzsche, in: Gesamtausgabe Band 10, 1995, S. 167
Sloterdijk. P., Philosophische Temperamente. Von Platon bis Foucault, 2009
Smid, S., Folgen der Kritik des Geschichtskonzepts in der Hegelschen Rechtsphilosophie durch Schelling für die Staatsphilosophie, ARSP 73 (1987) 338
Smith, St. B., Hegel's Critique of Liberalism: Rights in Context, 1989
Somek, A., Individualism, 2008
— *ders.*, The Cosmopolitan Constitution, 2014
Sommers-Hall, H., Hegel, Deleuze, and the Critique of Representation: Dialectics of Negation and Difference, 2012
Spaventa, B., Le prime categorie della logica di Hegel, in: Atti della R. Academia delle scienze morale (...) di Napoli, Band 1, 1864
— *ders.*, Studi sull'etica di Hegel, 1868
Speight, A., Conscientious Agency and the Life of Modernity: Comments on Dean Moyar, *Hegel's Conscience*, The Owl of Minerva 43 (2011–12) 125
Splett, J., Die Trinitätslehre G. W. F. Hegels, 1965
Steinberger, P., Logic and Politics: Hegel's Philosophy of Right, 1988

Stekeler-Weithofer, P., Bildgestütztes Folgern. Nietzsche und die metaphorische Tiefenstruktur von Sprache und Wissenschaft, Dialektik. Zeitschrift für Kulturphilosophie 1 (2000) 53
— *ders.*, Die Eule der Minerva oder: Die Macht der Reflexion, Allgemeine Zeitschrift für Philosophie 25 (2000) 63
— *ders.*, Eine Kritik juridischer Vernunft. Hegels dialektische Stufung von Idee und Begriff des Rechts, 2014
— *ders.*, Hegels analytische Philosophie. Die Wissenschaft der Logik als kritische Theorie der Bedeutung, 1992
— *ders.*, Hegel's Logic as a Theory of Meaning, Philosophical Investigations 19 (1996) 287
Stern, D. S., Essays on Hegel's Philosophy of Subjective Spirit, 2014
Stern, R., Understanding Moral Obligation: Kant, Hegel, Kierkegaard, 2012
Stillman, P., Hegel's Idea of the Modern Family, Thought 56 (1981) 342
Strangas, J., Über das Verhältnis von Rechtsphilosophie und Rechtswissenschaft, 1985
Taylor, Ch., Celan and the Recovery of Language, in: Dilemmas and Connections, 2010, S. 56
— *ders.*, Hegel, 1978
— *ders.*, Hegel and Modern Society, 1979
— *ders.*, Hegel and the Philosophy of Action, in: Selected Papers on G. W. F. Hegel (Hg. L. Stepelevich), 1993, S. 168
— *ders.*, Hegel's Ambiguous Legacy for Modern Liberalism, Cardozo Law Review 10 (1989) 857
— *ders.*, Hegel's Philosophy of Mind, in: Human Agency and Language: Philosophical Papers 1, 1985, S. 77
— *ders.*, Hegel's *Sittlichkeit* and the Crisis of Representative Institutions, in: Philosophy of History and Action (Hg. Y. Yovel), 1978, S. 133
— *ders.*, Nietzsche's Legacy, Lonergan Review 2 (1993) 171
Theron, St., Hegel's Philosophy of Universal Reconciliation: Logic as Form of the World, 2013
Theunissen, M., Die verdrängte Intersubjektivität in Hegels Rechtsphilosophie, in: Hegels Philosophie des Rechts. Die Theorie der Rechtsformen und ihre Logik (Hg. D. Henrich/R.-P. Horstmann), 1982, S. 317
— *ders.*, Die Verwirklichung der Vernunft. Zur Theorie-Praxis-Diskussion im Anschluss an Hegel, Philosophische Rundschau Beiheft 6 (1970) 61
— *ders.*, Hegels Lehre vom absoluten Geist als theologisch-politischer Traktat, 1970
— *ders.*, Sein und Schein. Die kritische Funktion der Hegelschen Logik, 1978
Thibodeau, M., Rezension zu: R. Pippin, Hegel's Practical Philosophy: Rational Agency as Ethnical Life, 2008, The Owl of Minerva 43 (2011–12) 185
Tillich, P., Vorlesung über Hegel (Frankfurt 1931/32), Gesammelte Werke. Ergänzungs- und Nachlassbände, Band 8 (Hg. E. Sturm), 1995
Topitsch, E., Die Sozialphilosophie Hegels als Heilslehre und Herrschaftsideologie, 1967
Tugendhat, E., Selbstbewusstsein und Selbstbestimmung, 1979
— *ders.*, Vorlesungen über Ethik, 1993
Tunick, M., Hegel's Political Philosophy, 1993
Ulrici, H., Über Prinzip und Methode der Hegelschen Philosophie, 1841
Unger, T., Bildungsidee und Bildungsverständnis, 2007
Unruh, P., Der Verfassungsbegriff des Grundgesetzes, 2002
Vieweg, K., Das Denken der Freiheit. Hegels Grundlinien der Philosophie des Rechts, 2012
Voegelin, E., Nietzsche und Pascal, in: Das jüngste Gericht: Friedrich Nietzsche (Hg. P. J. Opitz), 2007, S. 61

Vollbrecht, P., Das Diskursive und das Poetische. Untersuchungen über den Unterschied literarischer und philosophischer Sprache am Beispiel von Celan und Hegel, 1989
Vos, L. De, Absolute Wahrheit? Zu Hegels spekulativem Wahrheitsverständnis, in: Skeptizismus und spekulatives Denken in der Philosophie Hegels (Hg. H. F. Fulda/R.-P. Horstmann), 1996, S. 179
— *ders.*, Die Logik der Hegelschen Rechtsphilosophie: Eine Vermutung, in: Hegel-Studien 16 (1981) 99
Wallace, R. M., Hegel's Philosophy of Reality, Freedom and God, 2005
Walsh, W. H., Hegelian Ethics, 1969
Weber, M., Wirtschaft und Gesellschaft, 5. Auflage 1990
Weil, E., Hegel et l'Etat, 1950
Weizsäcker, C. F. v., Bewusstseinswandel, 1988
— *ders.*, Der bedrohte Friede, 1981
— *ders.*, Der Garten des Menschlichen, 4. Auflage 1978
— *ders.*, Der Mensch in seiner Geschichte, 1991
— *ders.*, Wahrnehmung der Neuzeit, 1983
— *ders.*, Zeit und Wissen, 1992
Welzel, H., Naturrecht und materiale Gerechtigkeit, 4. Auflage 1962
Werder, K., Logik. Als Kommentar und Ergänzung zu Hegels Wissenschaft der Logik, 1841
Wetzel, M., Prinzip Subjektivität. Allgemeine Theorie, Zweiter Halbband: Natur, Gesellschaft, konkrete Subjektivität, 2005
Wiedemann, H., Das Unternehmen als dialektisches System. Führung und Kommunikation einmal anders betrachtet, 2003
Williams, R., Hegel's Ethics of Recognition, 1997
— *ders.*, Tragedy, Recognition, and the Death of God: Studies in Hegel and Nietzsche, 2012
Winfield, R. D., Hegel and the Future of Systematic Philosophy, 2014
— *ders.*, Hegel's Phenomenology of Spirit: A Critical Rethinking in Seventeen Lectures, 2013
— *ders.*, Hegel's Science of Logic: A Critical Rethinking in Thirteen Lectures, 2012
Winkler, H. A., Der lange Weg nach Westen, 4. Auflage 2001
— *ders.*, Geschichte des Westens, 2009
Wittkau-Horby, A., Historismus, 1989
Wood, A. W., Hegel's Ethical Thought, 1990
Yang, D.-J., Die Problematik des Begriffs der Gerechtigkeit in der Philosophie von Friedrich Nietzsche, 2005
Zabel, B., The Institutional Turn in Hegel's Philosophy of Right: Towards a Conception of Freedom beyond Individualism and Collectivism, Hegel Bulletin 36 (2015), 80
Zahn, M., Die Idee der formalen und transzendenten Logik bei Kant, Fichte und Hegel, in: Selbstvergewisserung. Studien zur klassischen Epoche der Transzendentalphilosophie (Hg. M. Scherer), 1998, S. 163
Zeller, E., Die Philosophie und die Praxis. Einige Worte über das Verhältnis beider, in: Jahrbücher der Gegenwart I, 1843, S. 321
Zittel, C., Das ästhetische Kalkül von Friedrich Nietzsches ‚Also sprach Zarathustra', 2000

Personenverzeichnis

Bei Fragen zur Produktsicherheit wenden Sie sich bitte an:
If you have any questions regarding product safety,
please contact:

Walter de Gruyter GmbH
Genthiner Straße 13
10785 Berlin
productsafety@degruyterbrill.com